영업비밀보호법 실무

김 병 남

머리말

제4차 산업혁명 시대 도래와 함께 시작된 ICT융복합 메가트랜드 시대에 있어 전 세계적으로 영업비밀에 대한 분쟁이 점점 더 증가하고 그 중요성도 크게 부각되고 있다. 영업비밀 분쟁의 대상 대부분이 직원의 이직과 관련한 심각한 해외기술 유출 파문으로 우리나라에서의 영업비밀 분쟁은 근로자와 종전 회사 사이에 공유하며 만든 기술정보에 대한 다툼의 양상이 강하다. 이 같은 분쟁은 배신감에 따른 감정적 다툼과 인신구속이 동반될 수밖에 없어 형사적 분쟁절차 진행과 함께 장기화되기 쉬워 영업에 파괴적인 영향을 미칠 수밖에 없다. 만일 기업의 영업비밀이 누설될 경우에는 혁신 기술에 의한 기업의 이윤은 특허권에 의해서만 창출되고 그 이윤은 최소치가 되며, 기업의 영업비밀 누설이 클수록 그 이윤은 크게 감소할 것이다. 우리나라는 미국, 일본과 함께 법적 구제책에 대해 공조하고 이를 뒷받침할 수 있도록 법원의 판례 정립과 학설을 보다 활발하게 검토하여야 한다. 현재 영업비밀보호법은 한 · 미 FTA의 합의내용을 수용하여 비밀유지명령제도를 도입하고 원본증명제도를 함께 시행하여 재판 과정에서 특정 경감과 더불어 영업비밀의 누설을 방지하려는 노력을 경주하고 있다. 또한 전자지문을 사용한 원본증명제도를 이용함으로써 비밀정보의 유출을 근본적으로 차단할 수 있게 되었다. 미국은 산업스파이방지법(EEA) 개정을 통해 영업비밀 기술유출 침해를 원칙적 민사 처리에서 형사처벌을 주된 내용으로 개정하여 미국 기업이 보유하고 있는 기술을 타 국가로 유출하는 행위를 강력하게 근절하고 있다. 이와 같은 상황에서 우리 기업은 미국의 기술보호에 관한 최근 동향에 관심을 갖고, 잠재적 리스크 원인을 파악하고 관리하여야 한다. 미국에서는 산업스파이 등장에 강력 몰수의 도입 등으로 영업비밀도 특허괴물과 같이 '영업비밀 괴물'이 등장할 수 있다고 예상되고 있으며, 그로 인하여 산업에서 영업비밀 분쟁은 거래비용 상승을 크게 가져올 뿐만 아니라 분쟁이 장기화되는 경우 산업성장에 큰 저해요인이 될 수 있다. 강력한 영업비밀보호가 부재한다면 '공유지의 비극'이 나타나 자본과 노동 역량을 파괴하고 투자를 저해시켜 공공의 이익을 해칠 것이다. 영업비밀이 시장경쟁 질서를 유지하면서 혁신투자와 그 이익을 적절히 균형 잡아 줄 수 있는 합법적인 법제도로 이용된다면, 분명히 ICT메가트렌드 시대의 4차 산업혁명의 혁신에 대한 중요한 추진체가 될 수 있을 것이다.

영업비밀은 기업이 비밀로 관리하여 독점적으로 사용하는 것이나, 특허와 달리 타인이 우연한 기회로 해당 정보를 취득한 경우 타인에게 영업비밀의 사용을 금지할 수는 없다. 이와 같이 기업이 영업비밀을 보호함에 있어 비밀 관리성이 가장 크게 문제가 되고 있다. 따라서 기업은 정보 또는 기술의 종류, 성격, 비밀로 유지하기가 용이한지 여부, 정보 또는 기술의 가치와 유효기간 등을 전체적으로 고려하여 영업비밀로 보호할 것인지를 선택하여야 한다. 대기업과 달리 중소기업의 경우 영업비밀의 비밀유지를 위하여 상당한 비용과 노력을 기울이는 것이 쉽지 않다. 이러한 중소기업들은 정부에서 마련한 원본증명제도를 활용하면서 이 책에 첨부된 영업비밀보호를 위한 표준서식을 참고하여 각 기업의 사정과 특성에 맞게 표준서식의 내용을 수정하거나 변경하여 사용하면 될 것이다.

이 책이 시간과 지면의 제한뿐만 아니라, 저자의 능력부족으로 인하여 여러 가지 부족한 점이 많이 보이므로, 앞으로 이 책에 대한 독자들의 평가와 질책이 걱정되기는 하지만, 부디 이 책이 미흡하나마 영업비밀에 관한 연구에 기여할 수 있고 실무적으로도 국가와 기업 등에 기여할 수 있는 자료가 되기를 바라며, 이 책에 관한 주제를 기획하셔서 이 책을 집필할 수 있도록 도움을 주신 한국지식재산연구원의 관계자 분들과 이 책의 출판을 담당하시고 교정을 충실히 봐 주신 세창출판사 관계자 분들께 감사를 드린다.

2016월 10월
죽전 연구실에서
저자

차 례

Ⅲ. 영업비밀의 경제적 가치와 특정

Ⅳ. 영업비밀의 침해

Ⅴ. 영업비밀의 침해 구제

Ⅵ. 영업비밀보호법의 국제 규범

Ⅶ. 선사용권과 영업비밀보호와의 관계

Ⅷ. 기업의 영업비밀 관리 체계 및 보호 대책

1

서 론

21세기 기업사회에 글로벌 경제, 분권화, 네트워크형 조직 등에 의해서 거대한 흐름인 메가트랜드[1]가 나타나고 있다. 나타나는 기업의 발전적인 변화 특징은 탈공업화 사회, 글로벌 경제, 분권화, 네트워크형 조직 등이다. 투자시장의 근간이 되는 부(富)의 창출 시스템도 과거의 공장굴뚝 중심에서 데이터, 정보, 지식을 중심으로 옮겨 가고 있다. 기업에서 영업비밀에 관한 지식정보 경영이 필수가 된 지 그리 오래지 않다. 이제는 기업인들에게 지식을 통한 창조 경영과 혁신 가속화가 끊임없이 요구되고 있고, 아울러 지식과 창의성, 감성이 가장 중요한 자산으로 떠오른 메가트렌드 속에서 어느 때보다 인재 중심 경영이 더욱 중요해지고 있다.[2]

삼성SDS는 2012년 9월 향후 주목해야 할 ICT 메가트렌드로 빅데이터를 통한 가치 창출, 클라우드 서비스 발전, 통합형 IT 비즈니스, 지능화한 보안 위협, 공격적 특허 전략, 상황 인지형 기기와 서비스, 차량의 스마트 기기화, 그린 IT 진보 및 개방형 생태계를 통한 급성장 등을 꼽았다.[3] 특히 삼성SDS는 거시적 경영 전략으로 '특허와

1) 메가트랜드란 용어는 1982년 미국의 미래학자 존 네이스비츠가 저술한 저서 「메가트랜드」에서 유래한다.

2) 최병권, "일류기업의 인재중심경영 실천사례," LG주간경제, 2013.3.13, 28-33면.

영업비밀을 통한 공격 경영'을 강조했다. 삼성전자와 애플, 코오롱인더스트리와 듀폰 사례 등 글로벌 기업이 우리나라 기업을 상대로 펼치는 특허 및 영업비밀 소송이 잦아지고 있다. 인적 자원의 지식에 의해서 설립된 벤처기업에서 핵심인력이 핵심기술의 영업비밀을 갖고 경쟁회사로 이직하는 경우 영업비밀 누설로 인해 벤처기업의 존립에 상당한 위협이 되고 국가 경쟁력을 저해할 수 있게 된다.[4] 또한 ICT 메가트렌드 시대에서 영업비밀이 누설된다면, 곧바로 인터넷을 통해 빠르게 공개될 수밖에 없으므로 영업비밀의 비밀성 확보에 많은 노력을 필요로 한다. 기술발전의 속도가 빠른 ICT 분야에서 특허 외 영업비밀로 후발주자를 견제하는 현상이 크게 증가하고 있는데, 이는 만일 특허 및 영업비밀 소송 전쟁에서 패소하면 엄청난 손해배상과 함께 치열한 경쟁 구도에서 주도권을 빼앗길 수 있기 때문이다. 이를 위해 기업들은 아이디어나 영업비밀을 통해 수익을 창출하고 경쟁사와의 경쟁에서 우위를 점하기 위한 특허 및 영업비밀 전략 수립에 매진을 하고 있고, 정부도 우리 기업의 영업비밀 보호를 위한 정책을 수립하고 지원하고 있다.[5]

인터넷은 물론, 전 세계적으로 구축되어 있는 각국의 인적 네트워크로 인해 정보교류는 갈수록 신속해지고 있어 신기술 모방가능성도 덩달아 높아지고 있다. 무한 기술경쟁 시대에서 신기술의 보호 및 방어는 이제 기업의 운명을 좌지우지할 수도 있는 중요한 사안으로 대두되고 있다. 최근 들어 우리나라의 산업기술의 해외유출 건수는 크고 빠르게 증가하고 있다. 2004년 26건에서 2009년 43건,

---

3) 「스마트카 · 그린IT … 삼성SDS '내년 9대 IT메가트렌드' 발표」, 매일경제신문, 2012.9.25. 기사.

4) 나종갑, "국제 M&A 및 인력이동과 첨단산업 기술유출 방지제도 연구," 경영법률 제12권 제2호, 2008, 103면.

5) 정연덕, "대기업과 중소기업의 영업비밀 탈취 방지 법안," 경영법률 제22권 제1호, 2011, 484면.

2014년에는 무려 63건으로 증가했다. 추정되는 피해 예상액은 연간 50조 원으로 2014년 GDP의 약 3% 규모이며, 중소기업 4,700개의 연매출액과 맞먹는 수준이다.[6] 최근 영업비밀 유출 사건 형사재판 통계에 따르면, 2007년 접수 65명, 기소 48명, 불기소 37명에 불과하던 것이 2011년 접수 1,125명, 기소 121명, 불기소 632명, 2012년 접수 1,277명, 기소 119명, 불기소 723명으로 급속히 피해가 커지고 있으며, 2009년부터 2013년까지 지난 5년간 영업비밀 침해로 손해배상이 인정된 제1심 민사합의 판결은 특허 침해보다 3건이 많은 46건으로, 청구금액 평균액 1,918,081,417원, 인용금액 평균액 472,315,950원이고 인용률은 24.6%였다.[7] 또한 주 법원이 연방법원에 앞서 영업비밀 보호에 관하여 우선적 관할권이 있는 미국에서도 영업비밀 분쟁은 주 법원의 일반 민사사건보다 높은 신장률을 보이고 있고, 연방 법원에서도 영업비밀 분쟁 사건 수는 지난 50년간에 비추어 최근 폭발적 증가세를 보이고 있다.[8] 하지만 이 수치도 어디까지나 연간 5,500건에 육박할 정도로 폭발적 증가세를 보이고 있는 특허에 대한 분쟁에 비추어 보아서는 어디까지나 상대적으로 왜소함을 알 수 있다.[9] 우리나라에서 영업비밀 분쟁이 짧은 도입기간에 비추어 보아도 상당부분 성장해 특허에 대한 침해분쟁을 참고한다면 영업비밀의 지위가 더 높아질 가능성이 큰 구조인 만큼 영업비밀에 대한 분쟁은 점점 더 증가하고 그 중요성이 커질

---

6) 「산업기술 보호 위한 정부 지원정책 방향 3가지」, 보안뉴스, 2015.11.15. 기사.

7) 설민수, "영업비밀 분쟁의 현황과 그 증가 원인: 특허와의 비교를 중심으로," 지식재산연구 제9권 제3호(2014.9).

8) David S. Almeling et al., "A Statistical Analysis of Trade Secret Litigation in State Courts," Gonz. L. Rev., Vol.46 (2011).

9) PRICE WATERHOUSE COOPERS, 2013 Patent Litigation Study: Big cases make headlines, while patent cases proliferate, 2013, 〈http://www.pwc.com〉.

것으로 보인다. 문제는 영업비밀 분쟁은 그 무정형성, 직원의 이직에 따른 배신감에 따른 감정적 다툼, 인신구속이 동반될 수밖에 없는 형사적 분쟁절차와의 동반에 따라 그 분쟁이 장기화되기 쉽고 그만큼 영업비밀 보유자 및 침해자로 의심되는 당사자의 영업에 파괴적인 영향을 미치기 쉽다는 것이다. 그 위에 영업비밀 분쟁의 대상이 82.6%가 직원과 관련이 있고, 그 대부분이 직원의 이직과 관련이 있을 정도로 우리나라에서의 영업비밀 분쟁은 근로자와 종전 회사 사이에 공유하며 만든 기술정보에 대한 다툼의 양상이 강하다. 이러한 정보에 대해 현재까지 영업비밀 보호의 방향은 그 정보에 대한 근로자의 기여 정도나 정보의 형성과정에서 근로자가 형성한 노하우의 실질적 귀속을 어떻게 해야 하는가, 근로자의 종속관계가 위 정보의 귀속문제에 대해서는 어떤 영향을 미치는가에 대한 진지한 고민 없이 배신행위라는 측면에만 집중해 온 측면이 강하다.[10)]

우리와 달리 미국은 2012년 산업스파이방지법(The Economic Espionage Act: EEA) 개정을 통해 보호적용대상을 '제품'에서 '제품 또는 서비스'로 그리고 '유출'뿐만 아니라 그 '유출 시도'까지도 포함할 수 있도록 확장 적용하고 해외로의 영업비밀 유출에 대한 형사처벌 수준을 대폭 강화하였다. 또한 개정 전부터 산업스파이방지법(EEA)은 이에 더하여 범죄로 인한 수익은 몰수(forfeiture)한다는 규정도 명시적으로 두고 있다. 따라서 우리나라 기업 입장에서는 미국의 영업비밀보호 법제에 의한 법적 리스크에 대하여 숙지하고 대비할 필요성이 더욱 커졌다고 할 수 있다.

영업비밀의 법적 보호에 관한 가장 중요한 성문법은 물론 「부정경쟁방지 및 영업비밀보호에 관한 법률」(이하 '영업비밀보호법')이다.

---

10) 김동진, "퇴직근로자의 정보사용과 업무상배임죄—영업비밀분쟁에 관한 새로운 해결방법—," 법조 제657호(2011).

오랜 논란 끝에 최종적으로 발효하게 된 한·미 자유무역협정의 합의내용을 수용하여 2011.12.2. 개정된 영업비밀보호법은 비밀유지명령 제도[11]를 도입하는 변화를 꾀하고 있다.[12] 최근 들어 우리 대기업의 고부가가치 기술에 관한 영업비밀 침해사례를 중심으로 사회적 주목을 받고 있고 기업 간 영업비밀을 둘러싼 법정분쟁도 급증하고 있다. 그런데 영업비밀은 기업내부에서 비밀로 지켜지는 것이고 기술정보와 경영정보를 아울러서 지극히 넓은 범위를 포섭하고 있다는 점 때문에 그 대상이 상당히 막연하다는 특징이 있을 뿐 아니라, 우리 영업비밀보호법은 비교적 단출한 조문 몇 개를 두고 있을 뿐이어서 구체적인 법적 쟁점을 해결하는 데 어려움을 겪는 경우가 빈발하고 있다.

특히 ICT 메가트랜드에서는 영업비밀의 본질과 정의, 영업비밀보호법의 합헌성, 영업비밀의 경제적 가치, 특허괴물[13]과 같은 글로

---

11) 개정법에서 특허권 침해에 관한 소송에서 법원이 비밀유지명령을 내릴 수 있도록 하고 이를 위반하면 형사벌을 부과할 수 있도록 규정을 신설하였는데, 비밀유지명령이란 소송절차에서 생성되거나 교환된 영업비밀을 보호하기 위해 소송당사자, 대리인 등에게 소송 중 지득한 비밀을 소송수행 외의 목적으로 사용하지 못하게 하거나 공개하지 못하게 하는 법원의 명령을 말한다. 이를 위반하면 5년 이하 징역 또는 5천만 원 이하의 벌금에 처해진다.

12) 이것은 입법주체가 개정이유에서 밝힌 대로 한·미 자유무역협정 이행을 위한 것이지만(협정 제18.10조 제11호 참조) 우리 영업비밀보호법 관련 조문(제14조의4 내지 6)의 실제내용은 일본의 현행 제도로부터 강한 영향을 받고 있다. 비밀유지명령에 관해 더 자세히는 Ⅳ장. 3. 나. (2) '입법 분야' 부분 참조.

13) 영어로 Patent Troll 또는 Patent Holding Company(PHC), Patent Assertion Entity(PAE), Non-Practicing Entity(NPE)로도 불린다. 1998년 미국 인텔이 마이크로프로세서 특허권을 사들인 테크서치에게 특허기술을 도용했다는 이유로 소송을 당하였는데 그 당시 배상액이 특허권 매입가의 1만 배에 이르렀다. 당시 인텔 변호사인 피터 뎃킨이 테크서치를 특허괴물이라고 비난한 데에서 유래되었다. 최근에는 직접 제품을 제조하는 IT 선

벌 선두기업들에 의한 영업비밀 괴물화 가능성, 영업비밀의 특정에 관하여 살펴보아야 한다. 나아가 기업의 영업비밀 보호 및 활용에 있어 산업기술 유출방지 및 산업기술 보호방안과 아울러 선사용권 영업비밀에 관하여 살펴보아야 한다.

이에 본서는 총 7장으로 구성된다.

제1장에서는 영업비밀의 보호 일반 이론에 관한 내용을 살펴본다. 제1장에서는 영업비밀보호법의 입법 배경과 그 특징 그리고 타 법률과의 관계 등에 대해 서술하였다. 그리고 영업비밀 보호제도의 목적 및 영업비밀의 법적 성격도 함께 서술하였다.

제2장에서는 영업비밀의 종류와 요건에 관해 살펴본다.

제3장에서는 영업비밀의 경제적 가치와 특정에 관해 살펴본다. 영업비밀의 경제적 가치의 중요성 및 기업 이윤 창출에 대해 서술하였다. 특히 이와 관련한 국제적 영업비밀괴물의 등장 가능성에 대해 살펴보았다. 또한 영업비밀 침해에 있어서 특정 문제에 대해서도 자세히 기술하였다.

제4장에서는 영업비밀의 침해에 관해 살펴본다. 침해 행위를 내부자, 외부인 및 계약 관계자에 의한 행위로 구분하였고, 이들에 의한 각종 침해 유형에 대해 살펴보았다.

제5장에서는 영업비밀의 침해에 대한 구제에 관해 살펴본다. 제4장의 침해 행위에 대한 민사적, 형사적 구제방법에 대해 서술하였다. 또한 산업기술의 유출에 대한 실태와 유출방지를 위한 관리 방안 등을 서술하였다.

제6장에서는 영업비밀의 국제규범에 대한 내용을 살펴본다. 우리

두권 업체들도 자체 원천기술과 특허권을 앞세워 특허괴물로 활약하기도 한다. 미국의 전형적인 특허괴물로 꼽히는 특허지주회사 NTP가 캐나다의 무선단말기 제조업체인 림(RIM)의 '블랙베리 폰'에 소송을 제기하여 2006년 6억 1,250만 달러의 합의금을 받아낸 것이 대표적인 사례이다(출처: 두산백과, 특허괴물).

와 교역이 빈번한 미국, 일본, 중국에서의 영업비밀 보호에 대해 서술하였다. 또한 국제협약에 의한 영업비밀 보호 동향에 대해서도 기술하였다.

제7장에서는 영업비밀의 선사용권에 대한 내용을 살펴본다. 미국의 선사용권 확대 적용에 따른 영업비밀의 중요성을 서술하였다. 이와 함께 원본증명제도에 대해서도 기술하였다. 또한 영업비밀에 관한 분쟁조정제도에 대해서도 함께 서술하였다.

제8장에서는 영업비밀의 보호 및 관리를 위한 표준 및 활용방안에 대해 살펴본다. 기업의 영업비밀 보호 및 관리체계 수립 및 방안 대책 강구 등을 서술하였다.

I 영업비밀 보호 일반론

1. 영업비밀 보호제도 일반

(1) 영업비밀의 보호와 입법 배경

세계 경제의 글로벌화와 기업 간 국제경쟁이 심화됨에 따라 세계 각국은 영업비밀 보호에 큰 관심을 기울이고 있다. 일본이나 미국 등 기술 선진국들은 강력한 법적 · 제도적 장치를 요구하며 영업비밀 보호 강화에 나서고 있다. 이에 따라 각국은 관련법도 개정하고 있다. 세계 각국이 영업비밀 유출과의 전쟁을 벌이고 있다. 최근 2016년 1월 일본이 개정한 영업비밀 법령[14]을 시행하기 시작했고,

14) 기업 정보를 빼돌리려는 사람이 정보 취득에 실패해도 훔치려 한 흔적만 있으면 형사처벌 대상이 된다. 정보를 얻기 위해 바이러스를 첨부한 이메일을 보내거나 정보가 저장된 PC에 침입한 경우도 처벌 대상이다. 처벌 수위도 강화해 개인 벌금 상한액을 현재 1000만 엔에서 5000만 엔으로 상향 조정한다. 징역형도 원칙적으로 '10년 이하'이지만 해외로 정보를 유출한 경우 최장 15년까지 가중처벌할 수 있다. 정보를 빼낸 기업의 벌금 상한도 3억 엔에서 6억 엔으로 두 배 높인다. 처벌 대상자도 확대되어, 정보를 유출한 사람과 그 사람으로부터 직접 정보를 받은 2차 취득자뿐 아니라 3, 4차 정보취득자까지 처벌받는다. 또한 부정하게 얻은 정보를 바탕으로 외국 기업이 생산한 제품의 일본 수입도 금지한다.

4월에는 EU(유럽연합)가 영업지침을, 5월에는 미국이 영업비밀보호에 관한 새로운 연방법을 제정해 도입했다. 선진국들이 영업비밀보호제도 강화를 위해 발 빠르게 움직이고 있는 상황이다. 이에 우리 정부도 우리기업의 영업비밀을 촘촘하게 보호하기 위한 법 개정을 추진하고 있다. 개정법은 영업비밀 침해 유형이 다양화됨에 따라 처벌 규정을 보완하여 실효성을 높이는데 초점을 맞추고 있다.[15)]

우리나라 영업비밀 보호제도는 1986년부터 시작된 WTO/TRIPs 협상과 맥을 같이한다. 당시 WTO/TRIPs에 영업비밀이 포함될 것이 확실시되자 정부는 한편으로는 과학기술의 발전을 위한 외국의 선진기술의 도입을 유도하고, 다른 한편으로는 국제통상 마찰을 줄이기 위하여 1991년 12월 31일 부정경쟁방지법을 개정하여 영업비밀 보호제도를 도입하게 되었다. 우리나라도 1998년 부정경쟁방지법을 「부정경쟁방지 및 영업비밀보호에 관한 법률」(이하, 영업비밀보호법)으로 명칭을 개정해 영업비밀보호에 나섰으며, 최근 관련 법률을 재정비하고 있다. 이와 함께 형사처벌 조항을 강화했는데, 삼성과 LG의 전·현직 직원들이 제3세대 반도체핵심기술을 대만기업에 유출해 막대한 국가적 손실을 입힌 사건이 발단이었다. 2004년에는 형사처벌과 보호대상 영업비밀의 범위를 확대하고, 친고죄를 폐지하고 미수범 규정 등도 새로 도입했다. 종전에는 영업비밀 침해행위 처벌대상을 해당 기업의 전·현직 임직원으로 하고, 보호대상 영업비밀을 기술상의 영업비밀로 한정했던 것을, 처벌대상을 모든 위반자로 확대한 것이다. 보호대상 영업비밀에는 경영상의 비밀을 추가하고, 영업비밀 침해 행위에 대한 벌금은 재산상 이득액의 2배 이상 10배 이하로 상향 조정했다. 기업의 영업비밀 침해죄와 관련된 친고죄 규정은 삭제하고, 미수범과 예비·음모자를 처벌하도

15) 「세계는 지금 정보유출 전쟁중! 영업비밀보호 총정리」, 2016.7.12. 보안뉴스.

록 했다. 2009년에는 국내기술의 해외유출을 방지하기 위해 외국에서 사용될 것임을 알면서 기업의 영업비밀을 취득해 사용한 자에 대해서도 이를 제3자에게 누설한 자와 동일하게 10년 이하의 징역 또는 이로 인한 재산상의 이익의 2배 이상 10배 이하에 상당하는 벌금형에 처하기로 했다. 2012년에는 특허청 산하 한국특허정보원에 '영업비밀보호센터'를 개소하여, 영업비밀 침해소송 시 영업비밀 보유사실의 입증 부담을 완화하기 위한 '영업비밀 원본증명 제도'를 도입해 운영하고 있다. 아울러 2015년에는 산업재산권분쟁조정위원회를 통해 영업비밀 분쟁을 해결할 수 있게 했으며, 영업비밀 원본증명 제도를 대기업의 중소기업 기술 보호에 대한 의지와 동반성장 노력 정도를 평가하는 '동반성장지수' 평가항목에도 반영해 상생의 길을 모색하고 있다.

(2) 영업비밀 보호제도의 특성

특허법은 새로운 기술을 공개하는 자에게 그 대가로 일정기간 독점적 권리를 부여하고 제3자에게는 불가침 의무를 지우고 그 대신 공개된 발명을 이용할 수 있는 기회를 줌으로써 기술의 발전을 촉진하고 더 나아가 궁극적으로 산업발전에 이바지할 수 있음을 목적으로 한다. 이에 반해 영업비밀보호법 제1조에는 "이 법은 국내에 널리 알려진 타인의 상표 · 상호 등을 부정하게 사용하는 등의 부정경쟁행위와 타인의 영업비밀을 침해하는 행위를 방지하여 건전한 거래질서를 유지함을 목적으로 한다."라고 규정하여 영업상의 비법을 침해로부터 보호하여 건전한 거래질서를 유지하는 것을 목적으로 하고 있다. 특히 영업비밀의 보호는 특허와 달리 기술이나 아이디어 등이 공개되지 않고 비밀로 유지되는 것을 그 핵심으로 한다. 즉 영업비밀은 비밀로 보호되고 있는 사실 상태를 보호하는 것이다. 영업비밀 보호는 특허권의 독점배타적인 권리에 대한 침해 방지와 달리 불공정한 경쟁행위 침해에 초점이 맞추어져 있다. 침해에 있어 그 보호 범위와 내용은 영업비밀이 특허법이나 저작권법보다 광범위하다. 새로운 창작된 기술이나 제품 등을 보호하는 특허권이나 작품에 표현되어 있는 아이디어나 사실 표현을 보호하는 저작권과 달리 비밀상태에 놓인 아이디어나 사실 그 자체를 보호하는 점에서 차이를 보인다. 이와 같이 서로 간에 차이가 있다고 하지만 기술발전의 성과를 보호한다는 점에서는 동일하다고 할 수 있으며, 영업비밀보호제도와 특허제도, 저작권제도 등은 서로 보완적인 기능을 갖고 공존하고 있으므로, 양자를 적절히 조화 있게 선택하는 것이 필요하다.

표 1. 특허제도와 영업비밀 보호제도 비교

구 분	영업비밀	특 허
목적	타인의 영업비밀을 침해하는 행위를 방지하여 건전한 거래질서를 유지	발명을 보호 · 장려하고 그 이용을 도모함으로써 기술의 발전을 촉진하여 산업발전에 이바지
보호조건	비공지성, 경제적 유용성, 비밀유지	신규성, 진보성, 산업상 이용가능성
보호대상	o 기술정보: 특허요건을 갖추지 아니한 기술, 설계방법, 설계도면, 실험데이터, 제조기술, 제조방법, 제조공정, 연구리포트 등 o 경영정보: 고객명부, 거래처명부, 판매계획, 입찰계획 등	o 기술적 발명: 자연법칙을 이용한 기술적 사상의 창작으로서 고도한 것
등록유무 및 권리성	등록절차가 없으며 일정한 요건이 충족되면 영업비밀로서 인정받고, 영업비밀이 침해를 받았을 경우 이에 대한 구제를 청구	특허요건에 관한 심사 후, 설정등록에 의하여 독점배타적 권리가 발생 - 특허권자는 설정등록된 발명에 대하여 일정기간동안 독점배타적 권리로서 사용

	- 배타적 권리를 부여하는 것이 아니며, 비밀로 유지·관리되고 있는 사실상태 그 자체를 보호 - 따라서 제3자가 동일한 내용의 영업비밀을 독자적으로 개발하여 사용한다 하더라도 그것만을 이유로 침해 주장을 할 수 없음	- 따라서, 제3자가 특허된 기술과 동일한 기술을 독자적으로 개발하였다 하더라도 특허권자의 실시허락을 얻지 않고 사용하게 되면, 특허권 침해에 해당
보호기간	비밀로서 관리되는 한 무한	설정등록일 후 출원일로부터 20년
공개	비공개	공개를 전제로 함
이전성	비밀유지 전제로 실시계약 가능	실시권 설정 가능

(3) 타 법률과의 관계

영업비밀과 특허의 가장 큰 차이점은 정보 공개 유무다. 특허는 정보 공개의 대가로 20년 동안 독점 보호받는 것이라면, 영업비밀은 비밀을 유지하는 한 기간 제한 없이 영업비밀보호법에 의해 보호받을 수 있다. 다만, 영업비밀 보유자는 타인이 동일한 기술정보를 정당하게 취득하거나 개발해 사용하면 막을 수 없다. 또한 특허의 보호대상은 기술적 발명이나 영업비밀은 특허 대상이 되지 못하는 기술·경영 정보 등 기업의 무형자산까지 포함한다. 기술 보유기업이라면, 자사 기술의 특성과 침해 행위 발견의 용이성 등을 종합 분석해 특허와 영업비밀 중 어떤 제도로 보호할지 잘 검토할 필요가 있다. 이 밖에 영업비밀보호법과 유사한 법제로 ① 산업기술의 유출방지 및 보호에 관한 법률 ② 대·중소기업 상생협력 촉진에 관한 법률 ③ 중소기업기술 보호 지원에 관한 법률 ④ 하도급거래 공정화에 관한 법률 등이 있다.

표 2. 영업비밀보호법과 유사 법률 비교 (출처: 특허청)

보호 대상	영업비밀	산업재산권	산업기술	중소기업기술
관련 법률	부정경쟁방지 및 영업비밀보호법	특허법, 실용신안법, 상표법, 디자인보호법	산업기술보호법	중소기업기술 보호지원법
적용 대상	비공지된 기업의 경영 · 기술 정보	특허권, 실용신안권, 상표권, 디자인권	국가핵심기술, 산업기술	중소기업 보유기술
사전 예방	• 영업비밀보호 교육, 홍보 • 원본증명제도 • 영업비밀관리 상태 진단 • 영업비밀보호 상담	• 공익변리사 상담 • 분쟁예방 컨설팅 및 지재권 소송보험 지원 • 해외 현지 IP-DESK운영 • 지재권 허위 표시 신고센터	• 국가핵심기술 수출관리 • 국가핵심기술 관리상태 점검 • 산업기술 확인제 • 산업기술보호 교육, 홍보	• 기술보호 상담지원 • 기술자료 임치제 • 보안시스템 구축 지원 • 보안관제 서비스 지원
사후 대응	• 산업재산권 분쟁조정 • 국외유출 10년 이하 징역 또는 1억 원 이하 벌금 • 국내유출 5년 이하 징역 또는 5천만 원 이하 벌금	• 산업재산권 분쟁조정 • 침해죄 7년 이하 징역 또는 1억 원 이하 벌금	• 산업기술 분쟁조정 • 국외유출 15년 이하 징역 또는 15억 원 이하 벌금 • 국내유출 7년 이하 징역 또는 7억 원 이하 벌금	• 중소기업기술 분쟁 조정 · 중재
소관 부서	특허청	특허청	산업부	중소기업청

2. 영업비밀의 개관

(1) 영업비밀의 개념 및 의의

오늘날 무한경쟁의 기술 · 정보사회를 맞이하여 기업이 보유한 기술상 또는 경영상 정보는 그 기업의 경쟁력을 가늠할 수 있는 중요한 척도로 부각되고 있다. 영업비밀의 개념이 무엇인지에 대하여 각국의 입법정책에 따라 조금씩 상이하지만 공통된 정의로는 기업이 시장에서 경쟁상의 우위를 확보하기 위하여 스스로 개발하고 비밀로서 보유한 기술정보(예를 들면, 생산 및 제조공정, 제조방법 등)와 경영정보(예를 들면, 마케팅 전략, 고객 리스트, 기업의 기본계획 등)를 말하며, 이러한 정보는 공연히 알려져 있지 아니하고 독립된 경제적 가치를 가지는 것으로 상당한 노력에 의하여 비밀로 유지된 공업 및 상업상의 정보를 말한다.

'영업비밀'이란 단어를 보면 우선은 고객 리스트 정도를 떠올리기 쉽지만, 영업비밀은 그보다 훨씬 포괄적인 개념이다. 「부정경쟁방지 및 영업비밀보호에 관한 법률」 제2조 제2호는 영업비밀의 개념을 "공공연히 알려져 있지 아니하고 독립된 경제적 가치를 가지는 것으로서 합리적인 노력에 의하여 비밀로 유지된 생산방법, 판매방법, 그 밖에 영업활동에 유용한 기술상 또는 경영상의 정보를 말한다"고 규정하고 있다. 영업비밀의 정의는 국가별로 상이하지만 공통적인 개념은 ① 비밀로 관리되고 ② 경제적 유용성을 가지며 ③ 공연히 알려지지 않은 정보로 정리할 수 있다. 공개되지 않은 가치 있는 기술적, 경영적 정보를 영업비밀이라고 할 수 있다. 기업이 시장에서 경쟁력을 갖기 위해 비밀로 관리하는 R&D 자료, 생산방법 등 기술정보와 고객 리스트, 원가정보 등 경영정보가 모두 포함된다. 이 같은 개념에서 코카콜라의 배합비율, 맛집의 양념비법도 영업비밀에 속한다.

(2) 영업비밀 보호제도의 목적 및 취지

상거래에서의 영업비밀의 중요성은 최근 수십 년간 크게 증가하여 왔는데, 그 이유는 ① 수많은 신기술에 대한 지식재산권 보호에 있어 다른 형태의 법적 보호 수단은 그 적용과 효력이 불확실하다는 점, ② 다양한 분야에서 기술의 신속한 변화는 발명과 혁신의 보호에 대한 기존 법령들을 앞서가고 있다는 점, ③ 영업비밀은 특허와 달리 행정적 요인에 따른 지연 없이 당사자 간의 합의만으로 성립하여 비밀성의 소멸 시까지 계속된다는 점 등이라 할 수 있다. 그러나 영업비밀은 불안정한 형태의 재산권이며 또한 비밀성의 소멸과 동시에 종료된다는 점에서 고의나 과실에 의한 공개로부터 이를 보호해 줘야만 한다는 문제점을 가진다. 그럼에도 불구하고 영업비밀은 혁신을 보호하고 새로운 기술에 대한 권리를 형성함에 있어 중요한 역할을 하므로 지식재산권의 행사와 관련하여 주의를 요한다고 할 것이다.

1) 건전한 경쟁질서 형성

우리나라의 영업비밀보호제도는 전술한 바와 같이 1991년 부정경쟁방지법의 개정(1991.12.31. 법률 제4478호)을 통하여 처음으로 도입되었다. 영업비밀 보호조항을 동법에 두게 된 것은 독일과 일본의 입법례에 따른 것이었고, 영업비밀 자체를 산업재산권과 같은 권리의 형태로서 보호하기보다는 타인의 노력과 성과에 편승하여 부당한 이익을 취득하려는 행위를 금지시키는 부정경쟁 금지의 법리에 따른 것이었다.

영업비밀의 법적 보호는 형식적 계약관계 없이도 공정거래가 이루어지도록 함으로써 상거래관계에 안정성을 부여하고, 나아가 거래 당사자 간 자유로운 정보교환의 틀을 마련해 줌으로써 상거래의 효율성과 생산성을 증대시킨다. 미국에서는 20세기 전반에 걸친 영업비밀 코먼로(common law)의 발달에 따라 상도덕이 지속적인 테마가 되어 왔으며, 이처럼 점점 높아져 가는 공정성에 대한 기대와 상도덕의 장려는 영업비밀보호법의 시금석이 되고 있다. 이와 같이 미국 영업비밀보호법의 주요 정책목표는 건전하고 공정한 상도덕을 강화하고 이를 지켜 나가는 것이라 할 수 있다. 정직하고 믿음직한 거래의 장려는 가치 높은 아이디어들이 휴대가 용이한 형태로 변화되고 스파이 기술의 정교화 및 세계화의 확대에 따라 그 중요성이 훨씬 더 커졌다 하겠다.

2) 기업의 기술개발 및 이전계약 등 촉진

영업비밀보호제도는 영업비밀보유자에게는 새로운 기술상 또는 경영상 정보의 개발의욕을 고취시켜 연구·개발활동을 촉진시키고, 이러한 정보를 보유하지 못한 경쟁자에게는 타인이 보유한 영업비밀을 부정한 수단으로 획득하려는 의도를 갖지 못하게 하여 독자적인 기술개발 노력을 하도록 하는 한편, 영업비밀보유자가 기술이전과정 등에서 발생할 수 있는 비밀누출의 가능성을 미리 예방하도록 하여 국내기업 간 또는 국가 간의 기술이전을 순조롭게 하여 기술이전시장의 형성 및 해당기술의 효율적 이용을 촉진시킨다.

컴퓨터분야는 20세기 들어 기존의 법적 보호범위를 초월하여 급속도로 발전하여 온 대표적인 분야이다. 컴퓨터기술이 시장을 확장해 감에 따라 지식재산권법에 의한 보호 문제가 대두되었고, 컴퓨터 프로그램은 1970년 미연방대법원의 3대 판결을 시작으로 1994년 미국 연방순회항소법원(CAFC) 전원합의체의 Alappat 판결을 통해 특허보호의 대상으로 확실히 인정받기에 이르렀다. 한편 1960년대부터 1990년대 초까지 컴퓨터분야에 대한 특허권 및 저작권 보호가 불명확한 상태에서 영업비밀에 대한 코먼로(common law)가 풍부하게 형성됨에 따라 비밀성 있는 컴퓨터기술은 그것이 하드웨어든 소프트웨어든, 저작가능성 또는 특허가능성 여부에 상관없이 코먼로(common law)의 보호를 받게 되었다. 이처럼 유연성 있게 코먼로(common law) 시스템은 기술혁명시대에 적합한 혁신적인 정의를 이루어 냈으며 빠르게 팽창하는 기술 분야에서 시의적절하게 대응하는 데에 중요한 역할을 하고 있다.

3) 연구와 혁신의 장려

영업비밀보호법의 또 다른 취지는 연구와 혁신의 장려이다. 그러나 이는 특허 및 무역 관계 법령들과 영업비밀보호법 간의 지속된 충돌로 인해 법정에서 매우 까다로운 문제가 되어 왔다. 무역규제에 반하는 정책이 아이디어의 공유를 통한 자유로운 사용을 허락하여 자율경쟁을 촉진하도록 하는 반면에, 특허 및 영업비밀보호법에 내재하는 정책은 아이디어에 대해 어느 정도의 배타적 재산권을 부여하여 발명가 및 혁신가들에 대한 보상을 도모함으로써 새로운 아이디어의 개발과 발전을 촉진하고 있다. 영업비밀에 대한 법원의 인식강화와 미국 내 명백히 증가하고 있는 기술의 진보는 영업비밀보호법이 사회적 요구를 충족시키고 있다는 것을 나타낸다. 그러나 무엇보다도 영업비밀보호의 정책적 이익과 공공의 물질적 이익은 그 균형을 유지함이 중요하다 할 것이다.

4) 특허 · 저작권제도 보완

특허제도의 보호객체는 인간의 기술적 사상이며, 특허권을 부여받기 위한 요건으로 당해 발명은 산업상 이용가능성, 신규성, 진보성을 구비해야 하고, 저작권의 보호객체는 작가의 사상과 감정을 내포하고 있는 작품이며, 저작권을 부여받기 위한 요건으로 작가의 독창성을 요구한다. 따라서 특허권이나 저작권으로 보호받기가 어려운 기술적 정보(예컨대, 자연법칙과 기초과학상의 발견, 연산법과 수학공식, 화학제품의 미묘한 조합, 온도 · 성분에 관한 기술적 노하우, 특허요건에 부합되지 않는 기술적 사상 등)나 비밀로 간직하고 있는 관리비결 등 경영상 정보, 영업상의 아이디어 등도 법적으로 보호받을 수 있게 함으로써 특허제도와 저작권제도를 보완하는 기능을 한다.

3. 영업비밀의 법적 성격

영업비밀의 법적 성격에 대하여 우리나라에서는 영업상의 이익 또는 사실상의 자산으로 이해되고 있으며, 영업비밀의 재산적 가치는 인정하지만 물권 또는 산업재산권과 같은 권리성은 인정하지 않는다. 그 이유는 ① 영업비밀보호제도는 산업재산권과 같이 공개의 대가로 배타적 권리를 부여하는 제도가 아니라, 침해행위의 성질과 부정한 수단으로 영업비밀의 취득을 금지시키는 데 착안한 제도이며, ② 물권 또는 산업재산권과 같은 공시제도가 존재하지 않고, ③ 영업비밀이 배타적 권리의 일종이라면 그 내용이 공개된 후 보호받을 수 없는 이유를 설명하지 못하기 때문이다. 따라서 영업비밀보호제도는 영업비밀보유자의 비밀관리 의무를 전제로 어떤 정보가 비밀로서 유지·관리되고 있는 동안 사실상의 재산적 가치를 가지는 것으로서 파악하여 부정한 수단에 의한 침해행위를 규제함으로써 반사적으로 영업비밀을 보호하고자 하는 제도이다.

영업비밀의 원칙은 신뢰관계의 위반, 코먼로(common law)상의 전용, 불공정한 경쟁, 타인의 재산에 대한 불법적인 접근 또는 권한 없는 접근 등 일련의 코먼로(common law)상의 불법행위와 관련하여 발전하였다.[16] 아직까지 영업비밀의 본질이 명확하게 확립되었다고는 할 수 없으나, 다음의 몇 가지 학설들을 살펴봄으로써 영업비밀의 본질에 대한 윤곽을 보다 구체화할 수 있을 것으로 생각된다. 또한 공유재의 비극과 합헌성 검토를 통해 영업비밀의 본질을

16) Robert Patrick Merges, "PATENT LAW AND POLICY: Cases and Materials," 2013.

좀 더 심도 있게 살펴볼 수 있다.

(1) 본질에 관한 학설 및 비교

첫째로, 인격권설은 영업비밀의 침해를 일종의 인격권의 침해로 보는 견해로서, 스위스의 통설의 태도이다. 그러나 인격권은 일신전속권 및 양도 불가능한 권리라는 점에서 이러한 인격권의 성격이 재산적 실체로서의 영업비밀의 성격과 부합하기는 어렵다.[17)]

둘째로, 기업권설은 영업비밀을 기업을 구성하는 사실관계로 인식하여, 영업비밀의 침해를 절대권으로서의 기업권 침해로 보는 견해로, 영업비밀이 독립적인 거래대상이며 독립적으로 상품화되는 상황을 설명하지 못한다.[18)]

셋째로, 부당이득설은 영업비밀의 침해를 자유로운 시장의 경쟁질서를 침해하여 부당한 이익을 얻는 것으로 파악하는 견해이다. 정직하고 공정한 거래는 상업 분야에서의 중요한 생명과도 같은 정신이고, 영업비밀의 보호에서도 이러한 도덕성이 중요하게 강조된다. 또한 우리 민법에서 법률상 원인 없이 타인의 재산 또는 노무로 인하여 이익을 얻고 이로 인하여 타인에게 손해를 가하는 것을 부당한 이득이라고 보듯이 부당이득설의 견해 또한 타인의 재산을 통하여 이익을 얻는 것이라는 점을 인정하므로 재산권을 인정하는 견해이다.[19)]

넷째로, 계약설은 영업비밀의 보유자가 비밀을 지키기 위하여 피고용인과 비밀유지에 관한 명시적 계약을 하지 않으면 영업비밀로

17) 이달휴, “근로자의 비밀유지의무와 영업비밀,” 중앙법학 제11집 제2호, 2009, 426면.

18) 이달휴, 전게 논문, 426면.

19) 노현숙, “영업비밀의 보호근거에 관한 고찰,” 강원법학 제38권, 2013, 351면.

서 보호받을 수 없다는 견해로, 영업비밀이 재산권이라기보다는 계약에 의하여 보호받을 수 있는 것이라고 본다. 영업비밀계약은 고용계약, 위임계약, 도급계약 등의 전형적인 계약과 제조물 공급계약 및 기술 원조계약 등 여러 가지 형태로 발생할 수 있고, 계약을 위반하여 영업비밀을 사용하거나 제3자에게 공개한 경우 계약법의 원칙을 적용하여 영업비밀 보유자는 그 위반자에게 계약위반 책임을 물을 수 있을 것으로 본다. 다만, 계약설은 계약관계가 없는 경우에는 적용할 수 없으며, 다수의 국가들에서 형법을 통해 영업비밀을 보호하는 근거를 설명하지 못한다는 문제점이 있다.[20]

다섯째로, 불법행위설은 영업비밀의 보호가 불법한 행위의 저지와 관련된 불법행위설 또는 불법행위이론이라고 불리는 견해로 미국의 불법행위법과 통일영업비밀법의 기초가 되었다. 이 견해는 영업비밀 침해에 대한 근간이 되는 견해로서 다른 견해들의 기초가 되는 견해라고도 볼 수 있으며, 우리나라와 일본에서도 구체적인 영업비밀법의 제정 또는 적용 이전에는 불법행위를 근거로 영업비밀을 보호해 왔다. 이 견해는 영업비밀법의 목적이 불법적인 행위를 징벌하고 방지함으로써 합리적인 상행위 기준을 권장하기 위한 것으로, 구체적인 불법행위가 발생한 경우에만 영업비밀의 침해를 주장할 수 있으므로 침해 이전의 사전적인 예방적 금지청구권의 인정에 대한 근거를 제시하지 못한다는 한계가 있다.[21]

여섯째로, 재산권설은 영업비밀을 유체재산으로 유추하는 견해다. 이 견해에 의하면 정보는 판매할 수 있는 것이므로 재산이라고 보며 피고용인이 종전의 고용관계에서 얻은 기술이나 경험, 지식 등이 영업상의 비밀의 정보가 아니고 업계에 알려져 있는 정보인 경우에는 종전의 고용인이 아닌 다른 사람을 위하여서도 그러한 기

20) 노현숙, 전게 논문, 352면.
21) 노현숙, 전게 논문, 354면.

술이나 정보를 사용할 수 있다고 본다.

일곱째로, 신뢰관계설은 영업비밀의 보유자와 침해자 간의 신뢰관계에 근거하여 영업비밀을 보호해야 한다는 견해로서, 영업비밀이 신뢰관계에서 습득된 것이므로, 해당 관계 이외에서 발설되는 것은 공정하지 못하다고 본다. 이 견해에 따르면, 피고용인에 의한 영업비밀의 이용 또는 공개와 관련하여, 피고용인은 묵시적 의무와 수탁자로서의 의무를 부담하여 고용인의 비밀을 외부에 유출하거나 사용하지 않을 의무를 진다. 이 견해는 당사자 간의 신뢰관계가 존재하는 경우에만 적용할 수 있고 신뢰관계 내지는 신뢰의 의무를 지지 않는 경우에는 적용할 수 없다.[22]

(2) 판례를 통해 본 학설 적용

영업비밀의 성격은 견해에 따라 다양하게 논의되지만, 여러 견해를 통하여 영업비밀이 가지는 특유의 구별되는 가치의 윤곽을 이해할 수 있다. 우리 헌법상 스스로의 노력과 자본투자 등에 의해서 이루어 놓은 인적, 물적 종합시설로서의 사업 내지 영업은 재산권의 범위에 포함된다고 보고 있고, 영업비밀이 재산권으로서의 특성을 강하게 가지며, 영업비밀이 가지는 기타의 복합적인 성격들은 재산권으로서의 영업비밀의 성격을 바탕으로 하여 이해될 수 있는 것이라고 생각된다. 또한 신뢰관계설은 재산권설과 함께 가장 대표적으로 인용되고 있고, 대표적으로 미국 듀폰사건 판결[23]을 통해 적용되었다. 이 사건에서는 하급심에서 재산권과 방어권 간의 충돌문제로서 다루어졌으나, 연방대법원에서는 재산권과 방어권 간의 충돌

22) 노현숙, 전게 논문, 356면.

23) E. I. DuPont de Nemours Powder Co. and Du Pont Co. v. Masland et al., 244 U.S. 100 (1917).

문제가 아닌 다른 시각에서 접근하였다.[24] 연방대법원은 듀폰이 어떤 가치 있는 비밀을 보유하였는지 여부와 상관없이 매스랜드는 듀폰과의 고용관계 내의 특별한 신뢰를 통하여 정보를 알게 되었음을 인정하였다. 영업비밀은 재산권이라기보다는 신뢰관계에서 적용될 수 있는 신의를 기반으로 한 평등원칙과 관련이 있으며 영업비밀을 발견하거나 개발한 고용인이 권한 없는 자에 의한 영업비밀의 공개나 이용으로부터 보호받아야 하는 근거는 그 고용인이 영업비밀에 관한 이익관계를 가지기 때문이 아니라 영업비밀이 고용인과 피고용인 간의 신뢰관계에서 피고용인에게 알려진 것이기 때문이라고 보았다. 연방대법원은 이러한 신뢰관계에서 일반적으로 고용인이 피고용인에 대해 가졌던 신뢰를 피고용인이 부당하게 남용해서는 안 되고, 피고용인이 고용인의 비밀을 아는 것으로 인해 고용인에 대하여 불이익이 초래된다면 피고용인은 불이익에 대하여 부담을 져야 한다고 판시하였다. 듀폰 사건 이후 1980년 이전까지 법원은 재산설과 함께 신뢰관계설에 더욱 초점을 맞추었다.[25] 1980년대에 들어서 영업비밀을 계약과 재산이 혼합된 성격으로 보는 시각이 우세한 견해로 등장하였다. 재산권의 개념과 관련해서는 모든 경제적 이익을 재산권이라고는 할 수 없고 법적 근거가 있는 경제적 이익만을 재산권이라고 할 수 있으며, 재산권으로 인정된 것에 대해서만 법원은 타인의 방해를 금지하고 침해에 대하여 보상을 명한다. 법적 권리자가 타인이 재산을 향유하는 것을 배제할 수 있는 법적 권리를 가지는 것이 개별적 재산권의 필수적인 요건이라고 할 수 있으므로 영업비밀을 재산으로 보는 견해에 의하면, 재산으로서의 영업비밀의 합법적 권리자는 타인이 해당 영업비밀을 이용하거나

24) Eric R. Claeys, "Private Law Theory And Corrective Justice in Trade Secrecy," George Mason University School of Law Journal of Tort Law, Volume 4, 2011.

25) Anthony F. Junker vs. Donald C. Plummer, 320 Mass. 76, 1946.

그것을 통하여 이익을 얻는 것을 금지할 권리를 가진다고 볼 수 있다.[26)]

(3) '공유재의 비극'을 통해 살펴본 영업비밀 관리[27)]

생물학자이자 인류생태학자인 개릿 하딘(Garret Hardin)은 주인 없는 '공유지'인 목초지에 너도나도 가축을 방목하면 결국 그 땅은 풀 한 포기 없는 황무지로 변하는 '비극'을 맞게 된다고 경고한다.[28)] 임자는 없는데 쓸모가 있는 땅에는 이른바 '공유지의 비극(tragedy of commons)'이 나타난다는 것이다. 개인의 이기심이 결국 모두의 파멸로 되돌아오는 비극을 피할 수 있는 보호막과 대응책이 필요하다. 윤리의 문제가 경제의 문제가 되는 이유는, 재화의 '사용권에 대한 배제성'과 '사용량에 대한 경합성' 때문이다. 사용권이 분명하여 내가 쓰면 남이 쓸 권리가 없어지면 그 재화는 배제성을 갖게 된다. 사용량에 한계가 있어 내가 쓰면 남이 쓸 수 있는 몫이 줄어들면 그 재화는 경합성을 갖게 된다. 이 두 가지 속성을 토대로 세상의 재화를 세 종류로 나누어 볼 수 있다. 먼저, 배제성과 경합성이 모두 있는 재화는 사유재이다. 반대로 배제성도 없고 경합성도 없는 재화는 공공재이다. 마지막으로 배제성은 없지만 경합성이 있는 재화가 공유재이다. 목초지나 연안 어장, 한강의 상수원 등이 대표적인 공유재이다. 그렇다면 기술지식은 어떤 재화일까? 지식은 본질적으로

26) Robert G. Bone, "Trade Secrecy, Innovation, and the Requirement of Reasonable Secrecy Precautions," University School of Law Working Paper No. 09-40, 2009.

27) 「박용태 교수의 테크노 경영 〈11〉, '기술 公有地'의 비극?」, 조선일보 2007.10.19. 기사.

28) Garrett Hardin, "The Tragedy of the Commons," Science Vol. 162 no. 3859, 13 December 1968, pp.1243-1248. DOI: 10.1126/science.162.3859.1243.

는 공공재이다. 누구나 얼마든지 쓸 수 있기 때문이다. 그러나 '기업'이 보유하고 있는 '기술지식'은 더 이상 공공재가 아니다. 돈과 사람을 투입하여 만들어 낸 것이니 당연히 사용권과 사용량을 제한할 수 있는 것이다. 만일 기술지식이 공공재라면 어느 기업도 '먼저' 그리고 '많이' 연구개발에 투자할 이유가 없어진다. 그렇다고 지식의 속성상 완벽한 사유재로 만들기도 어렵다. 중간쯤의 어정쩡한 상태에서 기술지식은 공유지의 비극을 맞을 위험이 크다. 기술지식이 독점성 또는 배제성을 확보하지 못할 경우, 누구나 마구잡이로 기술지식을 차용하게 되면서, 비슷한 기술을 이용한 유사 제품이 시장에 범람하고 제살깎기 경쟁이 치열해진다. 또 연구개발투자도 이루어지지 않으므로 기업이나 국민 모두 피해를 보는 비극이 발생하는 것이다. 이 비극을 피하기 위해 기업의 기술지식 관리는 특허, 영업비밀, 2차소싱(second sourcing)[29]의 세 가지 전략 가운데 하나를 선택하게 된다. 특히, 영업비밀은 배제성은 느슨하게 하면서 경합성을 엄격하게 유지하는 전략이다. 나만의 것이라고 주장하기보다는 나만 쓰게 만드는 것이다. 산업재산권인 특허와 달리 노하우 등 영업비밀은 공개와 검증의 절차를 거치지 않은 채 '숨겨진 비법'으로 '영원히' 보호할 수 있다. 그러나 누군가가 그 비밀을 알아 버리는

29) 2차소싱은 약간의 배제성을 유지하면서 경합성을 없애는 전략이다. 남들을 많이 내 편으로 그러모아 자연독점(natural monopoly) 시장을 만드는 것이다. 용어가 암시하는 것처럼, 독점기술을 가지고 있는 기업(1차 생산자)이 기술이 없는 다른 기업(2차 생산자)에게 기술지식은 물론 생산권리까지를 제공한다. 언뜻 보면 어리석은 전략이지만 그 이면에는 '기술표준(technical standard)'과 '잠금효과(lock-in effect)'로 시장의 지배력을 확보하려는 의도가 깔려 있다. 기술을 공개하여 우리 기술을 표준으로 삼는 시장의 울타리를 넓히고, 또 한번 우리 기술을 받아들이면 다른 기술로 바꾸지 못하게 문을 안쪽에서 잠그는 것이다. '기술권리'라는 작은 파이를 혼자 먹는 것보다 파이를 크게 키운 후 '시장지배'로 가장 큰 몫을 챙기면 결국 더 많이 먹을 수 있다는 계산법이다.

순간 바로 독점권이 사라지게 되므로, 기술지식이라는 재화는 언제라도 공유지의 비극을 맞게 될 여지를 안고 있다. 이는 아무리 자기가 만든 기술이라도 혼자만 보유하고 혼자만 사용하기는 매우 어렵기 때문이다. 비극이 오는 것을 막을 수 없다면 비극을 피해갈 수 있는 전략을 잘 세우는 것이 차선책이다. 기술의 성격과 시장의 조건에 따라 가장 바람직한 영업비밀 관리전략을 선택해야 한다. 또한 국가나 정부에서 강력하게 영업비밀에 대해 보호하지 아니하면 반드시 위 비극을 초래할 것이며, 결국 자본과 노동력의 불공정한 폐해와 공중 혜택을 위한 투자 활동이 저해될 수밖에 없다. 이를 위해 영업 비밀성이 생명인 ICT메가트랜드 시대에 있어서 영업비밀 혁신가들(secrecy innovators)의 활동을 더욱 촉진할 수 있도록 인센티브를 크게 설정하도록 하는 것이 좋다고 할 수 있다.[30)]

(4) 공익을 위한 영업비밀 사용의 합헌성 검토

우리나라 헌법은 제23조에서 재산권의 보장과 그 제한에 대하여 규정하고 있고, 제22조에서는 저작자 · 발명가 · 과학기술자 등의 권리는 법률로써 보장하고 있다.[31)] 영업비밀의 공익을 위한 사용이 헌법에 의해 정당화되기 위해서는 영업비밀의 수용이 공익을 위한 것인지와 수용에 대한 정당한 보상이 주어졌는지가 검토되어야 한

30) Jonathan R. K. Stroud, "The Tragedy of the Commons: A Hybrid Approach to Trade Secret Legal Theory," Chicago-Kent Journal of Intellectual Property, Vol. 12 No. 2, 2013, pp.232-243.

31) 헌법 제23조 ① 모든 국민의 재산권은 보장된다. 그 내용과 한계는 법률로 정한다. ② 재산권의 행사는 공공복리에 적합하도록 하여야 한다. ③ 공공필요에 의한 재산권의 수용 · 사용 또는 제한 및 그에 대한 보상은 법률로써 하되, 정당한 보상을 지급하여야 한다.
헌법 제22조 ① 모든 국민은 학문과 예술의 자유를 가진다. ② 저작자 · 발명가 · 과학기술자와 예술가의 권리는 법률로써 보호한다.

다. 서두에서 살펴본 바와 같이, 최근 들어 우리나라의 영업비밀의 해외유출 사건이 크게 증가하고 있다. 이에 「산업기술의 유출방지 및 보호에 관한 법률」은 기존의 영업비밀보호법의 보호대상이 민간 기업의 영업비밀에 한정되고 있어서 국가적·사회적으로 커다란 영향을 초래할 영업비밀기술 유출행위에 대한 처벌범위 확대가 필요하다는 의미에서 처벌범위를 확대 강화하였다. 이 법률에 의해 기술유출행위를 민간기업의 재산권 침해 차원이 아닌 국익차원에서 접근하고 있어 일정한 한도 내의 제한은 가능하지만, 공용제한을 실시하는 경우에도 헌법 제23조 제3항에 의해 정당한 보상을 지급하여야 한다. 그러나 산업기술보호법이 수출제한 조치 등 공용제한을 취하면서도 보상에 대한 규정이 없다는 점은 문제가 있다고 할 수 있다.[32] 따라서 정부행위가 재산권에 대한 중대한 물리적 손상을 야기하였다면 재산권의 수용이 일어난 것으로 볼 수 있으며 정당한 보상을 지급해야 한다. 영업비밀이 개인에 의해 부당하게 이용된 경우에 소유자는 불법행위자에 의해 발생한 손해나 불법행위자가 얻은 이익을 배상받을 수 있다. 이때 소유자에게 발생한 손실액을 판단하기 위하여 법원은 일실이익, 개발비용과 합리적 실시료를 고려한다. 이러한 개인에 의한 영업비밀의 침해에 대한 손실보상액의 산정기준은 정부에 의한 영업비밀의 수용의 경우에 정당한 보상을 결정하는 데 참고가 될 수 있다.[33] 한편 공익성이 강한 임상 처치 등을 포함한 의료방법에 대해서 영업비밀로도 보호할 수 있어야 한다는 학계 안팎의 견해가 비등하고 있고, 이를 위해 의료방법을 창출해 낸 자에게 일정 권리를 부여하면서도 이미 만들어진 의료방법이 최대한 활용되도록 하여 의료품질 향상과 의료비지출

32) 박성철, "산업기술 유출 방지를 위한 법적 고찰," 인하대학교 법학연구 제13집 제1호, 2010.

33) 육소영, "공익을 위한 영업비밀의 사용과 미국 헌법상 재산권의 제한," 법학논총 제38권 제3호, 2014.

경감이라는 공익도 도모할 수 있도록 영업비밀 보호 대상이 될 수 있도록 하여야 할 것이다.[34]

34) 정차호 · 이은지, "의료방법발명의 영업비밀로서의 보호," 지식재산연구 제8권 제1호, 2013.

II 영업비밀의 종류와 요건

1. 영업비밀의 종류[35)]

영업비밀은 기업비밀, 트레이드 시크릿(trade secret), 노하우, 재산적 정보 등 여러 용어로 불리며, 이러한 정보에 해당하는 종류와 내용은 매우 다양하다. 영업비밀보호법에서의 영업비밀이라 함은 영업주체가 비밀로 보유하고 있는 기술상·경영상 정보로서 재산적 가치를 갖는 것을 총칭한다고 할 수 있다. 한편 영업비밀은 시각적으로 관찰하거나 물품 등으로 구체화한 유형적 정보와 기능이나 작용과 같은 무형적 정보로 나눌 수 있기도 한다. 그리고 기업비밀의 측면에서는 영업비밀을 인적 기업비밀, 물적 기업비밀, 재무적 기업비밀로도 구분하기도 한다. 다음은 이러한 영업비밀을 가장 기본적인 분류에 의해 구분하여 정리한 것이다.

(1) 기술, 경영 정보

영업비밀의 유형은 생산방법, 판매방법 등을 제외하고 기술상 혹은 경영상 유용한 정보로 나눌 수 있다. 이 분류방법은 우리나라와

35) 김정덕·김성화, 영업비밀보호법의 이해, 한국학술정보(주), 2011.

일본을 비롯한 많은 국가에서 사용하고 있다. 이 중 기술정보는 제품을 제조함에 있어 특유한 산업기술상의 정보로서 합성수지의 배합비율, 화학방법, 기계의 설계방법, 강도계산의 운용방법, 컴퓨터의 소프트웨어, 햄버거의 조리방법, 코카콜라의 제조법 등을 들 수 있다. 그것은 일반에 널리 알려지지 않은 것으로 비밀로 유지되고 있는 것이라면 영업비밀로서 보호대상이 된다. 다만 일반적으로 종업원 자신이 개발한 기술은 특별한 특약이 없는 한 경업회사에 누설하여도 영업비밀 침해행위가 되지는 않는다. 그렇지만 종업원과의 사이에 재직기간 중 개발한 기술이라도 그것을 회사에 공개하여야 하고 퇴직 후에 경업자에게 누설하여서는 안 된다는 특약이 존재하면 영업비밀로 보호된다. 최근 기업에서는 생산 · 판매전략 등을 중요한 영업정보로 취급하여 대외적 비밀로 취급하고 있는 경향이 두드러진다. 특히 경쟁업체에 대한 우위성을 확보하는 차원에서 생산 · 판매전략 정보는 대단히 중요한 의미를 가진다. 이러한 정보가 비밀성을 갖추고 대외적으로 비밀로 관리되고 있는 것이라면 당연히 영업비밀로 보호 가능하다. 다만 이러한 정보를 수록한 매뉴얼이 문서화되어 있고 저작권으로 보호되어야 할 것이라면 영업비밀보호의 문제에 우선하여 저작권법에 의한 보호가 이루어질 수도 있다. 또한 기술 및 경영에 관한 비밀정보 그 자체가 아니라 비밀정보가 처리되는 과정도 비밀로 유지되고 있고 경제적 가치가 있는 것이라면 영업비밀로 보호될 수 있다.

(2) 제품

일반적으로 기업에서 생산되어 널리 시판되고 있는 제품으로 누구나 이를 구입하여 그 제품을 통해 쉽게 그 상품의 영업비밀을 알아낼 수 있는 경우에는 영업비밀에 해당하지 않는다. 즉 영업비밀은 특허권, 저작권 등과 같은 배타적인 권리가 아니므로 그 제품을 구입하여 이를 연구·분석하여 유사제품을 만들어 내는 경우는 영업비밀의 침해가 아니라는 것이다. 다만 일반에 판매되는 제품이라고 하더라도 일반적인 복제방법으로는 그 기술상의 비밀을 지득하기가 지극히 어렵고 제조상의 비법 등을 알아야만 하는 경우라면 그것은 영업비밀로 보호된다. 그러므로 제조비법 등을 부정한 방법으로 입수하였다면 이는 영업비밀 침해에 해당된다.

(3) 제조법

제조법은 특허의 대상이 되므로 특허를 받을 만한 제조법이라면 그 제조법의 개발·보유자는 특허를 받아 독점적, 배타적인 권리를 취득할 수도 있다. 그러나 특허권을 설정할 경우 그 내용 전부가 일반에 공개되고 그 권리의 보호기간도 20년으로 한정되므로 타인이 쉽게 알 수 없는 제조법이라면 특허권으로 설정하기보다는 영업비밀로 남김으로써 특허권보다 장기간 보호를 받을 수 있다. 또한 특허를 받기 어려울 정도의 신규성만을 가지는 것이라면 그것은 영업비밀로 보호하는 것이 적합하다. 다만 제조법이라고 해서 모두 영업비밀이 되는 것은 아니며 영업비밀로 보호받기 위한 성립요건을 충족해야 한다. 기술상의 영업비밀은 대부분이 여기에 해당하는바 산업적인 제조공정 개량, 고안 외에 요리의 조리법 등도 제조법으로서의 영업비밀로 보호될 수 있다. 미국법원에서는 마스크의 제조법, 정밀다이얼의 제조법, 사진의 감광체의 제조법, 독특한 치즈의 제조법 등을 영업비밀로 인정한 바 있다. 다만 그 제조법은 영업비밀보유자라고 주장하는 자가 독자적으로 개발한 것으로 독특한 기술이어야 한다.

(4) 혼합물 · 화합물

의약품, 화장품, 음료수, 양념, 식품 등의 성분, 조성물의 구성 비율, 내용 등은 반드시 영업비밀이 된다고는 할 수 없다. 다만 그 성분 등을 합리적이고 손쉬운 방법으로는 알아내기 어려운 것이라면 그것은 영업비밀로 보호를 받을 수 있다. 즉 식품의 경우 원료의 배합비율, 열의 강도, 수분의 조절 등에 관한 비법에 의하여 그 내용이 달라지므로 그 비법을 정확히 알아낼 수 없을 정도의 것을 요구하는 것이다.

(5) 제조시설의 배치

외부에 비밀로 유지되고 있고, 경업 회사와의 관계에 있어서 비공개로 하는 것이 경제적 가치가 있을 경우에는 공장내부의 기계설비 방법, 플랜트의 배치, 어떠한 기계장치가 사용되었는지 여부도 영업비밀로서의 보호대상이 된다. 다만 이 경우에도 모든 공장시설의 배치가 영업비밀로 되는 것이 아니라, 비밀로 유지되고 있고 그 때문에 상업적 가치를 지니는 것이어야 하는 등 영업비밀로서의 통상적인 요건을 갖추어야 한다.

(6) 고객 명부

고객 명부를 비롯한 고객관리 자료는 오래전부터 중요한 영업정보로 활용되어 왔고 최근 들어서는 컴퓨터의 데이터베이스 파일로 보관되어 비밀자료로 관리되고 있다. 이처럼 고객명부 등은 경영상의 유용한 정보이지만 모든 고객명부가 영업비밀에 해당하는 것은 아니다. 즉 고객관리 자료가 기업에 의해 비밀로 관리되고 있다는 사실, 그것이 외부에 공개되지 않았다는 사실만으로는 그것이 영업비밀로서 보호되어야 한다고는 단정할 수 없다. 따라서 고객명부 등 고객관리 자료가 영업비밀로 보호받기 위해서는 특정 고객명부가 일반적으로 알려진 것인지 아니면 특정 산업에만 알려진 것인지 아니면 비밀성을 유지하기 위하여 어떠한 방법을 동원하였는지를 가지고 판단하기도 한다. 즉 1) 어느 정도의 정보가 외부에 알려져 있는지, 2) 영업에 관련된 피고용인들에게 얼마나 알려져 있는지, 3) 경영주가 얼마나 보호 장치를 했는지, 4) 소유자와 경쟁자에 대한 정보의 가치는 어느 정도인지, 5) 정보를 취득하기 위하여 투입한 비용은 얼마인지, 6) 그 정보를 취득하기 위한 곤란성의 정도는 어느 정도인지 여부, 7) 본인과 대리인 관계에 대한 계약관계의 존부 여부, 8) 피고용이나 대리인이 영업비밀을 취득하기 위한 방법, 9) 피고용인과 고객 간의 개인적인 친밀도, 10) 시장의 경쟁성 등이다. 시장의 경쟁성은 영업비밀을 판단하기 위한 하나의 자료가 된다.[36] 예를 들면 고객정보를 획득하기 위하여 얼마만큼의 시간과 노력 그리고 비용을 들였는가는 중요한 기준이 된다. 고객정보를 획득하는 것이 어렵지도 않고 비용이나 시간이 많이 들어가는 것이 아니라면 영업비밀성을 유지할 수 없는 경우도 있다. 또한 매우 경쟁적인 시장에서 획득하기 어려운 것이 아니라면 영업비밀성을 취득하기 어렵다. 이와 더불어 고객정보가 다른 가치 있는 정보와 혼합되어 있는 경우에도 영업비밀이 될 수 있다. 즉 공지의 정보가 혼재되어 있는 가치 있는 정보가 영업비밀이 될 수 있다고 한다. 보호되는 정보의 범위는 고객의 위치와 접촉할 사람, 과거의 구입목록, 수량, 사이즈, 가격, 횟수 등이 보호될 수 있고 각 고객의 구입활동, 신용정보, 전화 판매시 구입성향 및 다른 관련된 정보도 보호될 수 있다.

---

36) 나종갑, "부정경쟁방지 및 영업비밀보호에 관한 법률상의 기술상 또는 경영상의 정보의 의미," 무역구제 통권 제15호, 산업자원부 무역위원회, 2004.7, 36면.

(7) 연구개발 · 실험자료

연구개발 · 실험자료는 완성된 것은 물론 미완성의 상태에 있는 연구개발 관계 자료, 실패로 끝난 연구개발 자료도 영업비밀이 된다. 특히 새로운 농약 및 의약품을 개발할 경우에는 개발의 성패와 관계없이 임상실험에 상당한 비용이 소요되기 때문이다. 뿐만 아니라 그 실험결과 개발실패로 결론이 나더라도 그 실험 자료는 추후 새로운 약품의 개발에 상당히 중요한 참고자료가 되는 것이므로 이러한 개발관련 실험 데이터는 중요한 영업비밀이 된다.

(8) 디자인

디자인은 일반적으로 디자인보호법 등으로 보호된다. 한편 패션디자인의 경우에는 유행 기간이 짧고, 제품의 수명(Life-Cycle)이 짧아 디자인으로 등록하지 않은 경우가 많다. 그리고 패션디자인이 상품에 화체되어 일반에 판매되기 시작한 이후에는 그 디자인은 일반에 공개된 것으로서 비밀성을 가지기가 지극히 어려운 것이므로 영업비밀로 보호받기가 어렵다. 다만 일반에 판매하기 전 새로운 디자인의 개발과정 또는 개발 후 판매 전으로서 개발자에 의해 비밀로 유지되는 것이라면 당연히 영업비밀로 보호될 수 있다.

2. 영업비밀의 요건

(1) 영업비밀 요건에 관한 외국 입법례

1) 미국

미국에서는 영업비밀을 트레이드 시크릿(trade secret)이라 부르며, 19세기부터 절도, 매수, 비밀유지의무 위반 등의 부정한 수단에 의해 영업비밀을 취득하거나 취득한 영업비밀을 사용, 공개하는 행위에 대하여 금지청구권 또는 손해배상청구권 등을 인정하는 판례가 축적되어 왔다. 이러한 판례의 통일적 해석을 위해, 미국법률협회는 1939년에 트레이드시크릿의 정의와 보호요건을 해설한 리스테이트먼트(불법행위 코멘트 b)를 발행하였다. 1979년에는 통일주법위원회 전국회의에서 「통일 트레이드 시크릿법(Uniform Trade Secret Act)」을 작성하여 각 주에 주법으로 채용할 것을 권고하였고, 현재 41개주가 이를 채용하고 있다. 통일 트레이드 시크릿법은 트레이드 시크릿을 "법, 양식, 편집, 프로그램, 고안, 방법, 기술 또는 프로세스를 포함하는 다음과 같은 정보를 말한다. ① 널리 알려져 있지 않고, 따라서 공개 또는 사용에 의해 경제적 가치를 얻을 수 있는 사람을 통하지 않고서는 정당한 수단으로 접근할 수 없는 것으로서, 이로부터 현실적 또는 잠재적인 독자적인 경제적 가치를 얻을 수 있는 것, ② 비밀을 유지하기 위한 합리적인 노력의 대상이 되고 있는 것(제1조)"이라고 정의하고 있다. 또한 트레이드 시크릿에 대한 침해행위로서 해당 트레이드 시크릿이 부정한 수단(절도, 매수, 사기, 비밀유지의무 위반, 이와 같은 행위의 교사, 전자적 수단, 기타 스파이 행위 등)에 의해 취득된 것을 알고 있는 자가 그 트레이드 시크릿을 취득, 사용, 공개하는 행위를 들고 있다. 이 외에도, 각 주의 형법에 의해 트레이드 시크릿이 보호되고 있다. 예를 들어, 뉴욕주의 형법 165-07조는 "비밀의 과학적 자료를 본인 또는 타인을 위해 도용할 목적으로 권한 없이 또는 권한이 있다고 믿을 수 있는 합리적 이유 없이 당해 비밀의 과학적 자료를 베끼는 행위, 사진을 찍는 행위, 도면을 그리는 행위, 기계적 또는 전자적으로 재생 또는 기록하는 것에 의해 유체적으로 복제하는 행위를 한 경우에는, 비밀 과학 자료의 불법 사용죄로서 처벌된다."고 규정하고 있다. 또한 캘리포니아주의 형법 499c조도 "현직 또는 퇴직한 타인의 종업원, 대리인, 사용인에 대하여 현재 또는 이전의 고용자, 본인, 주인이 소유하는 트레이드 시크릿을 체현하는 물체를 전달, 배달 등의 방법으로 처분하도록 편익, 뇌물, 보수를 약속, 제안, 제공 또는 이를 공모한 자는 주 또는 군의 형무소에서 1년 이하의 징역 또는 5,000달러 이하의 벌금에 처한다."라고 규정하고 있다.

2) 영국

영국은 판례가 중시되는 판례법의 나라이다. 19세기 초, 퇴직한 종업원에 의한 영업비밀의 부정한 사용 및 공개를 금지하는 판결이 나온 이후로, 판례법에 의해 영업비밀이 보호되어 왔다. 계약법, 불법행위, 신뢰 위반 등의 법원칙을 기초로, 영업비밀을 부정하게 취득 · 사용 · 공개하는 자에 대하여 손해배상청구 및 금지 청구 등이 인정되어 왔다. 영업비밀에 관해서는 미국의 통일 트레이드시크릿법과 같은 성문법은 제정되어 있지 않다. 그러나 판례의 축적으로 영업비밀은 ① 비공지의 ② 비밀의 정보로서 ③ 공개함으로 인하여 그 보유자가 손해를 보든가, 경쟁자가 이익을 얻는 것이라고 정의되어 왔다. 또한 불법행위에 관해서도 임원과 회사, 피고용자와 고용자, 대리인과 본인 등 서로에게 신의 의무가 있는 당사자가 그 의무에 위반하여 사용 · 공개하는 행위가 포함되어 왔다. 따라서 악의의 제3자에 대해서도 당연히 금지청구가 인정되며, 문서화된 영업비밀을 취득한 경우에는 절도죄가 적용된다.

3) 일본

일본은 부정경쟁행위 규제에 관한 국제적인 흐름에 촉발되어 1934년에 부정경쟁방지법을 제정하고, 1990년 영업비밀에 관한 내용을 추가하는 법 개정을 실시하였다. 동법은 영업비밀을 "비밀로서 관리되는 생산방법, 판매방법 기타 사업 활동에 유용한 기술상 또는 영업상의 정보로서 공연히 알려지지 아니한 것"으로 정의하고, 영업비밀에 관한 부정경쟁행위를 부정취득행위와 부정공개행위로 구분하여 규정하고 있다. 여기서 부정취득행위란 절도, 사기, 협박 기타 부정한 수단에 의해 영업비밀을 취득하는 행위를 말하며 취득행위 후의 부정사용 및 이를 취득, 사용, 공개하는 행위를 포함한다(동법 제2조 1항 4호~6호). 부정공개행위란 영업비밀의 보유자로부터 알게 된 영업비밀을 부정한 이익을 얻을 목적으로 또는 보유자에게 손해를 끼칠 목적으로 사용 또는 공개하는 행위를 말하며, 사용 또는 공개행위 후의 비밀유지의무에 위반하는 공개행위를 알면서 또는 중대한 과실로 알지 못하면서 취득, 사용, 공개하는 행위를 포함한다(동법 제2조 제1항 7호~9호). 부정경쟁행위에 대해서는 보유자의 금지청구권과 손해배상청구권이 인정되며, 특정의 행위에 관해서는 형사적 처벌이 이루어진다.

4) 중국

중국에서는 「반부정당경쟁법」에 의해 영업비밀을 보호하고 있다. 동법은 영업비밀을 "일반 공중에게 알려져 있지 않고, 영업비밀 권리자에게 경제적 이익을 줄 수 있고, 실용성을 가지며, 비밀조치를 취한 기술정보와 경영정보"(제10조 제4항)로 정의하고, 영업비밀의 요건으로서 비밀성, 경제적 가치, 실용성, 비밀조치를 요구하고 있다. 여기서 비밀성이란 우리나라의 비공지성에 해당하는 의미로서 공개된 수단으로는 해당 정보를 직접 얻을 수 없다는 것을 말하며, 신규성을 포함하는 의미이다. 경제적 가치란 권리자에게 잠재적, 현실적, 경제적 이익 또는 경쟁상의 우위를 가져다주는 것을 말하며, 경제적 가치의 여부 판단은 정보의 객관성을 가지고 판단해야 한다. 실용성이란 정보의 객관적 유용성을 말하며, 그 정보를 사용하면 경제적 이익을 가져올 수 있음을 의미한다. 마지막으로 비밀조치란 비밀성과 밀접한 관계가 있으며 비밀조치의 수준에 대하여 영업비밀의 소유자가 주관적으로 그 정보에 대한 비밀보호 의식이 있어야 하고, 객관적으로 비밀조치를 한 후, 부정한 수단에 의하지 아니하고는 그 정보를 취득할 수 없어야 한다.

5) 독일

독일에서는 영업비밀을 「부정경쟁방지법」, 민법 제823조 및 제826조(불법행위)로 보호하고 있다. 단, 독일 부정경쟁방지법(UWG, Gesetz gegen den unlauteren Wettbewerb)에는 영업비밀의 개념이 규정되어 있지는 않으며 판례에 의해 영업비밀이 정의되어 왔다. 구체적으로는 영업비밀이란 ① 기업경영과 관련이 있고, ② 제한된 사람들만이 알고 있으며 ③ 소유자에 의하여 비밀로 유지하려는 의사가 표시되고 ④ 비밀로 유지함에 소유자의 이익이 있는 사실이라고 규정된다. 이들 각 요건을 자세히 살펴보면 ① 기업경영 관련성이 충족되기 위하여 반드시 행위자가 영업비밀을 해당 기업체로부터 직접 취득해야 하는 것은 아니며, 자체로 알려져 있는 공정이나 생산도구를 특정한 기업이 제품의 생산에 사용하고 있다는 점을 비밀로 유지하고 있으면 이러한 사실도 기업체 관련성을 가질 수 있다. ② 공공에 알려져 있지 않은 것, 즉 비공지성에 관해서는 비밀보호 의무를 부담하는 제3자도 제한된 범위에 포함되나, 당해 영업비밀을 알고 있는 사람의 숫자가 많거나 증가하고 있다고 하여 비밀성이 상실되는 것은 아니라고 해석된다. 공지의 사실이란, 어떠한 사실이나 정보가 일반적으로 알려져 있거나 임의의 접근에 노출되어 있어서 이에 관심을 가지고 있는 누구나가 정당한 방법으로 큰 어려움 없이 획득할 수 있는 가능성이 있는 상태에 있는 경우에 인정된다. ③ 소유자에 의하여 비밀로 유지하려는 의사, 즉 비밀보호 의사에 관해서는 모든 개별적 영업비밀에 대하여 존재할 것이 요구되지는 않고, 영업비밀 전체에 대한 의사만 있으면 충분하다. ④ 비밀로 유지함에 소유자의 이익이 있는 것은 통상 영업비밀이 기업체의 경쟁능력을 유지하는 데 의미가 있다면 인정되나, 뇌물제공자명단과 같이 위법한 정보에 대하여는 원칙적으로 보호가치 있는 이익이 아니어서 이에 포함되지 않는다. 이 요건들을 만족시키는 영업비밀의 예로는, 고객명단, 연말보고서, 시험작(샘플), 비용견적서, 계약서, 보험사의 모집인 명단, 컴퓨터 프로그램(소프트웨어) 등이 있으며, 성인용 도박기계의 조종 프로그램도 영업비밀이 될 수 있다는 판례도 있다.

또한 영업비밀 침해행위로서 부정경쟁방지법은 다음과 같은 행위를 규정하고 있다.

① 종업원이 고용관계에서 얻은 영업비밀을 본인 또는 제3자의 이익을 위하여 또는 사업주에게 손해를 끼칠 의도로 공개하는 행위(제17조 제1항)

② 권한 없이 영업비밀이 화체된 복제물을 작성하거나 비밀이 화체된 물건을 탈취함으로써 영업비밀을 사용 또는 공개하는 행위(제17조 제2항)

③ 상기 ①②의 행위로 인해 입수한 영업비밀을 권한 없이 사용 또는 공개하는 행위(제17조 제3항)

④ 공공질서에 위반하는 경업행위(제1조)

이러한 행위에 대해서는 금지 청구, 손해배상청구가 인정되며, 특정의 행위들은 형사 처벌된다.

6) 프랑스

프랑스는 영업비밀을 보호하기 위한 특별한 규정을 두고 있지 않다. 그러나 영업비밀은 민법 · 상법에 의해 보호되어 왔으며 제3자의 부정경쟁행위에 관해서는 민법 1382조(불법행위법)에 의해 보호되어 왔다. 특히 최근 20년간 영업비밀의 보호와 부정경쟁에 관한 판례의 축적이 보이며, 기업이 비밀보호를 위해 노력을 한 경제적 가치가 있는 기업정보에 관한 침해 행위에는 악의의 제3자에 대한 금지청구 및 손해배상청구가 인정되고 있다. 또한 종업원등에 의한 업무상 비밀의 누설은 형법 제418조에 의해 처벌된다.

7) TRIPs

TRIPs협정 제39조 제2항에서는 자연인 및 법인이 합법적으로 자신의 통제에 있는 정보가 자신의 동의 없이 건전한 사업적 관행에 반하는 방법으로 타인에게 공개되거나 타인에 의해 획득 또는 사용되는 것을 금지할 수 있다고 규정하고 있다. 이때 미공개 정보는 ① 전체로서 또는 그 구성요소의 정밀한 배열 및 조합의 형태로서 당해 정보의 종류를 통상적으로 다루고 있는 업계의 사람들에게 일반적으로 알려져 있지 않거나 쉽게 접근될 수 없다는 의미에서 비밀인 것, ② 비밀이기 때문에 상업적 가치를 갖는 것, 그리고 ③ 적법하게 동 정보를 통제하고 있는 자에 의해서 비밀로 유지하기 위한, 그 상황에서 합리적인 조치의 대상이 되는 것을 요구하고 있다. 따라서 TRIPs 협정에서의 미공개정보는 ① 비밀성, ② 경제성, ③ 비밀관리성의 요건을 충족하는 것이어야 한다.

(2) 영업비밀 요건에 관한 비교검토

우리 법은 영업비밀을 "공공연히 알려져 있지 아니하고 독립된 경제적 가치를 가지는 것으로서, 합리적인 노력에 의하여 비밀로 유지된 생산방법, 판매방법, 그 밖에 영업활동에 유용한 기술상 또는 경영상의 정보"라고 정의하고 있다.[37] 우리가 가입하고 있는 WTO/TRIPs협정이나 미국과 일본에서의 그간 입법화 내용을 살펴보면, 위 정의조항은 미국 · 일본의 선행 입법을 수용하는 과정에서 잘못하여 동일 내용을 다른 표현으로 언급하여 혼란을 줄 수 있으며, '판매방법'은 영업비밀의 양상을 고려할 때 대표성을 가진 좋은 예시라고 할 수 없어 재검토의 여지가 있다고 할 것이다.

WTO/TRIPs협정 제39조[38]에서 각국으로 하여금 영업비밀을 의

37) 영업비밀보호법 제2조 제2호.

무적으로 보호하도록 규정하고 있다. 동 협정 제39조 제2항은 "자연인 및 법인은 합법적으로 자신의 통제 하에 있는 정보가 동의 없이 건전한 상업적 관행에 반하는 방법으로 타인에게 공개되거나, 타인에 의해 획득 또는 사용되는 것을 금지할 수 있는 가능성을 가진다."고 규정하고 있다. 이는 영업비밀에 대해, ① 일정한 유형의 정보를 정상적으로 다루는 자 간에 일반적으로 알려지지 않거나 이러한 자가 용이하게 취득할 수 없는 의미에서 비밀이 되고, ② 비밀이기 때문에 상업적 가치가 있고, ③ 그 정보를 적법하게 통제하는 자에 의하여 비밀로 유지되는 것이라는 요건을 부여하는 의미로 해석되며, 각 회원국의 국내법의 공통적인 내용들을 반영한 것이라 할 수 있다.[39] 나아가 이런 정보에 해당하는 경우 정당한 상관습에 반하여 보유자의 동의 없이 사용하지 못하도록 금지할 의무를 가입국에 부과하고 있다. 그것과 관련하여 금지명령이나 손해배상, 부당이득행위 금지, 증거보존 규정 등의 효과적인 구제수단을 제공할 것을 요구하고 있다. 이런 골격을 이 협정에 가입한 미국이나 일본 등이 자국법에서 따르고 있다. 일본의 「부정경쟁방지법」에서는 영업비밀을 "① 비밀로 관리되고 있는, ② 생산방법, 판매방법 기타의 사업활동에 유용한 기술상 또는 영업상의 정보로서, ③ 공연히 알려져 있지 아니한 것"이라고 정의하고 있다. 이런 정의조항 외에도 영업비밀보호에 관한 나머지 조항의 문구는 우리 영업비밀보호법과 내용상 아주 유사하다. 이는 우리의 입법이나 판례가 일본법의 영향을 많이 받았기 때문이라고도 할 수 있다. 미국 연방법에서는 영업비밀을 특허 등과는 달리 직접 규율대상으로 삼아 정의를 내리고

38) 1994년 체결된, 무역관련 지식재산권 협정(Agreement on Trade Related Aspect of Intellectual Property Rights) SECTION 7 (Protection of undisclosed Information).

39) 영업비밀 관리 매뉴얼 제1편 영업비밀 이론편—영업비밀의 이론적 이해, 특허청, 2011.

있지 않다. 이는 영업비밀에 관한 규율을 미국 각 주가 담당하고 있기 때문이다.[40] 따라서 연방법원에 의한 통일된 정의나 판례가 존재하지 않고 각 주가 본래 코먼로(common law)에 뿌리를 둔 판례법 혹은 독자적인 주법을 통하여 영업비밀을 보호하여 왔다.[41] 그렇지만 각 주의 상이한 규율을 통일하기 위한 노력으로 1979년 통일주법 전국위원회(National Conference of Commissioners on Uniform State Laws)가 통일영업비밀법(Uniform Trade Secrets Act: UTSA)을 발표하였고 이는 비록 구속력이 없더라도 1981년 캔사스 주가 이를 채용한 것을 비롯하여 현재까지 47개 주 및 워싱턴 특별구가 채택하기에 이르렀다.[42] 미국 통일영업비밀법 제1조 제4항에서는 영업비밀을 "① 일반적으로 알려져 있지 아니하며, 그 공개나 이용으로부터 경제적 가치를 얻을 수 있는 제3자에 의하여 정당한 수단으로는 쉽게 획득될 수 없어, ② 현실적 혹은 잠재적으로, 독립한 경제적 가치를 가지며, ③ 비밀성을 유지하기 위하여 상황에 맞는 합리적인 노력이 기울여지는 정보로 일체의 방식, 패턴, 장치 또는 정보의 조합을 포함한다."고 정하고 있다.[43]

---

40) 미국의 연방헌법은 명문으로 헌법에서 특별히 연방의 권한으로 정하지 아니한 나머지 일체를 각 주의 권한으로 미루고 있다. 헌법 제1조 제8항에서는 저작자나 발명가의 권리를 보호하는 것을 연방의 권한으로 정하고 있을 따름이어서 그 이외의 지적재산권 영역에 속하는 상표나 영업비밀의 보호는 오랫동안 연방이 아닌 각 주의 입법에 맡겨진 분야였다.

41) Christopher Pace, "The Case for a Federal Trade Secrets Act," 8 HARV. J. L. & TECH. 427, 442 (1995); Robert P. Merges, Peter S. Menell & Mark A. Lemley, Intellectual Property in the New Technological Age (5th Edition), Aspen Publishers, 2007.

42) 매사추세츠, 뉴욕, 뉴저지 주는 예외, 2015년 www.enacademic.com의 law dictionary 참조.

43) UTSA §1(4) "Trade secret means information, including a formula, pattern, compilation, program device, method, technique, or process, that: (i) derives independent economic value, actual or potential, from

(3) 영업비밀보호법상의 영업비밀 요건

영업비밀과 관련하여 노하우(Know-how), 재산적 정보(Proprietary Information), 미공개 정보(Undisclosed Infomation), 산업비밀 또는 기업비밀 등 다양한 용어가 사용되어 왔으며, 그 범위에 약간의 차이는 있으나 거의 비슷한 개념으로 어떤 정보가 영업비밀에 해당되기 위해서는 반드시 경영과 관련이 있어야 한다.[44)]

어떤 정보가 영업비밀에 속하는지에 대한 고려사항으로 미국의 1939년 제1차 불법행위재록 제757조 평론 b는 ① 어떤 정보가 그 소유자의 경영외부에 알려진 정도, ② 어떤 정보가 직원 또는 경영과 관련있는 사람에게 알려진 정도, ③ 그 소유자가 비밀유지 조치를 취한 정도, ④ 그 소유자와 경쟁자에 있어서의 그 정보의 가치, ⑤ 당해 정보를 개발하기 위하여 투자한 노력 또는 비용의 정도, ⑥ 당해 정보를 정당하게 획득 또는 복제하는 데 곤란한 정도를 들고 있다.

영업비밀의 정의에 대한 우리나라 대법원의 판례는 "영업비밀이

---

no being generally known to, and not being readily ascertainable by proper means by, other persons who can obtain economic value from its disclosure or use, and (ii) is the subject of efforts that are reasonable under the circumstances to maintain its secrecy."

44) 우리나라 「부정경쟁방지 및 영업비밀보호에 관한 법률」은 건전한 거래질서를 유지함을 목적으로 하고(제1조), 영업비밀 보호에 관하여 세계 각국 및 국제조약에 가장 영향을 끼친 미국 영업비밀 관련 법률도 1979년 통일영업비밀법 제정시 1939년 제1차 불법행위 재록에 규정된 "경영(in one's business)"이라는 용어를 고의적으로 생략하고 아직 사용하지 않았거나 사용방법을 구비하지 못한 정보도 영업비밀의 정의에 포함시켰으나(1979년 통일영업비밀법 제1조 평론 참조), 1995년 제3차 부정경쟁방지법 재록 제39조 영업비밀의 정의에서 다시 "경영(a business or other enterprise)"이라는 용어를 규정하고 있다. 따라서, 개인 프라이버시에 관한 정보와 국가기밀은 영업비밀에 속하지 않는다.

라 함은 일반적으로 알려져 있지 아니하고 독립된 경제적 가치를 가지며, 상당한 노력에 의하여 비밀로 유지·관리되는 생산방법, 판매방법 기타 영업활동에 유용한 기술상 또는 경영상의 정보를 말하고, 영업비밀 보유자가 직원들에게 비밀유지 의무를 부과하는 등 기술정보를 엄격하게 관리하는 이상, 역설계가 가능하고 그에 의하여 기술정보의 획득이 가능하다 하더라도, 그러한 사정만으로 그 기술정보를 영업비밀로 보는 데에 지장이 있다고 볼 수 없다"[45]고 판시하고 있다.

1) 비공지성

어떤 정보가 영업비밀로서 보호받기 위해서는 당해 기술 등이 "공연히 알려져 있지 아니한 것"이어야 한다. "공연히 알려져 있지 아니한"이란 불특정 다수인이 그 정보를 알고 있거나 알 수 있는 상태에 있지 아니한 것으로서, 공개된 간행물 등에 게재되지 않고 비밀상태인 것을 의미하며, 당해 정보의 보유자는 당해 정보가 비밀상태(비공지성)이기 때문에 동 정보에 대한 경제적 이익과 시장에서 경쟁상의 우위를 향유한다.

그러나 비공지성 내지 비밀성은 상대적 개념으로 보유자 이외의 타인이 당해 정보를 알고 있다고 하더라도 보유자와의 사이에 비밀준수의 의무가 형성된 경우라면 비공지 상태라고 할 수 있으며,[46] 보유자와 무관한 제3자가 독자개발 등에 의해 동일한 정보를 보유하고 있어도 그 제3자가 당해 정보를 비밀로서 유지하고 있는 경우

---

45) 대법원 1999.3.12. 98도4704 판결, 대법원 2003.1.24. 2001도4331 판결, 대법원 2003.7.16. 2002마4380 결정.

46) 95나14420 판결(서울고법 1996.2.29. 선고)에서 "영업비밀은 절대적인 비밀을 뜻하는 것이 아니고 일부 또는 일정범위의 사람들이 알고 있다고 하더라도 비밀로서 유지되고 있으면 영업비밀에 해당될 수 있고"라고 판시하고 있다.

역시 비공지 상태의 정보라고 할 수 있다. 그러나 사업자가 비밀로 유지·관리하더라도 이미 그 정보가 공연히 알려져 있거나 누구나 제한 없이 입수할 수 있다면 영업비밀이 될 수 없다.

따라서 비공지성은 외부에 알려지지 않았다는 점에서 신규성을 포함하는 개념이지만, 이는 특허법상의 신규성의 요건[47]과 구별되는 개념으로 영업비밀 보유자가 어떤 정보를 비밀로 유지·관리하기 때문에 동업자들 사이에 새로운 것(신규성)으로 평가받는다고 해석해야 할 것이며, 이러한 비공지성은 영업비밀의 기본적 속성이고 영업비밀 침해행위의 기본 출발점이다.

영업비밀 소송에 있어 비공지성의 판단시점은 법 제10조에 의한 금지청구에 있어서는 사실심 구두변론 종결 시이며, 법 제11조에 의한 손해배상청구에 있어서는 부정행위가 행해진 시점이다.

비공지성의 입증책임은 영업비밀의 보유자인 원고에게 있다고 할 것이지만 비공지성의 성격상 문제의 정보가 일반적 경로로는 입수될 수 없고, 피고가 당해 정보를 획득한 경로(피고의 종업원이 원고회사의 직원이었다는 사실 등)와 피고의 영업비밀이 원고의 것과 동일하다는 것 등을 입증하면, 그 정보는 공연히 알려져 있지 않은 것으로 사실상 추정되고, 피고측에서 적극적으로 반증을 제출할 책임이 있다고 보아야 할 것이다.

비공지성과 관련된 우리나라 판례를 보면, 어떤 아이디어가 국내에서 사용된 바는 없다 할지라도 국외에서 이미 공개 또는 사용됨으로써 그 아이디어의 경제적 가치를 얻을 수 있는 자에게 알려져

---

47) 특허법상 신규성이란 어떤 발명이 그 출원시점에서 공지기술과 동일하지 않은 새로운 기술 사상이어야 함을 말하며, 특허법은 이에 대하여 적극적으로 규정하지 않고 소극적으로 "1. 특허출원 전에 국내 또는 국외에서 공지되었거나 공연히 실시된 발명, 2. 특허출원 전에 국내 또는 국외에서 반포된 간행물에 게재되었거나 전기통신회선을 통하여 공중이 이용할 수 있는 발명(특허법 제29조 제1항)"을 신규성 상실사유로 규정하고 있다.

있는 상태에 있다면, 그 아이디어는 영업비밀이라고 볼 수 없지만,[48] 외국기술을 수입·개량하여 비밀로 관리해 오고 있었다면, 그 기술은 영업비밀에 속한다[49]고 판시하고 있다.

2) 독립된 경제적 가치

영업비밀로서 보호받기 위해서는 어떤 정보가 상업상·공업상 경제적 가치를 가지고 있어야 함을 전제로 한다.[50] 이는 영업비밀 보유자가 시장에서 특정한 정보의 사용을 통해 경업자에 대한 경제상의 이익을 얻을 수 있거나 정보의 취득 또는 개발을 위해 상당한 비용이나 노력이 필요한 경우 등을 의미하며, 현실적으로 사용되고 있지 않다고 하더라도 장래에 있어서 경제적 가치를 발휘할 가능성

---

48) 서울지법 1997.2.14. 96가합7170 판결.

49) 서울지법 1995.3.27. 94카합12987 결정, 대법원 1996.11.26. 선고 96다31574 판결.
94카합12987 결정에서 법원은 "신청인은 1969.9.22.경 미국 회사로부터 이 사건 제품의 생산기술을 도입하여 1972년경부터 국내에서 유일하게 이 사건 제품을 제조하는 사업을 하여 오다가, 1991.3.2.경부터는 이 사건 제품의 생산기술을 개량하기 위하여 일본의 아사히화성공업(旭化成工業) 주식회사로부터 별도의 기술 및 촉매를 도입하는 등 이 사건 제품의 생산기술을 해외로부터 수차례에 걸쳐 도입하고 이를 개량함으로써, 이 사건 제품 및 각종 부산물인 청화 소다, 유안 등의 제품 생산에 관한 별지목록 기재의 영업비밀을 가지고 있다."고 판시했으며, 96다31574 판결에서는 "일반적인 경화제를 생산할 수 있는 화학식은 공개되었으나, 우수한 품질의 경화제를 생산하는 방법은 공개되지 않았고 비록 5년간의 기술독점금지 계약은 끝났으나, 원고회사는 일본의 삼건화공으로부터 상당한 대가를 지급하고 제조기술을 수입한 이래 계속 연구·개발하여 우수한 품질의 경화제를 생산하여 국내시장의 90%를 점유하고 있으며, 동 기술을 비밀로서 관리해 왔으므로 그것이 공지의 것이 아닌 이상 개발시기나 도입시기가 오래되었는지 여부와는 관계없이 영업비밀에 해당된다"고 판시하고 있다.

50) 따라서, 교회가 전도를 위하여 제작·보급한 종교경전은 종교상의 우세한 지위와 관련이 있고, 경제적 가치를 가지고 있지 아니하므로 영업비밀이 아니다(Religious Technology Center v. Wollersheim).

이 있는 정보(잠재적으로 유용한 정보)와 과거에 실패한 연구데이터[51]와 같은 정보도 경제적 가치를 가지고 있다고 할 수 있다.

이러한 경제적 가치는 당해 정보를 가지지 못한 경쟁자에 비하여 경제적으로 현실적 · 잠재적 우위만 있으면 되기 때문에 경제적으로 큰 우위는 필요하지 않는다.[52]

실제 영업비밀 소송 중에서 당해 정보가 경제적 유용성이 있는지 여부의 판단은 매우 곤란하다. 따라서 미국 법원은 영업비밀보유자가 당해정보를 개발하는 데 많은 시간, 노력, 비용 등을 투자했다면 비록 이러한 투자가 항상 경제적 유용성을 생산하지는 않지만 이러한 정보는 경제적 유용성의 근거가 된다고 판시하고 있다.[53]

우리나라 대법원은 모나미 사건에서 오랜 기간 시간, 비용, 노력 등을 투입하여 개발한 필기용 잉크는 영업의 핵심적 요소로서 경제적 가치가 있다고 판시하였고,[54] 경제적 가치 판단기준으로 대법원의 2001도4331 판결을 보면, ① 이 사건 다심관 생산공정은 이미 업계에 공연히 알려져 있는 사실이고, 각 공정의 생산기계는 전문제조업체의 납품을 받아 당해 공장 구조에 맞게 배치하는 것일 뿐이므로 기계배치 도면의 비공지성 · 경제적 유용성을 인정하기 어려운 점, ② 주식회사 ㅇㅇ(이하 'ㅇㅇ'이라고 한다)의 1일 생산량과 월생산량은 이를 비밀로 유지 · 관리하는 노력을 하는 정보로 보기 어렵고 관련 업체들 역시 여러 매체를 통한 회사 소개 시 자사의 생산량을 소개하고 있는 사실에 비추어 그 자체가 정보 취득을 위한 상당

51) 예를 들면, 장기간 특정기술의 연구에 막대한 투자를 한 결과 당해 기술의 실현불가능이 판단된 정보는 경쟁자에게 중대한 경제적 가치가 있을 수 있다(미국 1985년 통일영업비밀법 제1조 평론).

52) 1995년 미국 제3차 부정경쟁방지법 재록 제39조 평론 e.

53) Jerry Cohen, Perkens Smith, Cohen LLP, "Trade Secrets Protection and Exploitation," The Bureau of National of Affair, Inc., 2001, p.95.

54) 대법원 1996.12.23. 96다16605 판결.

한 노력이나 비용을 필요로 하는 경제적 유용성을 가진다고 보기 어려운 점, ③ 다심관 생산설비 중 일부인 권취기와 파이프 보관틀은 기계업자들이 용이하게 그 제작 · 개선을 할 수 있는 단순한 구조의 설비로서 그 제작방법이 비공지성을 지닌 기술이 아니며, 가사 ○○이 작업 편의를 위해 위 설비에 일부 개선을 하였더라도 그 정보의 취득이나 개발을 위하여 상당한 비용이 든 것으로는 보이지 않아 경제적 유용성을 인정하기 어려운 점 등을 설시하면서 경제적 가치의 판단 기준으로 정보의 접근 가능성, 정보 취득을 위한 상당한 노력이나 비용 등을 들고 있다.

영업비밀의 경제적 가치는 영업비밀의 양도 또는 라이센스의 근거가 되고, 침해받을 우려가 있거나 침해받았을 경우 민사상 · 형사상 訴因이 되지만,[55] 경제적 가치가 아무리 크다고 할지라도 사회적 타당성을 구비하지 못한 정보라면 영업비밀로서 보호받을 수 없다.[56]

3) 비밀관리성

경제적 가치를 지닌 비공지 상태의 기술 · 경영 정보라 하더라도 영업비밀로서 보호받기 위해서는 당해 정보의 보유자가 비밀유지를 위하여 "상당한 노력"을 하여야 한다. 즉 영업비밀 보유자가 주관적으로 비밀을 유지하려는 의식을 가져야 하고, 객관적으로 제3자 또는 종업원이 알 수 있는 방식으로 비밀임을 표시하여 관리해야 한다.

어느 경우에 당해 정보가 "상당한 노력"으로 관리되고 있는가는 구체적인 상황에 따라서 개별적으로 판단되어야 할 것이나, 대략

55) 영업비밀보호법 제10조 내지 제12조, 제18조.

56) 예를 들면, 비자금 생산 및 관리방법, 탈세방법, 공해물질의 배출방법 등의 반사회적인 정보.

다음과 같은 경우를 생각해 볼 수 있다.

① 당해 정보에 비밀표시를 하여 접근할 수 있는 자에게 그것이 영업비밀이라는 사실을 주지시키고 있는 경우

② 당해 정보에 접근할 수 있는 사람의 수를 제한하거나, 접근자에게 그 정보를 사용·공개할 수 없다는 취지의 비밀 준수의무를 부과하는 경우

③ 당해 정보에 대한 접근을 공간적·물리적으로 제한하는 경우 등

그러나 영업비밀에 해당되는 정보는 물적인 매체(서류, 디스크, 필름 등)에 체화된 것뿐만 아니라, 개인의 기억에 의한 것도 있으므로 영업비밀 주체의 업종, 규모, 종업원의 수, 정보의 성질과 중요성, 비밀침해의 수단과 방법 등을 고려해 볼 때 당해 정보가 비밀이라는 점이 합리적으로 추단될 수 있도록 관리되어야 한다.

비밀관리성에 대한 우리나라 대법원 판례는 "원고 회사는 이러한 영업비밀 중 핵심기술을 문서화하여 그 접근을 제한하는 방법으로 관리하는 한편 1992년 8월경에는 피고를 포함한 거의 전 직원들과 사이에 퇴직 후 3년까지는 위 제조기술과 관련된 정보 및 원고 회사에서 직무상 지득한 영업비밀을 활용하거나 누설하지 아니하며 동 기밀을 사용하거나 사용하려고 하는 동종의 조직에 근무할 수 없기로 하는 내용의 회사기밀보호계약을 체결한 사실"[57]이 있어 비밀관리성을 인정했으며, "잉크제조의 원료가 되는 10여 가지 화학약품의 종류, 제품 및 색깔에 따른 약품들의 조성비율과 조성방법은 …, 그 내용이 일반적으로 알려져 있지 아니함은 물론 원고 회사의 연구소 직원들조차 자신이 연구하거나 관리한 것이 아니면 그 내용을 알기 곤란한 상태에 있어 비밀성이 있고, 원고 회사는 공장 내에 별

57) 대법원 1997.6.13. 선고 97다8229 판결.

도의 연구소를 설치하여 관계자 이외에는 그곳에 출입할 수 없도록 하는 한편 모든 직원들에게는 그 비밀을 유지할 의무를 부과하고, 연구소장을 총책임자로 정하여 이 사건 기술정보를 엄격하게 관리하는 등으로 비밀관리를 하고 있는 사실을 인정한 후, 따라서 이 사건 기술정보는 부정경쟁방지법 소정의 영업비밀에 해당"[58]한다고 판시하고 있다.

영업비밀의 비밀관리성 요건은 영업비밀이 정보이고 점유 또는 등록의 공시방법이 없기 때문에 공시제도가 없는 영업비밀보유자의 이익과 허가를 얻지 않고 영업비밀을 취득하려는 자의 이익을 조정하는 기능을 가지고 있으며, 당해 정보가 비공지성과 경제적 유용성이 있다는 증거가 될 수 있다.[59]

4) 정보성

영업비밀은 전술한 비공지성, 독립된 경제적 가치, 비밀관리성을 구비한 생산방법·판매방법 기타 영업활동에 유용한 기술상 또는 경영상의 "정보"이다.

따라서 영업비밀 요건에 해당하는 모든 정보는 영업비밀로서 보호받을 수 있으므로 그 범위는 대단히 광범위하며, 이러한 정보로서 미국 통일영업비밀법 제1조 제4항은 비방(formula), 설계(pattern), 편집물(compilation), 절차(program), 장치(device), 방법(method), 기술(technique) 또는 공정(process) 등을 예시하고, 방법(method)과 기술(technique)에는 노하우(know-how)의 개념도 포함된다고 서술하고 있다.[60]

정보성과 관련하여 영업비밀이 반드시 특정한 매체에 고정되어

58) 대법원 1996.12.23. 선고 96다16605 판결.

59) 1995년 미국 제3차 부정경쟁방지법 재록 제39조 평론 g.

60) 미국 통일영업비밀법 제1조 평론.

야 하는지에 대하여 고정성을 주장하기도 하지만, 영업비밀 보호제도는 정당한 타인의 기술적 · 경영적 정보가 부정한 수단에 의하여 유출되는 것을 금지시키는 데 주안점을 둔 제도이므로 고정성은 논할 의미가 없다.

〈비공지성 관련 판례〉

대법원 2004.9.23. 선고 2002다60610 판결

여기서 공연히 알려져 있지 아니하다고 함은 그 정보가 간행물 등의 매체에 실리는 등 불특정 다수인에게 알려져 있지 않기 때문에 보유자를 통하지 아니하고는 그 정보를 통상 입수할 수 없는 것을 말하고, 보유자가 비밀로서 관리하고 있다고 하더라도 당해 정보의 내용이 이미 일반적으로 알려져 있을 때에는 영업비밀이라 할 수 없다.

대법원 2008.4.10. 선고 2008도679 판결

영업비밀이란, 공연히 알려져 있지 아니하고 독립된 경제적 가치를 가지는 것으로서, 상당한 노력에 의하여 비밀로 유지된 생산방법, 판매방법 기타 영업활동에 유용한 기술상 또는 경영상의 정보를 말하고, 여기서 공연히 알려져 있지 아니하다고 함은 그 정보가 간행물 등의 매체에 실리는 등 불특정 다수인에게 알려져 있지 않기 때문에 보유자를 통하지 아니하고는 그 정보를 통상 입수할 수 없는 것을 말한다.

인천지방법원 2005.12.22. 선고 2005노257 판결

절대적인 비밀성을 의미하는 것이 아니라 상대적인 것으로서 비밀을 지킬 의무가 있는 사람들로서 제한 상태가 유지되고 있는 한 비밀성이 있다고 보아야 하고, 다른 사람들이 그 정보의 대체적인 윤곽을 알고 있더라도 구체적인 상세 정보를 갖지 못했다면 역시 비밀성이 있다.

〈경제적 유용성 관련 판례〉

대구고등법원 2001.9.28. 선고 2001나2291 판결

채권자가 수년에 걸쳐 인원과 자금을 투입하여 시행착오 끝에 만들어 냈을 뿐만 아니라 이를 이용하여 제작한 권선기의 권선을 감는 속도가 국내는 물론이고 외국회사의 권선기에 비하여도 월등히 빠른 등 독립된 경제적 가치를 가지고 있다.

서울고등법원 2001.10.16. 선고 2001나1142 판결

기술정보는 원고 회사의 영업에 있어 핵심적 요소로서 원고 회사는 그 개발을 위하여 오랜 시간동안 막대한 비용과 노력을 들여 기술이전과 개발을 하였을 뿐만 아니라, 이와 같은 정보의 보유로 인하여 경쟁업체와 경쟁관계에 있어 유용하게 활용할 수 있으므로 독립된 경제적 가치로서 경제적 유용성이 있다.

서울중앙지방법원 2004.5.14. 선고 2002가합10672 판결

2년여의 기간 동안에 시행착오를 겪으면서 많은 실험과 평가과정의 반복을 통하여 이 사건 기술정보인 도금조건을 산정하는 등 그 선정에 상당한 노력, 비용과 시간을 들인 것으로서 독립된 경제적 가치도 가지고 있다.

서울남부지방법원 2007.10.5. 선고 2004노1493 판결

영업비밀로 인정되기 위하여 특별한 고유성이나 진보성을 요하는 것은 아니다. 비록 이전의 프로그램과 유사하거나 그에 기초하여 개발한 것이라 하더라도, 피해회사가 그 개발과정에 있던 그 일련의 프로그램들을 비밀로서 관리하고 있었고, 관련 업계에서조차 취득할 수 없을 정도로 공연히 알려져 있지 아니하였을 뿐만 아니라, 그 정보를 취득함에 따라 관련 프로그램의 개발 가능 여부가 결정될 정도로 중요한 경제적 가치가 있다.

서울중앙지방법원 2002.10.1. 선고 2000가합54005 판결

소극적인 정보, 즉 장기간에 많은 비용이 소요된 연구 및 실험결과를 통하여 어떤 공정이 유용하지 않다는 정보 역시 실패를 반복하지 않고, 그 실험을 생략하여 연구개발비를 절약하는 등으로 사업 활동의 효율을 높일 수 있으므로 영업비밀에 해당한다.

〈비밀관리성 관련 판례〉

대법원 2008.7.10. 선고 2008도3435 판결

직원들이 취득/사용한 회사의 업무 관련 파일이 보관책임자가 지정되거나 보안장치/보안관리 규정이 없었고 중요도에 따른 분류 또는 대외비/기밀자료 등의 표시도 없이 파일서버에 저장되어 회사 내에서 일반적으로 자유롭게 접근/열람/복사할 수 있었던 사안에서, 이는 상당한 노력에 의하여 비밀로 유지된 정보로 볼 수 없다.

서울중앙지방법원 2008.1.24. 선고 2006고단4808 판결

프로그램 소스코드와 같은 정보가 상당한 노력에 의하여 비밀로 유지, 관리되었다고 하기 위해서는 그 프로그램 소스코드에 접근하는 직원들에게 단순히 영업비밀 준수 서약을 받는 것만으로는 부족하고, 회사의 규모 등에 비추어 감당할 수 없는 비용이 소요되는 경우가 아닌 한, 예를 들어 직원들에게 각자 그 접근 권한에 따라 고유의 식별번호와 비밀번호 등을 부여하고 그 식별번호와 비밀번호를 입력하는 경우에만 접근 및 복제가 가능하도록 하는 한편 접근이나 복제가 이루어진 경우에는 그 로그기록을 남겨 누가 언제 접근해서 어떤 작업을 하였는지를 사후에라도 추적할 수 있도록 하거나, 보안관리 전담직원을 두어 그 담당자의 사전 허락에 의한 접근만 허용하는 등의 추가적인 보안 조치가 필요하다. 비밀준수 서약서를 징수하는 이외에는 별다른 추가적인 보안조치를 취한 바가 없어, 직원들이 언제든지 회사 컴퓨터에 접속하여 이 사건 소스코드와 같은 개발관련 자료에 접근할 수 있고 필요한 경우에는 개인용 저장장치에의 복제도 자유롭게 허용되었던 사실을 인정할 수 있는바, 단순하게 비밀준수 서약서를 징수하는 이외에 위에서 예시한 바와 같이 추가적인 보안 조치를 취하는 것이 피해기업규모에 비추어 감당할 수 없는 비용이 요구되는 것이라고 보기도 어려운 점 등을 아울러 고려하면 상당한 노력에 의하여 비밀로서 유지/관리된 것이라고는 보기는 어렵다.

수원지방법원 2007.11.9. 선고 2006가합17631 판결

'무단복사 전재금지', '이 문서에 대한 모든 책임은 출력자에게 있습니다', '대외비' 등을 기재하여 놓은 사실만으로는 기술 정보를 상당한 노력을 들여 비밀로 유지하려는 노력을 기울였다고 인정하기에는 부족하고, 오히려 위 기술정보에 관한 문서나 설계도면 등을 개발자들의 책꽂이에 바인더로 꽂아 놓고 회사 밖으로도 가지고 나갈 수 있도록 한 사실이 인정되므로 비밀로서 관리했다고 볼 수 없다.

대구지방법원 2007.2.13. 선고 2004가합10118 판결

부정경쟁방지법이 보호하는 영업비밀이 되기 위해서는 사업자가 어떤 정보를 비밀로 생각하는 것으로는 충분치 않고, 객관적으로 그 정보가 비밀로 유지 · 관리되고 있으며 또 제3자가 그 비밀성을 객관적으로 인식할 수 있어야 하는데, 원고가 비교적 규모가 작은 중소기업인 점을 감안한다 하더라도 서약서를 받는 외에 핵심기술을 문서화하여 그 접근을 제한하거나, 연구소에 관계자 외에는 출입하지 못하도록 하는 등 기술정보를 엄격하게 관리하였다는 사정이 보이지 않고, 오히려 연구실 관계자들에게 연구결과 등이 모두 공개되고 별다른 접근제한조치가 없었던 것으로 보아 기술정보가 객관적으로 영업비밀로 유지 · 관리되어 왔다고 보기 어렵다.

인천지방법원 2003.10.17. 선고 2000가합1798 판결

금형을 개발, 보관하는 금형개발실을 통제구역으로 관리하여 책임자만이 출입할 수 있도록 하고, 금형수불과 관련하여도 장부를 엄격하게 관리함으로써 금형의 외부유출을 엄격히 통제하는 데 필요한 제반 조치를 취함으로써 금형에 대하여 부정한 수단에 의하지 않으면 접근할 수 없을 정도로 충분히 관리하여 왔으며, 이 사건 제조기계도 피고 회사 내부에서만 사용한 사실이 인정되는바, 이러한 사실을 종합하여 보면, 이 사건 금형과 제작기계는 상당한 노력에 의해 비밀로 유지된 생산방법으로서 영업비밀에 해당한다.

서울중앙지방법원 2007.1.11. 선고 2006고단1831 판결

피고인이 A회사를 퇴사하면서 스스로 작성한 영업비밀 등 보호서약서에서 위 각 모델 관련 자료들을 영업비밀로 기재한 후 재직 중 관리하고 있던 영업비밀 관련 자료를 퇴직원 제출 즉시 회사에 반납하고 어떠한 형태의 사본도 개인적으로 보유하지 않겠다고 서약한 점, B에서는 위 각 자료들을 영업비밀로서 관리하여 왔고, A역시 B와의 기밀누설방지협정에 따라 직원들에게 영업비밀로 관리하도록 교육하여 온 점 등을 비추어 볼 때 각 자료들은 휴대폰 업계에 공연히 알려져 있지 아니하고 비밀로서 관리되는 것이다.

대법원 2003.1.24. 선고 2001도4331 판결

직원들을 대상으로 공장의 기계 배치, 생산량, 부품의 규격 등을 포함하여 그 생산공정에 대한 비밀을 유지하도록 하는 계약/각서/취업규칙을 작성하거나 이에 대한 보안교육을 시키는 등으로 생산공정을 비밀로 유지하기 위한 관리 노력을 행한 적이 없다면 영업비밀로서 관리한 것이 아니다.

서울남부지방법원 2005.11.25. 선고 2005노244 판결

직원들을 대상으로 제품의 회로도를 비밀로 유지, 관리하도록 하는 계약서, 각서, 취업규칙 등을 작성하거나 이에 대한 보안교육을 실시하는 등으로 비밀로 유지하기 위한 별도의 노력을 행한 적이 없는 점 등에 비추어 보면 피해회사의 회로도는 부정경쟁방지법상의 영업비밀에 해당한다고 인정하기에 부족하다.

(4) '유용성'과 '경제적 가치성'의 중복 혼란 문제

앞에서 살펴본 바와 같이, WTO/TRIPs협정, 일본과 미국은 공통적으로 영업비밀의 개념을 3가지로 정리하고 있다. 비록 다소 표현이 상이하지만 ① 비공지성, ② 경제적 가치성, ③ 비밀관리성인 세 가지 요건들을 공통적으로 요구하고 있다. 우리 영업비밀보호법의 정의가 "i) 공공연히 알려져 있지 아니하고, ii) 독립된 경제적 가치를 가지는 것으로서, iii) 합리적인 노력에 의하여 비밀로 유지된 생산방법, 판매방법, 그 밖에 영업활동에 유용한 기술상 또는 경영상의 정보"임을 볼 때 일본의 그것을 전반적으로 가장 많이 참조하면서도 ② 경제적 가치성 요건 부분에 관하여는 일본의 '유용성'이란 표현 대신 미국의 '독립한 경제적 가치성'란 표현으로 대체하여 입법하였다. 여기서 문제점은 ③ 요건을 정의하는 문구에서 일본법을 거의 그대로 수용하는 과정에서 '영업활동에 유용한'이라는 표현까지 삽입한 점이다. 그러므로 현재 우리법의 정의에서는 미국의 '독립한 경제적 가치'란 표현과 일본의 '유용한'이란 표현이 함께 규정되어 불필요한 혼란을 줄 여지가 있다. 이것들 모두 별도의 요건으로 규정된 것이라는 견해[61] 또는 중복규정이라는 취지에서 '독립한 경제적 가치'가 이질적이므로 삭제되어야 한다는 견해[62]가 있지만, 실제로 양자를 구별하기는 쉽지 않다. 향후 우리법의 개정에서는 혼란성을 야기하는 용어를 통일하여야 하겠지만 '유용성'보다는 '경제적 가치성'을 삭제하자는 분석도 불가능하지는 않겠지만 굳이 미국의 예를 들지 않더라도 우리가 가입한 WTO/TRIPs협정문에 보다

61) 송영식, 지적재산권법, 육법사, 2008; 차상육, "영업비밀의 보호－부정경쟁방지 및 영업비밀보호에 관한 법률 제2조 제3호 라.목을 중심으로－," 산업재산권 제23호, 한국산업재산권법학회, 2007.

62) 현대호, "영업비밀의 보호요건과 구제수단에 관한 법제연구," 법조 통권 587호, 법조협회, 2005.

가까운 표현이므로, '유용성' 대신 '경제적 가치성'으로 통일하는 것이 좋을 듯싶다. 우리 대법원 판례는 '유용성' 대신 '경제적 가치성' 위주로 거론하고 있는 것으로 보인다.[63)]

(5) '판매방법' 예시의 타당성 여부

우리법의 정의조항에서 '생산방법, 판매방법'을 영업비밀의 전형으로 예시한 것은 일본법을 그대로 따른 것으로, 그중 '판매방법'은 실제 영업비밀의 양상을 고려할 때 대표성을 가진 좋은 예시라 할 수 없다. 서론에서도 언급하였듯이, 영업비밀의 보호가 현실에서 가장 문제되는 것은 대기업 종업원이 부정한 대가를 약속받고 주로 회사의 핵심기술 혹은 고객정보와 관련된 영업비밀을 경쟁업체에 누설하는 것이다.[64)] 판매방법은 실제 기술정보가 아니라 경영정보

---

63) 대법원 2011.8.25. 선고 2011도139 판결. "부정경쟁방지 및 영업비밀보호에 관한 법률 제2조 제2호의 '영업비밀'이란 공공연히 알려져 있지 아니하고 독립된 경제적 가치를 가지는 것으로서, 합리적인 노력에 의하여 비밀로 유지된 생산방법, 판매방법, 그 밖에 영업활동에 유용한 기술상 또는 경영상의 정보를 말한다. 여기서 '공연히 알려져 있지 아니하다'는 것은 그 정보가 간행물 등의 매체에 실리는 등 불특정 다수인에게 알려져 있지 않기 때문에 보유자를 통하지 아니하고는 그 정보를 통상 입수할 수 없는 것을 말하고(대법원 2004.9.23. 선고 2002다60610 판결 등 참조), '독립된 경제적 가치를 가진다'는 것은 그 정보의 보유자가 그 정보의 사용을 통해 경쟁자에 대하여 경쟁상의 이익을 얻을 수 있거나 또는 그 정보의 취득이나 개발을 위해 상당한 비용이나 노력이 필요하다는 것을 말하며(대법원 2009.4.9. 선고 2006도9022 판결 등 참조), '상당한 노력에 의하여 비밀로 유지된다'는 것은 그 정보가 비밀이라고 인식될 수 있는 표시를 하거나 고지를 하고, 그 정보에 접근할 수 있는 대상자나 접근 방법을 제한하거나 그 정보에 접근한 자에게 비밀준수 의무를 부과하는 등 객관적으로 그 정보가 비밀로 유지·관리되고 있다는 사실이 인식 가능한 상태인 것을 말한다(대법원 2008.7.10. 선고 2008도3435 판결 등 참조)".

64) 핵심기술에 관한 판례: 대법원 2004.9.23. 선고 2002다60610 판결, 대법

라고 보아야 할 것이다. 판매방법은 실제 판매와 관련된 가령 고객명단과 같은 고객정보, 상품정보, 기업정보 및 판매 교육자료, 판매안내책자, 판매 할인/프로모션 프로그램 등 전형적인 경영정보에 관련될 뿐이라고 할 수 있다. 그렇다면 '판매방법'보다는 '판매정보'라고 하는 게 더 적절한 용어 선택이 될 수 있다. 특히 경제적 유용성은 어느 정보의 현재적 또는 잠재적인 독립한 영업적 가치로서, 영업비밀의 보유자가 그 정보를 사용함으로써 생산비를 절감하거나 판매를 보다 효과적으로 수행하는 등의 경제적인 이익을 얻거나 혹은 상대방 경쟁자에 대하여 자신의 경쟁상의 지위를 제고함에 도움이 될 때, 또는 그 정보의 취득, 사용에 있어 대가나 사용료를 지급하거나 혹은 그 정보의 독자적인 개발을 위해서 상당한 노력과 비용이 필요할 때, 문제의 정보는 경제성이 있다고 할 수 있기 때문이다.[65] 이와 관련하여 미국 통일영업비밀법(Uniform Trade Secrets Act) 제1조 제4항에서도, 영업비밀은 "제법(formula), 설계(pattern), 편집물(compilation), 절차(program), 장치(device), 방법(method), 기술(technique) 또는 공정(process)"을 포함한 정보로 정의하고 있다.

원 1996.12.23. 선고 96다16605 판결, 서울중앙지방법원 2009.1.28. 선고 2007가합28982 판결; 고객정보에 관한 판례: 서울중앙지방법원 2011.10. 27. 선고 2011고단2113 판결, 서울중앙지방법원 2011.11.23. 선고 2011노1252 판결 등.

65) 윤선희, "영업비밀에 있어서의 경영상 정보," 창작과 권리 39호, 2005.

 영업비밀의 경제적 가치와 특정

1. 영업비밀의 경제적 가치

(1) 영업비밀의 중요성 및 그 경제적 가치

오늘날 무한경쟁의 ICT메가트랜드 기술정보사회를 맞이하여 기업이 보유한 기술상 또는 경영상 정보로 대변되는 영업비밀[66]은 그 기업의 경쟁력을 가늠할 수 있는 중요한 척도로 부각되고 있다. 영업비밀 보호제도는 특허권이나 저작권으로 보호받기가 어려운 기술적 정보(예컨대, 자연법칙과 기초과학상의 발견, 연산법과 수학공식, 화학제품의 미묘한 조합, 설계도면, 온도 · 성분에 관한 기술적 노하우 등)나 경영상 정보, 영업상의 아이디어 등을 법적으로 보호받을 수 있게 함으로써 특허제도, 저작권제도를 보완한다. 본 제도에 의해 영업비밀 침해자의 침해행위를 규제함으로써 ① 영업비밀 보유자에게는 새로운 기술상 또는 경영상 정보의 개발의욕을 고취시켜 연구 · 개발활동을 촉진하게 되며, ② 이러한 정보를 보유하지 못한 경

66) 기업이 경쟁상의 우위를 확보하기 위하여 스스로 개발하고 비밀로서 보유한 기술적인 노하우를 비롯하여 마케팅 전략 · 고객 리스트 등과 같이 경제적 가치가 있는 기술상 또는 영업상의 모든 정보로서, 공연히 알려져 있지 아니하고 독립된 경제적 가치를 가지는 것으로 합리적인 노력에 의하여 비밀로 유지된 정보를 말한다.

쟁자에게는 타인이 보유한 영업비밀을 부정한 수단으로 획득하려는 의도를 갖지 못하게 하여 독자적인 기술개발 노력을 기울이게 한다. 또한, 영업비밀의 보호는 영업비밀보유자의 기술이전과정 등에서 발생할 수 있는 비밀누설의 가능성을 감소시켜 국내기업 간 또는 국가 간의 기술이전을 원활하게 하여 기술이전시장의 형성과 해당 기술의 효율적 이용을 크게 촉진할 수 있다. 기업의 이윤을 특허와 영업비밀의 독점에 의한 것으로만 상정하면, 다음 그림에서 t ∈ [0, 1]에서 t는 특허가 기여한 비율이고, 1-t는 영업비밀이 기여한 비율로서 그 이윤을 나타낼 수 있을 것이다. 혁신 기술이 독점을 위해 특허 출원을 할 경우에는 모두 공개되어야만 한다. 그렇지만 특허공개로 인해 침해하지 않는 범위 내에서 유사 모방품이 나올 수 있고, 특허 보호가 완벽하게 이루어지지 않는다고 가정하면, p ∈ [0, 1]은 특허로 보호받지 못하는 부분을 나타낼 것이다.

그림 1. 혁신기술에 대한 특허와 영업비밀 보호

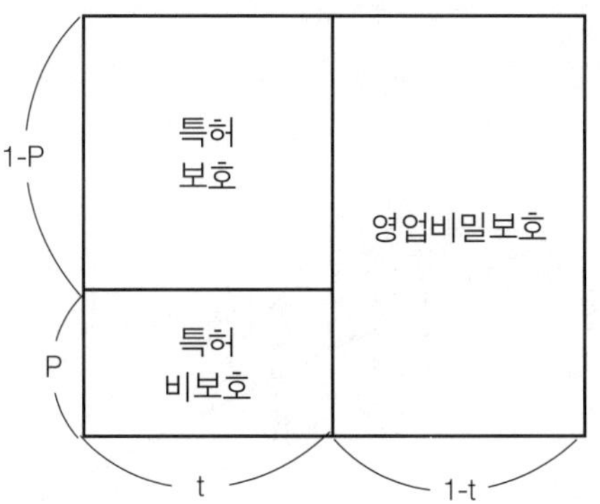

그림 1에서 p가 작다는 것은 강력한 특허권 보호가 존재한다는 것을 의미한다고 할 것이다. 그렇다면 그림 1에서 보듯이 혁신 기술은 특허로 t×(1-p) 면적 크기만큼 보호되고, 영업비밀로는 (1-t)×1 면적 크기만큼 보호될 것이다. 만일 기업의 영업비밀이 누설될 경

우에는 혁신 기술에 의한 기업의 이윤은 특허권에 의해서만 창출되고 그 이윤은 최소치가 될 것이다. 여기서 우리는 기업의 영업비밀 누설이 클수록 그 이윤은 크게 감소할 것임을 충분히 예상해 볼 수 있게 된다. 그리하여 앞 절에서 살펴본 바와 같이, 우리나라를 위시한 미국, 일본 등은 자국 기술의 해외 유출 피해를 크게 인식하고, 연구 고심하여 모든 정부정책과 법제도를 정비하여 기민하게 대응하고 있음을 살펴보았다.

(2) 영업비밀 보호에 의한 기업이윤 창출

그림 2와 같이, 영업비밀의 누설 위험이 클수록 기업은 영업비밀보다는 특허 보호를 강화하여 기업의 이윤을 증대시키려고 노력할 것이다. 이와는 반대로 영업비밀 보호에 의한 이윤이 클수록 영업비밀의 비밀성(secrecy)을 선호하는 속성상 기업의 특허 보호 의지는 많이 약해질 수 있을 것이다.[67]

그림 2. 특허와 영업비밀 보호에 의한 기업의 이익

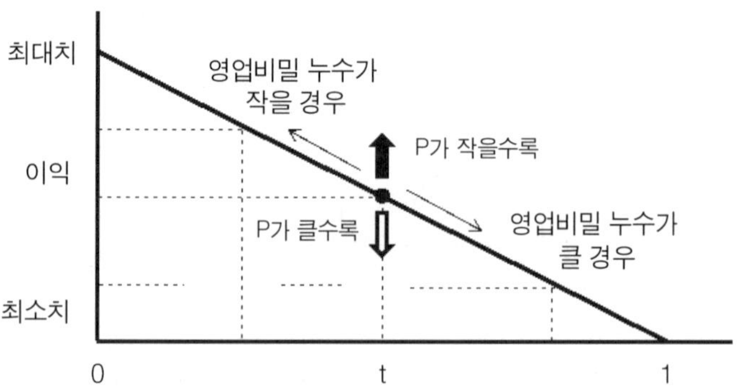

67) Keishun Suzuki, "Economic Growth Under Two Forms of Intellectual Property Rights Protection: Patents and Trade Secrets," J Econ DOI 10.1007/s00712-014-0410-8, Springer-Verlag, Wien, 2014.

위와 같은 기업의 관리 전략 상황 이해를 위해 예를 들어 설명하면, 두 기업 A와 B가 각각 정보 X와 Y를 보유하고 있다고 하자. 이상적으로 두 기업은 각자 그 정보를 공유하고자 하고 그럼으로써 불필요한 연구개발을 줄이려고 할 것이다. 그렇지만 현실에서는 기업이 영업비밀 보호 역량을 충분히 갖추었다 하더라도, 그 정보가 무익한 것이라고 한다면, 이윤 추구를 최고로 하는 기업 입장에서는 그 정보에 더 이상 관심을 갖지 않게 된다. 그리하여 아무리 그 정보가 좋더라도 누설되어 그 가치가 반감된다면 관심을 덜 갖게 될 것이다.

표 3. 공유에 의한 기업의 이익과 공유재의 비극 예시

		기업 B	
		공유	비공유
기업 A	공유	기업 A 승리 기업 B 승리	기업 A 패배 기업 B 승리
	비공유	기업 A 승리 기업 B 패배	기업 A 패배 기업 B 패배

표 3에서와 같이, 만일 기업 A와 B가 서로 정보 X와 Y를 공유하게 된다면 게임이론에 따라 공동의 최적 이익을 창출하게 될 것이다. 그렇지만 서로 믿지 못하는 상황이라면 성공열쇠인 정보 X와 Y를 서로 공유할 수 없게 되어 서로 승자가 되지 못한다. 어느 누구든지 간에 성공을 위해 제한된 자원을 과잉 착취하게 되어 결국 어느 누구도 더 이상 사용할 수 없게 되는 앞서 설명한 "공유재의 비극"을 초래하게 될 것이다.[68] 최근 가장 엄격했던 미국조차도 발명 출원

68) Garrett Hardin, "The Tragedy of the Commons," SCIENCE, 1968.

시에 최적의 실시례만 적시해도 무효가 되지 않기 때문에 혁신에 대해서는 특허 보호와 영업비빌 보호가 혼재될 수밖에 없다. 특허가 더 이상 완전한 정보 공개를 할 수 없다고 하면, 영업비밀도 또한 모든 정보를 완전하게 비공개로 할 수는 없겠지만, 혁신 기술의 모든 내용이 꼭 특허에만 포함되어 공개된다고 할 수 없기 때문에, 영업비밀은 혁신기술과 정보공개를 위한 훌륭한 제도가 될 수 있다.[69] 영업비밀보호법은 정보 보호에 대한 자원을 절약하고 비밀이 아닌 공개를 적극적으로 독려하기 위해 설계되었다. 영업비밀보호법은 비밀성을 조건으로 정보를 영업비밀로 보호하며, 그렇지 아니할 경우 정보공개 조건으로 독점배타권을 얻을 수 있는 최소한의 발명을 개발하도록 유도한다. 이는 역설적으로 영업비밀보호법은 정보의 비밀성 보지가 아니라 정보의 공개와 활용을 더욱 독려한다고 할 수 있다.[70]

(3) 강력한 보호법에 의한 영업비밀괴물 등장 가능성

기업의 연구개발 활동 중에 수많은 시행착오를 한 중간결과물인 실패정보도 중요한 영업비밀로 보호될 수 있으며, 이 같은 실패정보를 'Negative 영업비밀'이라고 한다.[71] 만일 기업 A가 연구개발을

69) Amir H. Khoury, "The Case Against The Protection of Negative Trade Secrets: Sisyphus' Entrepreneurship," The Intellectual Property Law Review, Volume 54 No. 3, 2014.

70) Mark A. Lemley, "The Surprising Virtues of Treating Trade Secrets as IP Rights," 61 STAN. L. REV. 311, 2008.

71) Integrated Cash Management Services, Inc. v. Digital Transactions, Inc., 732 F. Supp. 370 (S.D.N.Y. 1989) 사건 판결에서 법원은 대체물을 연구개발하기 위해 막대한 시간과 비용을 들였지만 결국 실패한 경우라고 하더라도, 이러한 시행착오의 결과물인 실패 정보도 영업비밀로 중요하게 보호되어야 한다고 판결하였다.

통해 실패 정보 X를 만들었다고 가정하여 보자. 그리고 경쟁기업 B도 동일한 연구개발을 통해 실패 정보 X를 만들었다. 그 다음에 기업 B가 연구개발을 수행하고 실패 정보 Y를 만들었다. 또 그 다음에 경쟁기업 A도 연구개발을 통해 실패 정보 Y를 만들었다고 하면, 결국 경쟁기업 A, B는 수많은 시행착오를 통해 2X와 2Y의 실패정보를 양산하였다고 볼 수 있다. 이러한 상황에서 만일 두 경쟁 기업이 이러한 실패 정보를 서로 공유하게 된다면 실패 정보는 (2X, 2Y)에서 (X, Y)로 1/2 줄어들게 되고 그만큼 시행착오를 줄이게 되어 경제적 이익을 가져오게 된다. 그렇다면 가장 이상적인 경우는 모든 정보가 성공이든 실패든 간에 공중에게 공유되고 그 이익도 공중에게 기여되는 것이다. 그런 점에서 영업비밀의 보호와 집행은 기술 혁신 진보에 크게 기여하거나 생산자와 사용자 모두에게 이익을 주며 국가적 · 사회적으로 경제적 이익을 가져온다고 할 수 있다. 영업비밀은 비밀성으로 인해 아이디어의 사용을 금지하는 경우에는 가치 있는 정보를 확산시키지 못하므로, 비밀성 요구로 인해 영업비밀 보호법은 문지기 역할을 수행하여 공개를 독려하여 발명자들로 하여금 특허 출원을 통해 자신의 발명을 공개하도록 하거나 그렇지 않다면 영업비밀에 의해 비밀로 유지하면 된다. 영업비밀은 특허와 달리 무조건적인 배타가 아닌 정보 흐름에 배타성이 있다고 할 수 있다. 영업비밀은 기능적으로 최소 비용으로 정보의 여러 형태를 보호하면서 정보의 자유로운 흐름을 유도한다. 이러한 영업비밀의 순기능은 비밀 정보들을 생산하고 독점하는 허브, 즉 "영업비밀괴물"이 될 개연성은 많이 줄어들게 될 것이다. 그렇지만 만일 공중의 공유 정보를 영업비밀로 독점 보호하게 되는 역기능에 맞추어진다면, 그 독점기업은 결국 발명자의 발명 의욕을 꺾게 되고 발명자가 아닌 자에게 뜻밖의 큰 횡재를 안겨주게 되는 "영업비밀괴물"이 대두될 수밖에 없게 된다. 앞 절에서 살펴보았듯이 최근 미국에서는 산업스파이 퇴치에 '몰수(seizure)' 등을 도입한 강력한 영업비밀보호법의 등장과 더불어 스타트업이나 중소기업에는 존폐의 위협이 될 영업비밀괴물로 등장할 기업들이 많이 나타날 수밖에 없다. 이와 같이 영업비밀괴물이 출현하게 된다면, 특허괴물 출현으로 인한 많은 산업 폐해 발생과 마찬가지로 영업비밀보호법을 저해시키고 모든 산업의 혁신기술자들에게 심각한 문제와 비용을 크게 증가시킬 것으로 염려된다.[72)]

지금까지 2015년 5월 1일 코오롱이 듀폰과 합의한 2억 7천500만 달러 손해배상금 사건 이후로 이렇다 할 큰 영업비밀 관련 국제소송이 보고되지 않고 있지만, 특허괴물에 의한 분쟁사건에 관한 최근 특허청의 자료에 따르면,[73)] 외국 특허괴물들은 제품생산 등 제조활동은 하지 않지만 막강한 자금력과 정보력을 바탕으로 우리나라 기업을 괴롭히고 있는 것으로 나타났다. 특허 소송에 대응력을 갖추지 못한 우리 중소기업은 특허괴물 공격에 가장 치명적인 것으로 나타났다. 2014년 특허청 자료에 따르면, 특허괴물의 공격 대상이 된 국내 기업 23곳 중 중소·중견기업이 11개나 됐고 향후 계속 증가될 것으로 예상된다.[74)] 지식재산권의 분쟁 지역이 미국과 유럽

72) David S. Levine & Sharon K. Sandeen, "Here Come the Trade Secret Trolls," 71 Wash. & Lee L. Rev. 230, pp.235-237, 2015.

73) 기술분야별 우리기업-NPEs 간 국제 특허소송 현황

(기준: '10년~'15년 3월, 단위: 건)

기술분야	'10	'11	'12	'13	'14	'15.3.	총계
전기전자	15	60	27	95	84	8	289
정보통신	37	30	107	138	114	33	459
장치산업	0	1	10	31	30	3	75
기타산업	0	1	9	9	10	0	29
화학·바이오	0	0	0	0	0	0	0
기계소재	6	4	6	15	6	1	38
합 계	58	96	159	288	244	45	890

* 출처 : 특허청 2015.5.1. 보도자료, 한국지식재산보호협회

74) 경향비즈ⓝ라이프, "특허괴물, 한국 기업 겨냥 줄소송 작년 288건 … 5년 새 5배 늘어나," 2014.4.20. 기사.

에서 점차 우리나라, 일본, 중국으로 옮겨 오고 있는 추세이다. 영업비밀 소송도 특허소송과 별반 다르지 않아 글로벌선두기업의 영업비밀 분쟁 소송에 중소기업이 휘말릴 경우 심각한 문제를 될 수 있을 것으로 보인다. 반도체로 유명한 미국 TI도 경쟁력을 잃고 쇠락해 가던 1980년대 중반 미국의 강력한 특허권 보호 정책에 힘입어 일본의 유수한 전자업체들과 삼성전자에게 특허소송을 걸어 거액의 합의금을 받고 기사회생한 바 있다. 이 분쟁의 결과로 DRAM 업체들로부터 TI가 벌어들인 로열티는 15억 달러가 넘고, 지금도 제조보다는 특허확보와 그에 따른 수익에 더 열을 올리고 있다. 잘 알려진 바와 같이, 어떤 새로운 발명을 통상 특허로 보호하는 데 2년이 걸리는데 그 발명은 특허보호 시작 5개월 전에 이미 옛것이 되어 더 이상 가치가 없게 되어 기술기반 기업들은 특허보다는 영업비밀을 더욱 선호하고 있다. 영업비밀은 특허와 달리 별도의 인증기관이 존재하지 않고 미국의 영업비밀은 실제적 또는 잠정적 상업적 가치가 있는 정보를 해당 정보소유자가 비밀로 지키려는 합리적인 노력만 하면 그 소유를 인정한다. 국내기업의 상당수는 서두에서 말한 코오롱의 아라미드처럼 특수기술 세계시장에서 미국 선도기업과 몇 안 되는 경쟁사로 성장한 곳들이 많다. 범세계적으로 특허 · 영업비밀 경쟁이 심화되고 침해소송 수위도 날로 높아지고 있다. 단순히 경고와 로열티 요구 수준이 아니라 사업을 포기할 수밖에 없을 정도로 막대한 대가를 요구하는 경우도 있다. 지난 반세기 동안 미국기업의 기술이전으로 개량기술을 만든 많은 국내기업이 기술이전 계약만료가 되자 기술이전을 한 미국기업에서 영업비밀 절도로 개량기술을 개발했다며 소송 위협을 받고 있다. 미국의 강력한 영업비밀보호법의 등장으로 최근 미국 영업비밀 사건들을 들어다보면, 이전 직장의 중요 사업정보를 접할 수 있는 임원이 이전 직장의 경쟁사로 이직을 하면 그런 사업정보 영업비밀을 필연적으로 공개될 수밖에 없다고 하여 미국 법원은 유죄판결을 내리고 있다. 이와 같이 특허 · 영업비밀은 엄청난 자금과 인력을 투입한 끝에 개발한 신기술, 신상품이 무단 도용되는 것을 막을 수 있는 유일한 제도적 장치로 기업에게 일종의 법적 보호막인 셈이다.

2. 영업비밀의 특정

(1) 영업비밀 특정 필요성

영업비밀 보유자가 영업비밀 침해행위에 금지청구를 하기 위해서는 침해받은 영업비밀과 침해한 자의 침해행위를 특정하여 이를 주장 · 입증하여야 한다. 만일 침해받은 영업비밀이 특정되지 않는 경우에는 금지청구가 기각될 수밖에 없게 된다. 예를 들어 종업원이 퇴사하면서 회사의 영업비밀이 수록된 문서나 CD 등 유형물을 절취한 경우에는 그 유형물에 수록된 정보를 침해된 영업비밀로 특정하면 된다. 그러나 절취 사실을 몰랐거나, 입증하기 곤란한 경우에는 그 종업원이 어떤 정보를 부정한 방법으로 취득했는지를 밝히기가 매우 어렵게 된다. 또한 형사처벌의 경우 피의자에 대해서 참고인으로 진술해 주거나 증언해 줄 만한 자를 찾기가 쉽지 않을뿐더러 더욱이 회사 동료일 경우에는 참고인이나 증인으로 적극적인 진술이나 증언을 회피하거나 거부할 수 있어 이 경우에는 정확한 사실관계 확인이 어렵게 된다. 그리고 영업비밀 침해소송에서 특정이 더욱 문제가 되는 것은 영업비밀은 그 보호대상이 무형적 정보이며 특허와 달리 공개제도가 없다는 점과 비밀성 유지를 그 생명으로 하는 본질적인 속성 때문이다. 이러한 속성 때문에 재판 과정에서 영업비밀의 자세한 특정을 요구하여 공개가 되게 되면 그 본질적인 보호요건인 '비밀성'을 상실할 수 있고, 이 경우 영업비밀로 보호받지 못할 개연성이 상존하게 된다. 또한 경쟁사업자인 원고가 영업비밀을 보유한 피고를 상대로 소를 제기한 후 피고 측의 영업비밀 관련 자료 제출을 신청하는 등으로 소송이 경쟁자의 영업비밀을 알아내기 위한 수단으로 악용될 가능성도 있다.

(2) 영업비밀 특정에 관한 우리 판례의 태도

이에 대해 우리법원은 대법원 2013.8.22.자 2011마1624 결정에서 영업비밀 침해금지를 구하는 경우에는 법원의 심리와 상대방의 방어권 행사에 지장이 없도록 그 비밀성을 잃지 않는 한도에서 가능한 한 영업비밀을 구체적으로 특정하여야 하고, 어느 정도로 영업비밀을 특정하여야 하는지는 영업비밀로 주장된 개별 정보의 내용과 성질, 관련 분야에서 공지된 정보의 내용, 영업비밀 침해행위의 구체적 태양과 금지청구의 내용, 영업비밀 보유자와 상대방 사이의 관계 등 여러 사정을 고려하여 판단하여야 한다고 판시하고 있다. 또한 대법원 2003.7.16.자 2002마4380 결정에서 영업비밀로서 특정이 되었는지를 판단함에 있어서는 "사용자가 주장하는 영업비밀 자체의 내용뿐만 아니라 근로자의 근무기간, 담당업무, 직책, 영업비밀에의 접근 가능성, 전직한 회사에서 담당하는 업무의 내용과 성격, 사용자와 근로자가 전직한 회사와의 관계 등 여러 사정을 종합적으로 고려하거나, 대법원 2009.7.9. 선고 2006도7916 판결에서 "영업비밀이라고 주장된 정보가 상세하게 기재되어 있지 않다고 하더라도 다른 정보와 구별할 수 있고 그와 함께 적시된 다른 사항들에 의하여 어떤 내용에 관한 정보인지 알 수 있다거나" 함으로써, 어느 정도 영업비밀 특정의 부담을 완화하는 판결을 내리고 있다. 현행 부정경쟁방지법상 재판과정에서 영업비밀의 비밀유지를 배려하는 직접적인 규정은 없고, 다만 소송에 관여한 변호사나 법원 관계자 등이 타인의 영업비밀을 사용하거나 공개하는 행위가 영업비밀 침해행위에 해당되어 민, 형사적 책임[75]을 물을 가능성만 있을 뿐이다.[76] 한편 민사소송법 163조에서 소송기록 중에 당사자가 갖는 영업비밀이 적혀 있는 경우, 법원은 당사자의 신청에 따라 소송기록 중 영업비밀이 적혀 있는 부분의 등본 등의 교부 등 복사신청을 할 수 있는 자를 당사자로 한정하는 결정을 할 수 있으며. 위 신청에 따른 재판이 확정될 때까지 제3자는 비밀기재 부분의 열람 등을 신청할 수 없다. 그렇지만 소송과정에서 영업비밀을 지나치게 상세하게 특정할 경우 실제 영업비밀 보유자의 입장에서는 어떤 방식으로든 비밀 정보가 외부에 공개되어 비밀성을 상실할 우려가 있다는 점은 영업비밀의 특정을 어렵게 한다. 우리 법원은 서울지방법원 1995.3.27. 선고 94카합12987 판결 이래로 대부분의 영업비밀 관련 사건에서 그 계쟁물을 한정할 수 있고 피고의 방어권 행사에 지장이 없는 정도로 특정되었다면 영업비밀 자체의 내용이 상세하게 기재되어 있지 않다고 하더라도 특정된 것으로 보아 개괄적으로 영업비밀의 내용을 특정하는 것을 허용하고 있는 것으로 보인다. 현재 우리 법원은 특정 기준으로 통상 근로자가 채권자 회사의 특정 업무에 종사하면서 지득한 것으로 제한하여 "… 를 만드는 기술, … 의 배합비율, … 를 조절하는 기술" 정도면 특정되었다고 보고, 예컨대 OO성분 00%, 성분 00% 등의 구체적인 배합비율, 조절방법 등의 특정까지는 요구하지 않는 것으로 보인다.[77)]

---

75) 업무상 비밀누설죄(형법 제317조), 공무상 비밀의 누설죄(형법 제127조).

76) 박익환, "민사소송절차와 영업비밀보호－부정경쟁방지법상 비밀유지명령을 중심으로－," 경희대학교 정보법학 제16권 제1호, 2012.

77) 서울지방법원 1995.3.27. 선고 94카합12987 판결에서 살펴본 실제 영업비밀 특정의 예는 다음과 같다. 1. 아크릴로니트릴 모노머(이하 A.N. 모노머) 제조에 관하여 미국의 비피 케미컬스 주식회사 및 그 전신인 프로스펙트 인터내셔날 씨 에이와 일본의 아사히화성공업 주식회사로부터 공여된 기술정보 및 영업정보와 그를 기초로 한 신청인의 개량기술 및 영업정보 2. 청화소다(SODA) 제조에 관하여 신청인이 개발하였거나 일본의 즈키시마기계 주식회사로부터 공여된 기술정보, 영업정보 및 그를 기초로 한 신청인의 개량기술 및 영업정보 3. A.N. 모노머 제조공정의 폐수 및 폐가스 처리 및 유안회수에 관하여 위 즈키시마기계 주식회사로부터 공여된 기술

(3) 비밀 정보의 유형별 차별화

우리나라에서도 영업비밀의 특정을 획일적으로 요구하지 말고 적어도 기술정보와 경영정보를 나누어 영업비밀의 유형에 따라 특정의 정도를 달리하여야 한다는 견해가 제시된 바 있다.[78] 영업비밀의 종류 중 가령 영업노하우 등 비교적 간단한 수준의 경영정보와 달리 기술정보는 비록 소장이나 판결문상에서 설명되더라도 아주 상세하게 설명되지 않는 한 비공지성을 지킬 수 있다. 그렇더라도 지나치게 상세한 소장이나 판결문상에서의 설시는 해당 기술정보의 내용을 용이하게 파악할 수 있게 하여 비공지성을 상실케 할 위험이 있다는 지적에 유의하여야 한다. 이와 관련하여 판례도 영업비밀의 종류를 어느 정도 고려하여 특정을 판단하고 있는 것으로 보인다.[79]

미국 통일영업비밀보호법에는 영업비밀의 특정(identification)에 관한 규정은 전혀 없고, 다만 영업비밀의 자세한 특정을 곤란하게 만드는 전제적 문제를 해결하기 위해 "비밀성의 유지(preservation of secrecy)" 규정을 두어 소송에서 법원은 합리적인 수단으로 영업비밀의 비밀성을 유지하여야 한다는 의무를 부과하고 있을 뿐이다. 캘리포니아의 민사소송법 제2019.210조는 "영업비밀을 부정이용 당하였다고 주장하는 자가 증거개시절차 전에 합리적인 구체성을 가질 정도로 영업비밀을 특정하여야 한다."고 명시하고 있다. 미국

정보 및 영업정보와 그를 기초로 한 신청인의 개량기술 및 영업정보. 4. 아크릴아마이드, 에틸렌디아민테트라아세틱애시드 및 그 염류, 글리신 · 페닐 글리신과 하이드라조비스이소부티로니트릴의 제조에 관하여 신청인이 보유하고 있는 기술정보 및 영업정보.

78) 김원오, "영업비밀 침해소송에서 그 특정을 둘러싼 쟁점과 과제," 인하대학교 법학연구 제14집 제2호, 2011.

79) 박성수, "영업비밀 침해소송에서 그 특정을 둘러싼 쟁점과 과제," 인하대학교 법학연구 제14집 제2호, 2011.

소송에서 영업비밀을 특정함에 있어 그 정보 유형에 따라 특정을 달리할 수 있다.[80] 예컨대 고객명부와 영업정보는 가장 단순한 정보로서 달리 특정할 선택의 여지가 없어 그 이름만으로도 특정이 되는 반면 프로그램 소스코드와 같이 여러 가지 다양한 방식으로 세밀하게 특정할 수 있고, 그 중 자동제어코드, 오픈소스자료, 프로그래밍 언어나 구조 등은 특정에 포함되지 않도록 분리하여야 한다.[81]

(4) 비밀유지명령제도

한·미 FTA 체결에 따른 이행입법으로서 2011.12.2. 특허법 등 지식재산법이 개정되어 비밀유지명령제도가 도입되었고, 2012.3. 15.부터 시행되고 있다. 비밀유지명령제도는 특허침해 등 민사소송 절차에서 당사자가 주장하는 사실 또는 제출하는 증거 가운데 영업비밀이 포함되어 있는 경우, 그 영업비밀을 소송수행 목적 이외에 사용하거나 비밀유지명령을 받은 자 이외의 자에 대하여 공개하는 것을 금하는 명령을 발령하고, 이에 위반하는 경우 형사벌을 부과하는 제도이다. 형사벌의 담보 아래 영업비밀이 포함된 자료를 소송절차에 쉽게 현출시키도록 하고, 영업비밀의 보호 및 침해행위의 입증을 용이하게 하며, 아울러 심리의 충실을 도모할 수 있도록 하기 위한 도입된 제도인 것이다. 제도 도입 이전에는 관련법에 비밀유지명령의 발령과 취소, 소송기록열람청구 통지에 관한 몇 개의 간단한 조문만이 있을 뿐이고, 제도 운영에 관한 실무도 제대로 정

80) Charles Tait Graves and Brian D. Range. "Identification of Trade Secret Claims in Litigation: Solutions for a Ubiquitous Dispute," Northwestern Journal of Technology and Intellectual Property, http://www.law.northwestern.edu/journals/njtip/v5/n1/3.

81) 김원오, 전게 논문.

착되지 않은 상태였다. 제출의무의 대상이 되는 증거로 특허법 제132조는 "침해행위로 인한 손해액의 계산을 하는 데에 필요한 자료"를, 영업비밀보호법 제14조의3 또한 "필요한 자료"를, 저작권법 제129조의2 제1항은 침해행위에 관한 정보도 제출대상에 포함시키고 있다. 또 자료제출거부의 이유에 관하여 특허법 132조는 "정당한 이유"라는 포괄적인 규정을, 저작권법 제129조의2 제2항은 구체적으로 열거하는 규정을 두고 있다.[82] 저작권법 제129조의2 제4항은 정당한 사유가 있는지 판단하기 위한 비밀심리절차를 명문으로 유일하게 규정하고 있을 뿐이다. 이로 인해 비밀유지명령에서 제출의 대상이 되는 영업비밀이 적힌 증거의 범위가 각 지식재산 관련법별로 다르게 적용될 우려가 있다. 한편 비밀유지명령 위반죄의 형벌과 관련하여 특허법 제229조의2 제1항은 징역형과 벌금형을 선택해서 부과할 수 있도록 하고 양벌규정은 두지 않는 반면 저작권법 제136조 제1항은 징역형과 벌금을 병과할 수 있게 하고, 비밀유지명령 위반죄도 양벌규정에 포함시키고 있다. 저작권과 특허권 등을 달리 취급하여야 할 특별한 이유가 없으므로 비밀유지명령의 실효성 확보를 위배 저작권법과 같은 규정을 다른 지식재산법에도 규정하는 것이 좋을 것이다. 비밀유지명령신청서나, 결정서에 영업비밀을 첨부하지 않도록 운영하는 것이 바람직하며, 소송 진행 중에는 물론 기록 보존 시에도 소송기록과는 별도로 영업비밀 기재문서를

---

82) 제1항에도 불구하고 다른 당사자는 다음 각 호의 어느 하나에 해당하는 경우에는 정보의 제공을 거부할 수 있다.
1. 다음 각 목의 어느 하나에 해당하는 자가 공소 제기되거나 유죄판결을 받을 우려가 있는 경우
 가. 다른 당사자
 나. 다른 당사자의 친족이거나 친족 관계가 있었던 자
 다. 다른 당사자의 후견인
2. 영업비밀 또는 사생활을 보호하기 위한 경우이거나 그 밖에 정보의 제공을 거부할 수 있는 정당한 사유가 있는 경우

보관, 보존하도록 하는 방법을 법원실무에서 정착시킬 필요가 있다.[83] 특히 2011년 일본 부정경쟁방지법상 형사절차에 관한 특례에서 도입된 영업비밀을 구성하게 되는 사항을 비밀로 하고, 원래의 내용을 대신하는 대체용어를 사용하게 하는 방법 등은 본 제도의 활용성을 높일 수 있을 것이다.[84] 아울러 다음 절에서 소개하고 있는 영업비밀 원본증명서비스를 이용하면 영업비밀 보유자의 침해사실 입증부담을 완화할 수 있다. 이는 재판과정에서 영업비밀 확인 요구가 있을 경우 등록된 영업비밀 내용을 열람할 수 있도록 함으로써 영업비밀 자체가 공개되지 않아 그 누설에 대한 염려를 놓을 수 있기 때문이다.

83) 전효숙, "지식재산소송절차와 비밀유지명령 제도," 이화여자대학교 법학논집 제17권 제2호, 2012.12.

84) 박익환, 전게 논문.

IV 영업비밀의 침해

영업비밀을 이용하는 행위가 모두 부정경쟁행위에 해당하는 것은 아니다. 영업비밀보호법은 비밀관리를 파괴하는 행위를 하거나 그러한 파괴 행위를 이용하는 행위를 규제하며, 당해 정보를 독자적으로 취득하는 자에게는 그 규정이 미치지 않는다.

1. 영업비밀 침해

(1) 내부자에 의한 침해

내부자에 의한 침해 행위는 재직 중의 침해 행위와 퇴직 후의 침해 행위로 나눌 수 있다. 재직 중인 자에 의한 침해는 다시 부정한 수단에 의해 취득하는 행위와 부정한 방법으로 공개하는 행위로 나눌 수 있다. 전직에 의한 침해 행위가 거의 대부분이다. 또한 퇴직자에 의한 침해 행위는 대부분 영업비밀에 해당하는 정보를 취득한 시점에는 그 행위가 정당하였으나, 퇴직과 동시에 정당하게 얻은 영업비밀을 부정하게 사용하거나 제3자에게 공개하거나 전달하는 행위 등이 해당한다. 예를 들어 영업비밀을 부정하게 빼낼 의도로 이루어진 헤드헌팅 행위는 부정경쟁행위에 해당한다.

(2) 외부인에 의한 침해

외부인에 의한 침해 행위는 내부자와의 공모에 의한 침해와 외부인에 의한 침해로 나눌 수 있다. 외부인의 내부자와의 공모에 의한 침해 경우는 정보의 영업비밀성과 함께 내부자의 영업비밀 침해 행위가 문제가 된다. 외부인이 직접 영업비밀에 위법하게 접근하지 않고, 정당 접근 권한자인 내부자에게 부정한 사용 · 공개를 하도록 하거나 권한 없는 내부자가 부정 취득, 사용, 공개 등의 행위를 하도록 하는 경우에는 일차적으로 당해 정보의 영업비밀성과 이에 침해한 내부자의 행위가 문제가 된다. 내부자의 행위가 영업비밀 침해에 해당하는 여부에 따라 공모자인 외부자의 행위가 영업비밀 침해인지 여부가 판별된다.

(3) 계약 관계자에 의한 침해

통상적으로 기술이전 계약을 하거나 영업비밀 라이선스 계약을 한 경우, 계약자에게 영업비밀 보유자로부터 취득한 영업비밀에 대해 그 영업비밀을 보호하도록 의무를 지운다. 그렇지만 이러한 계약상의 의무를 위반하여 제3자에게 영업비밀을 공개하거나 사용하도록 하는 경우 또는 제대로 관리하지 못해 제3자에게 유출되는 경우 영업비밀 보호가 문제가 된다. 계약의 1 당사자인 라이선시의 비밀관리 노력이 영업비밀 보호의 관건이 된다.

2. 영업비밀 침해행위 유형

영업비밀보호법 제2조 제3호는 다음의 6가지 유형의 영업비밀 침해행위를 규정하고 있는데, 이 6가지 침해 유형은 부정취득과 관련된 것과 비밀유지 의무자의 부정공개와 관련된 것으로 크게 두 가지로 나눌 수 있다.

① 영업비밀을 부정취득 · 사용 · 공개행위(제2조 제3호 가목)

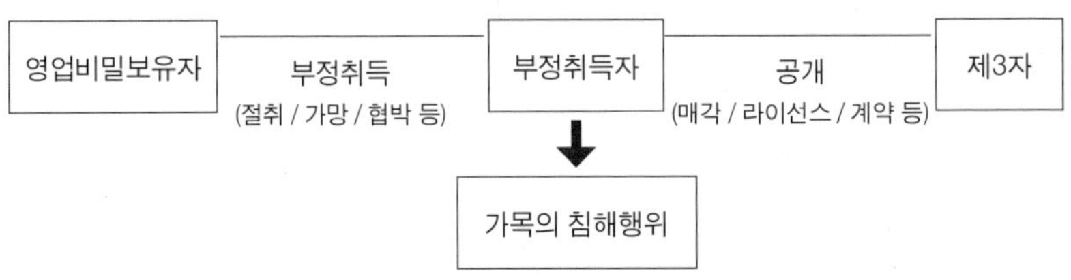

② 부정취득된 영업비밀을 악의 · 중과실로 취득 · 사용 · 공개행위(제3호 나목)

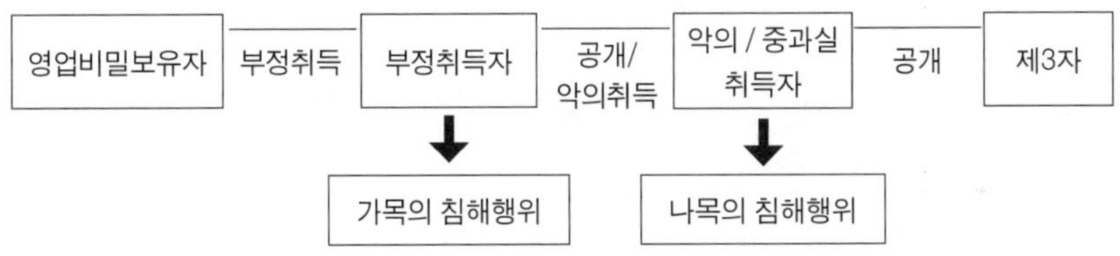

③ 선의취득 후 악의 · 중과실로 사용 · 공개행위(제3호 다목)

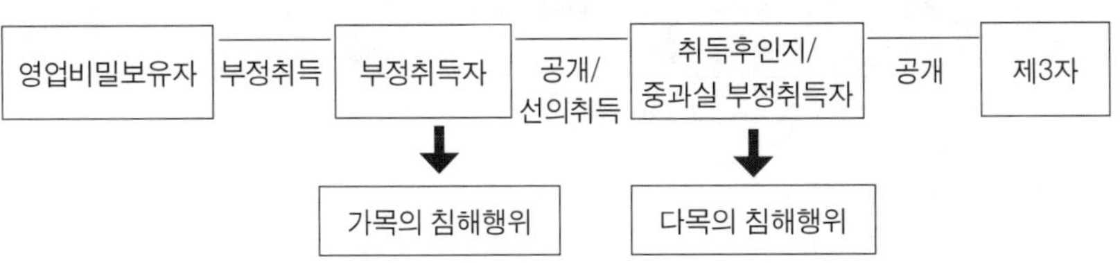

④ 영업비밀을 부정사용 · 공개행위(제3호 라목)

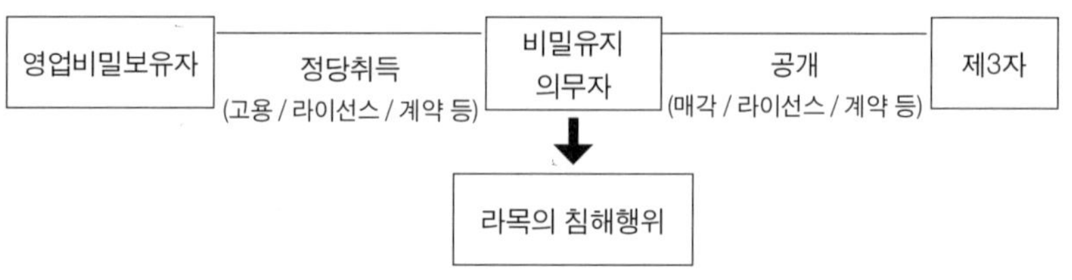

⑤ 부정공개된 영업비밀을 악의 · 중과실로 취득 · 사용 · 공개행위(제3호 마목)

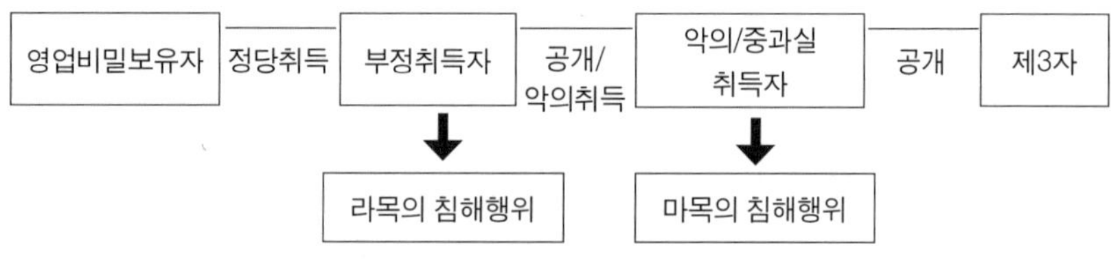

⑥ 선의취득 후 악의 · 중과실에 의한 사용 · 공개행위(제3호 바목)

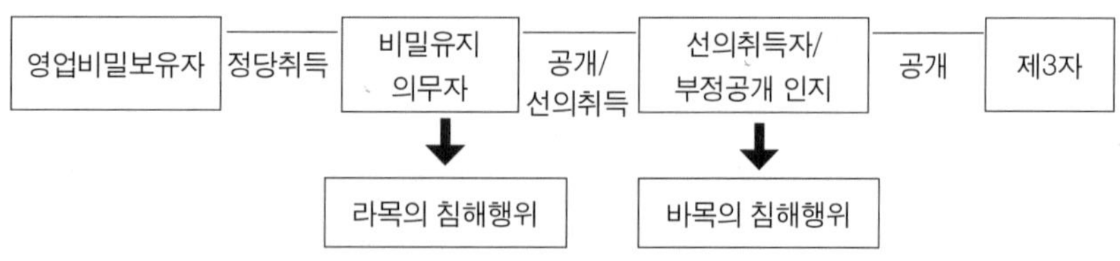

(1) 부정취득 행위

절취, 기망, 협박, 기타 부정한 수단으로 영업비밀을 취득하는 행위 또는 그 취득한 영업비밀을 사용하거나 공개하는 행위는 영업비밀 침해행위에 해당한다. 즉, 비밀로 관리되고 있는 영업비밀을 취득하는 과정에 절취, 기망 등의 불법한 행위가 개입한 경우에는 이를 영업비밀 침해행위로 보고 있다. 영업비밀보호법상의 부정취득 행위는 정당한 수단으로 영업비밀을 입수할 지위에 있지 않은 자가 위법한 수단을 사용하여 영업비밀을 취득하는 행위뿐만 아니라 취득한 그 정보를 스스로 사용하여 경쟁상의 이득을 얻거나 특정한 타인 또는 불특정 다수인에게 그 비밀을 전수(傳授), 공개하는 행위까지 포함한다. 부정취득행위에 있어서 절취, 기망이나 협박은 부정수단의 예시에 불과하며, 그 밖에 부정한 수단에도 강도, 폭행, 주거침입, 횡령, 배임, 장물에 관한 죄 등 형법 법규에 해당하는 행위뿐만 아니라 사회통념상 이와 동등한 위법성을 가진다고 판단되는 사회질서 위반행위(미인계, 도청, 매수, 위장취업 등)도 포함된다고 해석할 수 있다.

1) 취득행위의 유형

경쟁업체의 직원을 스카우트하는 행위에 있어 경쟁업체의 직원에 대한 스카우트가 단순한 노동력의 확보나 그 직원의 일반적인 지식, 기술, 경험 등을 이용하기 위한 경우 영업비밀 침해행위로 볼 수 없지만, 경쟁업체의 영업비밀을 탐지하기 위한 목적으로 높은 직위나 고액 급여에 의한 매수 등 부정한 수단에 의한 스카우트는 영업비밀 침해행위가 되며, 전직한 직원 역시 전 회사와의 계약관계나 부정한 목적의 유무 등에 따라 민, 형사 처벌을 받을 수 있다. 또한 회사의 생산시설에 잠입하여 영업비밀을 탐지한 제3자의 행위는 전형적인 산업스파이 행위로서 이는 침해행위에 해당되며, 이와 함께 형법상의 주거침입 내지는 절도죄 등도 성립할 수 있다. 그 취득행위의 유형은 다음과 같이 분류할 수 있게 된다.

- 영업비밀 그 자체인 유체물(비밀의 촉매나 신제품 등)이나 영업비밀이 기재된 유체물(설계도나 고객명부 등)을 절취하거나 사기, 협박, 기타의 부정한 수단에 의해 취득하는 행위
- 영업비밀의 매체물이 보관되어 있는 장소에 무단으로 침입하거나 영업비밀의 매체물을 보관하고 있는 책상, 금고, 봉투, 플로피 디스크 등을 무단으로 개봉하거나 사용하여 안에 들어 있는 영업비밀을 기억하거나 복제하는 행위
- 영업비밀을 기억하는 사람으로부터 사기, 협박, 도청 등의 수단에 의해 영업비밀을 취득하는 행위

2) 사용행위

사용행위란 영업비밀을 그 고유의 용도 내지 사용 목적에 따라 활용하는 행위를 말한다. 영업비밀의 '사용'은 영업비밀 본래의 사용 목적에 따라 이를 상품의 생산, 판매 등의 영업활동에 이용하거나 연구, 개발사업 등에 활용하는 등으로 기업활동에 직접 또는 간접적으로 사용하는 행위로서 구체적으로 특정이 가능한 행위를 가리킨다.

3) 공개행위

공개행위란 영업비밀을 불특정인에게 공공연히 알리거나 또는 그 비밀성을 유지하면서 특정인에게 매각하거나 알려주는 것을 말한다. 예를 들어 절취한 대량주문서 등을 산업스파이에게 인도하는 행위나 절취한 공사견적서 등의 기밀서류를 경쟁회사의 종업원에게 판매하는 행위 등이 있다. 영업비밀을 부정공개행위를 금지하는 목적은 통상적으로 입수할 수 없는 비밀, 지식 등을 제3자가 입수하는 것을 금지하는 데 있으므로 영업비밀 전부는 물론이고 그 일부

만을 알 수 있게 한 경우는 부정공개행위에 해당한다. 다만, 영업비밀을 공개한 상대방이 이미 그 영업비밀을 알고 있는 경우에도 부정한 공개행위에 해당하는 가에 대해서는 의견이 나누어지는데, 판례는 영업비밀에 대해서 상대방이 알고 있다 하더라도 공개행위에 해당한다고 판단하고 있다.

(2) 부정취득자로부터의 악의취득 행위

영업비밀에 대하여 부정취득행위가 개입된 사실을 알거나 중대한 과실로 알지 못하고 그 영업비밀을 취득하는 행위 또는 그 취득한 영업비밀을 사용하거나 공개하는 행위도 영업비밀 침해행위에 해당한다. 이는 가목의 영업비밀 부정취득행위 후, 당해 영업비밀의 유통과정에서 악의 또는 중과실로 당해 영업비밀을 전득하는 행위를 금지하려는 규정으로, 부정취득자로부터 직접 취득한 자(전득자)뿐만 아니라 전득자로부터 영업비밀을 취득한 경우에도 부정취득행위가 개입된 사실을 안 경우에는 본 규정의 적용대상이 된다.

1) 행위 유형

영업비밀에 관하여 부정취득행위가 개입된 사실을 알거나 중대한 과실로 알지 못하고 그 영업비밀을 취득하는 행위 또는 그 취득한 영업비밀을 사용하거나 공개하는 행위는 영업비밀 침해행위가 된다. 이는 가목의 부정취득행위를 전제로 당해 영업비밀의 유통과정에서 부정취득이 개입된 사실에 관하여 알고 있거나 중과실로 알지 못한 상태에서 이를 전득하는 경우를 금하고 있는 것으로 가목의 부정취득행위를 본범이라면 나목은 장물범적 위치에 있다 할 수 있다.

2) 적용 요건

① 악의 취득자가 영업비밀을 취득하는 수단 그 자체는 정당한 것일 것

나목의 영업비밀 침해행위는 취득자가 앞선 부정 취득자로부터 영업비밀을 취득하는 수단 그 자체는 정당한 것에 한한다. 따라서 영업비밀의 부정취득자로부터 다시 이를 부정한 수단으로 취득할 경우에는 원래의 보유자에 대한 부정취득행위인 가목 소정의 침해행위가 된다.

② 영업비밀에 관하여 부정취득행위가 개입된 사실을 알거나 중대한 과실로 알지 못했을 것

부정취득행위가 개입된 사실이란, 영업비밀이 정당한 보유자로부터 자신의 앞선 자에게 이르는 영업비밀의 유통과정 중에 부정한 수단에 의한 취득이 개입된 것을 의미한다. 따라서 여기서 부정취득은 취득자의 직전 보유자의 부정 취득행위는 물론, 그보다 앞선 영업비밀 거래단계의 부정취득까지 모두 포함한다.

(3) 부정취득행위에 관한 사후적 관여행위

영업비밀을 취득한 후에 그 영업비밀에 대하여 부정취득행위가 개입된 사실을 알거나 중대한 과실로 알지 못하고 그 영업비밀을 사용하거나 공개하는 행위는 영업비밀 침해행위가 된다.

1) 행위 유형

본목의 행위는 가목이나 나목과 달리 영업비밀을 정당하게 취득한 후의 행위이므로 당연히 영업비밀의 사용과 공개행위만이 영업비밀의 침해행위가 되며 취득행위에 대해서는 규정하고 있지 않다.

2) 적용 요건

취득 당시에는 부정취득의 개입 여부에 관해 선의, 무중과실이었던 자가 영업비밀의 보유자로부터 경고 또는 통보를 받거나 금지청구의 소장을 송달 받게 되면 사후적 악의자가 된다. 그리고 보유자 등으로부터 경고나 소장의 송달을 받지 못했더라도 약간의 주의로 부정취득이 개입되었음을 알 수 있었던 경우에도 사후적 중과실이 인정된다.

(4) 부정공개 행위

계약관계 등에 의하여 영업비밀을 비밀로 유지할 의무가 있는 자가 부정한 이익을 얻거나 영업비밀의 보유자에게 손해를 가할 목적으로 영업비밀을 사용하거나 공개하는 행위는 영업비밀 침해행위에 해당한다(영업비밀보호법 제2조 제3호 라목). 이는 비밀유지의무 위반행위라고 할 수 있다.

1) 부정공개행위란?

계약관계 등에 의하여 영업비밀을 비밀로써 유지하여야 할 의무가 있는 자가 부정한 이익을 얻거나 그 영업비밀의 보유자에게 손해를 가할 목적으로 그 영업비밀을 사용하거나 공개하는 행위는 영업비밀 침해행위이다. 본 규정은 영업비밀의 정당한 보유자로부터 정당하게 영업비밀을 취득한 자가 영업비밀유지의무를 부담하고 있음에도 불구하고 부정한 목적을 가지고 위 의무에 위반하여 당해 정보를 사용 또는 공개하는 행위를 규제하고 있는 것이다.

2) 적용 요건

라목의 영업비밀 침해행위에 해당하기 위해서는 다음 세 가지 요건이 필요하다.

① 계약관계 등에 의하여 영업비밀을 비밀로써 유지하여야 할 의무가 있는 자

부정공개자가 비밀유지의무를 부담하는 근거를 계약관계 등으로 표현하고 있는데, 이는 법률상의 관계뿐만 아니라 보호가치가 인정되는 사실상의 신뢰관계까지 포함하는 것이다.

② 부정한 이익을 얻거나 그 영업비밀의 보유자에게 손해를 가할 목적

부정한 이익을 얻는다 함은 비밀유지의무를 위반하여 이익을 얻는 행위로 비밀유지의무 위반자가 이익을 얻는 경우뿐만 아니라 제3자가 이익을 얻도록 하는 경우도 포함한다. 그리고 '손해를 가할 목적으로'란 영업비밀보유자의 실제 손해발생 여부와 관계없이 손해를 입힐 의도로 영업비밀을 사용하거나 공개하는 행위를 뜻한다.

③ 영업비밀을 사용하거나 공개하는 행위

사용행위란 영업비밀을 그 고유의 용도나 사용 목적에 따라 활용하는 행위를 말한다. 공개행위란 부정 취득한 영업비밀을 제3자에게 매각하거나 라이선스 계약 등의 방법으로 공개하는 행위를 뜻하는데 여기서 '공개'의 개념에는 불특정 다수인에게 일반적으로 알리는 행위뿐만 아니라 비밀을 유지하면서 소수의 특정인에게 알리는 행위까지 포함한다는 입장도 있다.

(5) 부정공개자로부터의 악의취득 행위

1) 부정공개자로부터의 악의취득 행위 정의

영업비밀이 라목의 규정에 의하여 공개된 사실 또는 그러한 공개행위가 개입된 사실을 알거나 중대한 과실로 알지 못하고 그 영업비밀을 취득하는 행위 또는 그 취득한 영업비밀을 사용하거나 공개

하는 행위는 영업비밀 침해가 된다(영업비밀보호법 제2조 제3호 마목). 본목은 라목의 부정공개행위가 개입되어 있는 사실을 인식하거나 또는 인식하지 못한 데 중대한 과실이 있으면서 영업비밀을 취득한다는 이중의 주관적 요건을 가진다. 따라서 마목에 의거하여 금지청구를 하는 자는 부정공개행위 개입 사실을 인식했다는, 또는 인식하지 못한 데 과실이 있다는 사실과 영업비밀을 취득했다는 두 가지 사실을 입증하여야 한다.

2) 적용 요건

마목은 부정공개 행위가 개입된 사실을 알거나 중대한 과실로 알지 못하고 영업비밀을 취득, 사용 또는 공개하는 경우에 적용된다. 마목은 라목의 침해자로부터 영업비밀을 직접 취득, 사용, 공개하는 경우뿐만 아니라 다시 전달받은 자가 취득, 사용, 공개하는 행위에도 적용할 수 있다.

(6) 부정공개행위에 관한 사후적 관여행위

1) 적용 요건

바목은 부정공개행위가 개입된 영업비밀인 줄 모르고 영업비밀을 정당하게 취득한 후에 부정공개행위가 개입된 사실을 알거나 중대한 과실로 알지 못하고 그 영업비밀을 사용하거나 공개하는 경우 적용된다.

2) 취지

바목의 규정 취지는 비밀유지의무자가 부정한 이익을 얻거나 그 영업비밀 보유자에게 손해를 가할 목적으로 공개한 영업비밀에 사후적으로 관여하는 것을 금지하려는 것이다.

(7) 선의자 특례

1) 취지 및 효력

거래에 의하여 영업비밀을 정당하게 취득한 자가 그 거래에 의하여 허용된 범위 내에서 그 영업비밀을 사용하거나 공개하는 행위는 영업비밀 침해행위가 되지 않는다. 즉, 영업비밀 보호법은 특례 조항을 두어 제2조 제3호 다목, 바목의 범위를 한정하고 있는 것이다. 이에 따라 영업비밀 취득 시에 영업비밀의 부정공개 사실 또는 부정취득행위나 부정공개행위가 개입된 사실을 중대한 과실 없이 알지 못한 채 거래에 의하여 당해 영업비밀을 취득한 자가 거래에 허용된 범위 안에서 영업비밀을 사용하거나 공개하는 행위에 대하여는 금지청구, 손해배상청구, 신용회복조치를 청구할 수 없다.

2) 적용 요건

① '거래에 의한' 영업비밀 취득의 경우에만 적용

본조의 규정은 '거래에 의한' 영업비밀 취득의 경우에만 적용된다. 여기서 '거래'는 매매는 물론이고 양도계약, 라이선스 계약, 증여계약, 대물변제 등에 의한 경우를 모두 포함하며, 법률상의 전형적인 거래뿐만 아니라 비전형적인 사실상의 거래를 포함한다. 거래에 의한 취득이어야 하기 때문에 상속이나 합병에 의한 취득과 같이 법률의 규정에 의해 취득의 효과가 발생하는 경우에는 적용되지 않는다.

② 영업비밀을 정당하게 취득한 자

영업비밀을 정당하게 취득한 자라 함은 영업비밀을 취득할 당시에는 그 영업비밀이 부정하게 공개된 사실이나 영업비밀의 부정취득행위나 부정공개행위가 개입된 사실을 알지 못한 자를 말한다. 하지만 중대한 과실로 이러한 사실을 알지 못한 경우는 중과실이 있기 때문에 정당하게 취득한 자에 해당하지 않는다.

③ 보호 범위

허용된 범위를 넘어서 부당하게 이익을 꾀하거나 영업비밀 보유자에게 손해를 끼칠 의도를 가지고 영업비밀을 사용하거나 공개하는 행위는 여전히 영업비밀 침해행위가 되어 침해금지 청구의 대상이 된다.

3. 영업비밀 침해행위 유형 사례 및 관련 판례

(1) 영업비밀 침해행위 유형 사례

1) 퇴직 직전 빼돌린 기술로 창업 적발 사례

퇴직 전 회사의 기술을 빼돌려 새로운 회사를 설립, 국내 시장점유율 2위에 오른 기업과 회사대표 등에 대해 법원이 영업비밀침해를 인정, 72억 원의 손해배상을 하라고 판결했다. 재판부는 판결문에서 "피고가 유출한 원료공급업체 정보, 원료관리표준, 소결자료, 금형설계자료 등은 원고 회사에서 비밀로 유지 · 관리해 온 점에 비춰 영업비밀에 해당하며, 이 같은 영업비밀을 참고해 유사제품을 생산해 온 사실이 인정된다"고 밝혔다. 이 회사 전문경영인 출신인 K씨가 2011년 5월 말 퇴사하면서 사정은 급변했다. K씨는 당시 영업비밀로 관리해 온 소결자료 등을 USB 등에 담아 유출하고, 신생공업 핵심 생산인력 30명을 빼돌려 OO공업과 업종이 비슷한 K사를 설립했다. 이로 인해 OO공업의 매출은 2011년 434억여 원에서 지난해 286억여 원으로 줄었다. 반면 K사는 회사 설립 1년도 되지 않아 동종 업계 2위로 도약했고, 매출도 2012년 57억여 원에서 지난해 114억여 원으로 급증했다. K사는 이 과정에서 한 일본 기업을 끌어들여 OO공업으로부터 영업비밀침해 등으로 피소됐을 경우 대응방법까지 협의했던 것으로 드러났다. 법원은 이 일본 기업에 대해서도 공동배상을 판결했다.

(출처: 한국일보, 2016.7.26.)

2) 중소기업 신기술을 미국으로 유출하려던 기술닥터 적발 사례

경기지방경찰청은 2일 중소기업이 개발한 신기술을 미국으로 유출하려 한 혐의(부정경쟁방지 및 영업비밀보호에 관한 법률위반)로 최모(64)씨를 불구속 입건했다. 최씨는 안산시 상록구 김모(57)씨가 운영하는 기계부품세척기 개발업체인 A회사에 '기술닥터'로 일하면서 이 회사가 개발한 친환경기계부품 세척기술을 2009년 11월 미국 환경회사에 2억 4000만원을 받고 넘기려 한 혐의이다. 경찰조사결과 최씨는 미국 환경청의 안전검사 승인을 받게 해 주겠다며 영업비밀자료를 건네받은 것으로 드러났다. 최씨는 또 건네받은 자료로 미국에서 자신의 이름으로 특허를 받으려 한 것으로 밝혀졌다. 그러나 A사의 친환경기계부품세척기술이 미국 환경청의 안전검사 승인을 받지 못해 최씨의 기술매각과 특허출원은 실패했다. 기술닥터 사업은 국가출연연구기관과 대학, 산학협력단 등의 연구자원이 도움이 필요한 중소기업에 파견돼 문제해결을 돕는 사업으로 경기도가 지난 2009년 4월부터 운영해 오고 있다.

(출처: 파이낸셜 뉴스, 2011.11.2.)

3) 에어툴 기술을 해외로 유출하려던 전직 직원 적발 사례

부산경찰청은 24일 공기압축방식의 에어툴 공구 제작기술을 해외로 유출한 혐의(부정경쟁방지 및 영업비밀보호에 관한 법률위반)로 전모(39) 씨 등 3명을 불구속 입건했다. 경찰은 또 달아난 공범 정모(39) 씨를 같은 혐의로 수배했다. 전씨는 경남의 한 공구업체에서 연구개발 팀장으로 근무하다가 2005년 4월께 중국 베이징에서 기계공구 업체를 운영하는 친구 정씨의 스카우트 제의를 받고 퇴사하면서

에어툴 관련 기술을 메모리 카드에 담아 유출한 혐의를 받고 있다. 전씨는 또 기술을 건네준 대가로 정씨의 중국 공장에서 공장장으로 일하다가 정씨와 갈등으로 2008년께 퇴사한 뒤 국내에 동종업체를 설립, 유사제품을 만들어 시중에 판매해 5억 원 상당의 부당이득을 챙긴 혐의를 받고 있다. 에어툴은 철판, 유리 등을 절단할 때 발생하는 절단면의 거칠고 예리한 부분을 부드럽게 가공하는 데 사용하는 공구다. 전씨가 빼돌린 에어툴 공구제조기술은 피해업체가 지난 15년간 45억 원을 투자해 개발한 신기술로 이번 수사로 관련자를 검거함에 따라 향후 5년간 150억 원 상당의 피해를 막을 수 있었다고 경찰은 밝혔다.

(출처: 연합뉴스, 2011.10.24.)

4) 옛 직장 메일서버 침입, 영업기밀 빼낸 전직 직원 적발 사례

경남 밀양경찰서는 25일 과거 자신이 근무한 회사의 메일 서버에 침입해 영업기밀을 빼낸 혐의(부정경쟁 방지 및 영업비밀보호에 관한 법률 위반)로 유모(35 · 무직) 씨를 구속했다. 경찰은 유씨가 빼낸 회사 기밀을 넘겨받은 손모(48) 씨도 같은 혐의로 불구속 입건했다. 유씨는 지난달 19일 자신의 집에서 2009년 11월부터 8개월 가량 근무한 밀양시 소재 모 선박기계 회사의 관리자 패스워드를 이용해 이메일 서버에 칩입해 회계자료, 계약서, 용접장비 핵심기술도면 등 주요 기밀을 빼낸 뒤 이 회사에서 함께 근무하다 외국계 회사로 이직한 손씨에게 이메일로 전송한 혐의를 받고 있다. 경찰은 이들의 컴퓨터를 압수해 분석하고 추가 공모자가 있는지 등에 대해서도 수사하고 있다.

(출처: 연합뉴스, 2011.10.25.)

5) 연봉 때문에 경쟁사에 영업비밀을 빼돌린 30대 적발 사례

울산지방경찰청은 18일 연봉 협상에 실패해 경쟁사로 이직하면

서 영업비밀을 빼돌린 혐의(부정경쟁방지 및 영업비밀보호에 관한 법률 위반)로 이모(35) 씨를 불구속 입건했다. 이씨는 지난달 14일 남구 삼산동의 한 IT업체 기술지원부 과장에서 경쟁업체의 서비스팀 과장으로 자리를 옮기면서 다니던 회사의 영업비밀 파일 1만1천700여개를 가지고 퇴직한 혐의를 받고 있다. 이씨는 지난 4월 기존 회사에 연봉 4천만 원을 요구했으나 2천900만 원으로 결정되자 불만을 품고 회사 보안서버에서 견적서와 계약서 등을 몰래 외장 하드로 내려받아 빼돌렸다고 경찰은 설명했다. 경찰의 한 관계자는 “이씨는 기존 회사에 피자가게를 차리려고 회사를 그만둔다고 했다”며 “유출된 영업파일이 새로 이직한 업체에서 이용되지는 않은 것으로 보인다”고 말했다.

(출처: 연합뉴스, 2011.10.18.)

6) 경쟁사로 이직해 영업비밀을 빼돌린 30대 적발 사례

서울중앙지검 첨단범죄수사2부는 14일 경쟁사로 이직하면서 전 회사의 업무상 비밀을 빼돌린 혐의(부정경쟁방지 및 영업비밀 보호에 관한 법률위반)로 김모 씨(36)를 구속기소했다. 검찰은 또 H캐피탈 동료였다가 함께 W파이낸셜로 이직한 김모 씨(45) 등 2명을 같은 혐의로 불구속 기소했다. 검찰에 따르면 김씨는 지난해 12월 W파이낸셜로 이직한 후에 H캐피탈에 재직하면서 얻은 정보를 이용해 H캐피탈 자동차 정비시스템에 로그인해 영업비밀을 유출한 혐의다. 수사결과 김씨는 H사의 자동차 정비시스템 화면 80여 건을 캡쳐하는 수법으로 정보를 유출한 것으로 드러났다. W사는 자동차 관련 리스사업을 시작하면서 김씨에게 이직을 제안했고 W사 직원들이 H사의 영업비밀인 고객상담, 보험견적, 심사, 관리 등이 담긴 캡처 화면을 입수해 줄 것을 부탁하자 이 같은 범행을 저질렀다고 검찰은 전했다. 이들은 W사에서 사용하는 영업비밀 문서의 문서보안을 해제하는 방법을 알고 있어 W사의 영업비밀 문서 424건도 빼돌릴 수 있었다고 검찰은 지적했다.

(출처: 파이낸셜 뉴스, 2011.9.14.)

7) 반도체 제조기술 빼돌린 연구원 적발 사례

부산경찰청 외사과는 28일 반도체 생산공정의 핵심 기술을 빼돌린 혐의(부정경쟁방지 및 영업비밀보호법 위반)로 부산 T업체 전 수석연구원 이모(39) 씨를 구속했다. 경찰은 또 이씨가 빼돌린 기술을 바탕으로 경쟁제품을 생산한 I업체 전무이사 김모(40) 씨 등 이 업체 관계자 9명을 같은 혐의로 불구속 입건했다. 이씨는 김씨의 스카우트 제의를 받고 지난해 5월 T업체를 퇴사할 때 반도체 생산공정 제조기술(IGS)을 외장형 하드에 저장해 유출한 혐의를 받고 있다. 이씨가 유출한 기술은 T업체에서 8년간 60억여 원을 들여 개발한 것으로 반도체 생산공정때 안정적으로 가스를 공급하는 장치다. 이 업체는 독점 기술력을 바탕으로 국내 유명 반도체 생산업체에 관련 부품을 납품해 왔다. I업체는 이씨에게 연봉의 2배와 주택제공을 조건으로 스카우트해 최근 시제품까지 생산, 반도체부품 전시회에 출품까지 하고 판매망 확보에 나섰으나 경찰의 수사로 생산이 중단됐다.

(출처: 연합뉴스, 2011.7.28.)

8) 근무업체 영업정보 빼내 창업한 20대 적발 사례

대구 동부경찰서는 23일 자신이 근무하던 업체의 영업정보를 빼내 같은 업종의 업체를 차린 혐의(부정경쟁 방지 및 영업비밀보호에 관한 법률 위반 등)로 김모(28) 씨 등 2명을 불구속 입건했다. 경찰에 따르면 김씨는 지난 3월 자신이 근무하던 결혼컨설팅업체의 홈페이지 관리자에게 250만 원을 주고 홈페이지 관련 정보와 2천500여 명에 이르는 회원자료를 빼내 곧바로 결혼컨설팅업체를 창업해 피해 업체에 7억 2천만여 원(피해업체 주장)의 손해를 끼친 혐의를 받고 있다. 조사결과 그는 두 달가량 피해업체에서 근무하며 몰래 빼낸 홈페이지 디자인 등을 이용해 피해업체와 유사한 인터넷 홈페이지를 만든 뒤 곧바로 퇴사해 영업에 들어간 것으로 드러났다.

(출처: 연합뉴스, 2011.6.23.)

9) 수백억 원대 핵심기술 중국에 유출 일당 적발 사례

핵심 산업기술을 해외로 몰래 빼낸 일당이 경찰에 무더기 적발됐다. 서울지방경찰청 국제범죄수사대는 재직 중이던 회사에서 핵심기술 영업 비밀을 몰래 빼내 외국으로 유출한 혐의(부정경쟁방지 및 영업비밀 보호에 관한 법률 위반 등)로 중소업체 K사의 前 부사장 배모(50) 씨 등 6명을 입건해 조사 중이라고 3일 밝혔다. 경찰에 따르면 배씨 등은 K사와 중국 내 독점판매 계약을 체결했던 싱가포르인 L(48.미검)씨 부부 등과 공모해 핵심기술 영업 비밀을 몰래 빼낸 혐의를 받고 있다. 조사 결과 이들은 2009년 K사와 거래했던 L씨 제의로 한국과 중국에 공장을 설립해 동종제품을 만들어 중국에 납품하기로 모의했으며 L씨가 25억 원을 투자해 실제로 중국 하얼빈과 경기도 일산에 본사와 지사를 세운 것으로 드러났다. 이들은 국내에서는 짝퉁 제품을 생산하고 중국 공장에서는 아예 K사 상표를 붙인 동종제품 2만1000여개(42억원 상당)를 만들어 이란 등 제3국에 수출하려다 경찰에 덜미를 잡혀 사업계획이 무산됐다. K사의 '절전관리장비 제조기술'은 전기 저항으로 손실되는 열에너지를 유효에너지로 전환해 절전 효과를 내는 기술로 이 회사 제품은 50여 개국에 수출되고 있으며 K사는 동종업계 선두로 손꼽힌다. 이들은 K사의 절전장비 제조기술을 자신들 것처럼 둔갑시키려고 특허 출원까지 신청하는 대담성을 보이기도 했다고 경찰은 설명했다. 한편 경찰은 투자, 연구비용과 향후 5년간 매출액 등을 포함해 K사의 피해액이 880억 원에 이르는 것으로 추산했다.

(출처: 이투데이, 2011.6.3.)

10) 이직하면서 회사 정보 빼낸 LG전자 전 부장 적발 사례

서울중앙지검 첨단범죄수사1부는 26일 동종업체로 이직하면서 전 직장의 영업비밀을 빼돌린 혐의(부정경쟁방지 및 영업비밀보호에 관한 법률위반)로 LG전자 정모 전 부장(39)을 불구속기소했다. 검찰에 따르면 정씨는 LG전자로 이직하면서 전 직장인 모토로라코리아에서 퇴사 처리가 되지 않은 점을 이용, 지난해 2월 3일 모토로라코리아 사무실에 들어가 회사 경영상 영업비밀 자료를 외장하드에 다운받아 빼돌린 혐의다. 정씨는 모토로라코리아에서 퇴사한 후 아직 퇴사 처리가 되지 않아 기존에 갖고 있던 출입카드로 서울 양재동 모토로라코리아에 출입할 수 있다는 점을 악용해 범행을 저지를 수 있었던 것으로 드러났다고 검찰은 전했다. 정씨는 지난 2009년 12월 LG전자로 이직이 확정돼 한 달 뒤인 지난해 1월 20일부터 LG전자에서 근무하게 됐지만 모토로라코리아의 퇴사는 같은 해 2월 28일로 예정돼 있었다고 검찰은 설명했다. 정씨가 빼돌린 파일은 249개에 이르며 빼돌린 정보는 동종업체인 LG전자 업무용 노트북에 옮겨 모토로라코리아에 피해를 주었다고 검찰은 밝혔다. 그는 지난 2005년 7월 19일 모토로라코리아에 입사해 무선통신장비 판매 영업을 담당하면서 업무상 비밀을 누설하지 않겠다는 서약을 한 바 있다고 검찰은 지적했다. 검찰 관계자는 "정씨가 빼돌린 영업비밀이 LG전자에서 활용됐는지는 확인되지 않았다"면서 "이직해 간 회사에 잘 보이고 싶어 범행을 저지른 것으로 보인다"고 말했다.

(출처: 파이낸셜 뉴스, 2011.8.26.)

11) 영업비밀 유출 OO사 전 간부 적발 사례

경쟁사에 영업비밀을 유출한 혐의로 기소된 전직 식품회사 간부에게 유죄가 선고됐다. 서울중앙지법 형사15단독 정OO 판사는 5일 회사 영업비밀을 유출한 혐의(업무상 배임 및 영업비밀 누설) 등으로 불구속 기소된 전 OO사 부장 김모 씨(52)에게 징역 1년에 집행유예

2년을 선고했다. 재판부는 "OO사가 오랜 기간 자금을 투입해 개발한 영업비밀을 경쟁사에 누출한 김씨의 행위는 죄질이 무겁다"고 밝혔다. 재판부는 다만 "회사측이 김씨가 25년 동안 회사에 근무하면서 바이오사업에 기여한 점 등을 들어 처벌을 원치 않은데다 유출한 영업비밀이 경쟁사에서 사용되지는 않은 것으로 보인다"고 양형이유를 설명했다. 25년간 OO사에서 근무한 김씨는 회사로부터 퇴직 압박을 받던 중 경쟁사인 B사에서 이직제의를 해오자 이를 승낙, 지난해 4월부터 7월까지 7차례에 걸쳐 영업비밀 7건을 B사에 건넨 혐의로 올해 2월 기소됐다.

(출처: 파이낸셜 뉴스, 2011.4.5.)

12) 국내 공병검사장비 핵심기술 일본기업에 빼돌린 일당 적발 사례

국내 공병검사장비 국산화 개발 전문 기업의 기술 및 영업비밀을 일본 유명 주류 제조업체 계열사로 빼돌린 일당이 경찰에 적발됐다. 서울지방경찰청 국제범죄수사대는 부정경쟁방지 및 영업비밀보호에 관한 법률위반 등의 혐의로 장모 씨(43) 등 2명을 입건, 조사 중이라고 5일 밝혔다. 경찰에 따르면 이들은 국내 공병검사장비 제조업체인 P사 영업이사 등으로 근무하던 지난 2007년 1월 동일한 장비를 생산하는 일본 주류 제조업체 계열사 K사로 이직, 설계도면 파일 등 핵심 기술정보를 노트북에 저장해 K사에 건넨 혐의를 받고 있다. 경찰조사 결과 이들이 빼돌린 도면은 이 회사의 5개 주종 품목 100여 장에 달하며 이 중 장씨는 기술 · 영업비밀을 유출키로 K사 측과 공모, 이직한 뒤 판매액의 10% 가량을 별도 인센티브로 챙겨온 것으로 드러났다. PET병과 유리병 등의 불량품을 가려내는 검사인 공병검사 장비를 제조하는 P사는 '기술혁신형 중소기업'으로 선정돼 한국산업은행으로부터 10억 원을 지원받는 등 유망 중소기업으로 평가받았으며 2002년 해당 기술 국산화에 성공했다. 경찰은 이전까지 국내 시장을 독점하던 K사 측이 P사의 해당 기술 국산화가 성공하면서 국내 영업이 위축되고 중국 시장에서도 충돌이 우려되자 장씨를 영입한 것으로 판단, 당시 K사 대표 F씨와 이 회사 한국 지점장인 일본인 O씨를 지명수배했다. P사 제조 장비는 국내 물량의 30%가량을 차지해 왔으나 기술 유출 이후에는 점유율이 10%대로 줄었으며 이로 인한 손실은 향후 5년간 4000억 원 상당에 이를 것이라고 경찰은 전했다. 경찰 관계자는 "유출된 정보에 대해 철저한 보안 관리가 이뤄졌지만 피의자들이 관리자 위치에 있다 보니 제대로 통제가 되지 않은 것 같다"고 말했다.

(출처: 파이낸셜 뉴스, 2011.4.5.)

(2) 영업비밀 침해 관련 판례

1) 전업금지가처분(대법원 2003.7.16. 자 2002마4380 결정)

[1] 근로자가 전직한 회사에서 영업비밀과 관련된 업무에 종사하는 것을 금지하지 않고서는 회사의 영업비밀을 보호할 수 없다고 인정되는 경우에는 구체적인 전직금지약정이 없다고 하더라도 부정경쟁방지 및 영업비밀 보호에 관한 법률 제10조 제1항에 의한 침해행위의 금지 또는 예방 및 이를 위하여 필요한 조치 중의 한 가지로서 그 근로자로 하여금 전직한 회사에서 영업비밀과 관련된 업무에 종사하는 것을 금지하도록 하는 조치를 취할 수 있다.

[2] 부정경쟁방지 및 영업비밀 보호에 관한 법률 제2조 제2호의 영업비밀이라 함은 공연히 알려져 있지 아니하고 독립된 경제적 가치를 가지는 것으로서, 상당한 노력에 의하여 비밀로 유지된 생산방법 · 판매방법 기타 영업활동에 유용한 기술상 또는 경영상의 정보를 말하는 것이고, 영업비밀침해금지를 명하기 위해서는 그 영업비밀이 특정되어야 할 것이지만, 상당한 정도의 기술력과 노하우를 가지고 경쟁사로 전직하여 종전의 업무와 동일 · 유사한 업무에 종사

하는 근로자를 상대로 영업비밀침해금지를 구하는 경우 사용자가 주장하는 영업비밀이 영업비밀로서의 요건을 갖추었는지의 여부 및 영업비밀로서 특정이 되었는지 등을 판단함에 있어서는, 사용자가 주장하는 영업비밀 자체의 내용뿐만 아니라 근로자의 근무기간, 담당업무, 직책, 영업비밀에의 접근 가능성, 전직한 회사에서 담당하는 업무의 내용과 성격, 사용자와 근로자가 전직한 회사와의 관계 등 여러 사정을 고려하여야 한다.

[3] 근로자가 회사에서 퇴직하지는 않았지만 전직을 준비하고 있는 등으로 영업비밀을 침해할 우려가 있어서 이를 방지하기 위한 예방적 조치로서 미리 영업비밀침해금지 및 전직금지를 구하는 경우에는 근로자가 회사에서 퇴직하지 않았다고 하더라도 실제로 그 영업비밀을 취급하던 업무에서 이탈한 시점을 기준으로 영업비밀 침해금지기간 및 전직금지기간을 산정할 수 있을 것이지만, 근로자가 회사에서 퇴직한 이후 전직금지를 신청하는 경우에는, 전직금지는 기본적으로 근로자가 사용자와 경쟁관계에 있는 업체에 취업하는 것을 제한하는 것이므로, 근로자가 영업비밀을 취급하지 않는 부서로 옮긴 이후 퇴직할 당시까지의 제반 상황에서 사용자가 근로자가 퇴직하기 전에 미리 전직금지를 신청할 수 있었다고 볼 특별한 사정이 인정되지 아니하는 이상 근로자가 퇴직한 시점을 기준으로 산정하여야 한다.

2) 기술생산 독점 사용 및 모조품 판매 금지가처분(대법원 1998. 6.9. 선고 98다1928 판결)

[1] 영업비밀의 '취득'은 문서, 도면, 사진, 녹음테이프, 필름, 전산정보처리조직에 의하여 처리할 수 있는 형태로 작성된 파일 등 유체물의 점유를 취득하는 형태로 이루어질 수도 있고, 유체물의 점유를 취득함이 없이 영업비밀 자체를 직접 인식하고 기억하는 형태로 이루어질 수도 있고, 또한 영업비밀을 알고 있는 사람을 고용하는

형태로 이루어질 수도 있는바, 어느 경우에나 사회통념상 영업비밀을 자신의 것으로 만들어 이를 사용할 수 있는 상태가 되었다면 영업비밀을 취득하였다고 보아야 하므로, 회사가 다른 업체의 영업비밀에 해당하는 기술정보를 습득한 자를 스카우트하였다면 특별한 사정이 없는 한 그 회사는 그 영업비밀을 취득하였다고 보아야 하고, 한편 영업비밀의 '사용'은 영업비밀 본래의 사용 목적에 따라 이를 상품의 생산 · 판매 등의 영업활동에 이용하거나 연구 · 개발사업 등에 활용하는 등으로 기업활동에 직접 또는 간접적으로 사용하는 행위로서 구체적으로 특정이 가능한 행위를 가리킨다고 할 수 있다.

[2] 신청인 회사의 대표이사로 재직하던 자가 부정경쟁방지법(1991.12.31. 법률 제4478호로 개정된 것) 시행일인 1992.12.15. 전에 피신청인 회사를 설립하여 대표이사에 취임하고, 피신청인 회사의 사업으로 신청인 회사가 제조 · 판매하는 스핀 팩 필터를 제조 · 판매할 목적으로, 신청인 회사에 재직하면서 그에 관한 자료에 접근할 수 있었거나 핵심기술을 알고 있었던 직원들을 신청인 회사에서 퇴직시키고 피신청인 회사에 입사하게 한 후 대표이사 자신 또는 위 직원들이 가지고 있던 자료 및 기술을 기초로 제조설비를 갖춘 경우, 피신청인 회사는 늦어도 그 무렵 위 영업비밀을 취득하였다는 이유로, 같은 법 부칙(1991.12.31.) 제2항에 따라 같은 법 제10조에 기한 금지가처분신청을 기각함.

3) 기술생산 독점 사용 및 모조품 판매 금지가처분(대법원 1996.2.13. 자 95마594 결정)

민법 제166조 제2항의 규정에 의하면 부작위를 목적으로 하는 채권의 소멸시효는 위반행위를 한 때로부터 진행한다는 점 및 부정경쟁방지법 제14조의 규정 내용 등에 비추어 보면, 부정경쟁방지법 제10조 제1항이 정한 영업비밀 침해행위의 금지 또는 예방을 청구할 수 있는 권리의 경우, 그 소멸시효가 진행하기 위하여는 일단 침해행위가 개시되어야 하고, 나아가 영업비밀 보유자가 그 침해행위에 의하여 자기의 영업상의 이익이 침해되거나 또는 침해될 우려가 있는 사실 및 침해행위자를 알아야 한다.

4) **가처분 이의**(대법원 1998.2.13. 선고 97다24528 판결)

[1] 영업비밀 침해행위를 금지시키는 것은 침해행위자가 침해행위에 의하여 공정한 경쟁자보다 유리한 출발 내지 시간절약이라는 우월한 위치에서 부당하게 이익을 취하지 못하도록 하고, 영업비밀 보유자로 하여금 그러한 침해가 없었더라면 원래 있었을 위치로 되돌아갈 수 있게 하는 데에 그 목적이 있으므로 영업비밀 침해행위의 금지는 공정하고 자유로운 경쟁의 보장 및 인적 신뢰관계의 보호 등의 목적을 달성함에 필요한 시간적 범위 내로 제한되어야 하고, 그 범위를 정함에 있어서는 영업비밀인 기술정보의 내용과 난이도, 영업비밀 보유자의 기술정보 취득에 소요된 기간과 비용, 영업비밀의 유지에 기울인 노력과 방법, 침해자들이나 다른 공정한 경쟁자가 독자적인 개발이나 역설계와 같은 합법적인 방법에 의하여 그 기술정보를 취득하는 데 필요한 시간, 침해자가 종업원(퇴직한 경우 포함)인 경우에는 사용자와의 관계에서 그에 종속하여 근무하였던 기간, 담당 업무나 직책, 영업비밀에의 접근 정도, 영업비밀보호에 관한 내규나 약정, 종업원이었던 자의 생계 활동 및 직업선택의 자유와 영업활동의 자유, 지적재산권의 일종으로서 존속기간이 정해져 있는 특허권 등의 보호기간과의 비교, 기타 변론에 나타난 당사자의 인적 · 물적 시설 등을 고려하여 합리적으로 결정하여야 한다.

[2] 영업비밀이 보호되는 시간적 범위는 당사자 사이에 영업비밀이 비밀로서 존속하는 기간이므로 그 기간의 경과로 영업비밀은 당연히 소멸하여 더 이상 비밀이 아닌 것으로 된다고 보아야 하는바, 그 기간은 퇴직 후 부정한 목적의 영업비밀 침해행위가 없는 평

온 · 공연한 기간만을 가리킨다거나, 그 기산점은 퇴직 후의 새로운 약정이 있는 때 또는 영업비밀 침해행위가 마지막으로 이루어진 때라거나, 나아가 영업비밀 침해금지 기간 중에 영업비밀을 침해하는 행위를 한 경우에는 침해기간만큼 금지기간이 연장되어야 한다고는 볼 수 없다.

5) **약정금**(대법원 1997.6.13. 선고 97다8229 판결)

회사가 다이아몬드공구의 제조공정에 있어서 일반적 지식 또는 기능이라고 할 수 없는 특수한 기술상의 비밀정보를 가지고 있고 이러한 비밀정보는 일종의 객관화된 지적재산이므로, 퇴직사원의 영업비밀 침해행위에 대하여 회사와의 사이에 침해행위 중지 및 위반 시 손해배상약정금을 정한 합의가 이루어진 경우, 그 합의서의 내용을 회사의 영업비밀을 지득하는 입장에 있었던 사원들에게 퇴직 후 비밀유지의무 내지 경업금지의무를 인정하는 것으로 해석하는 것이 직업선택의 자유에 관한 헌법규정에 반하지 않는다.

6) **손해배상**(대법원 1996.11.26. 선고 96다31574 판결)

[1] 부정경쟁방지법(1991.12.31. 법률 제4478호로 개정된 것. 1992.12.15. 시행) 부칙 제2항에 의하면 개정 부정경쟁방지법 시행 전에 영업비밀을 취득한 자가 같은 법 시행 후에 이를 사용하는 경우에는 같은 법에 저촉되지 않는 것이 명백하고, 이와 같이 부정경쟁방지법에 저촉되지 아니하는 행위가 신의칙상 영업비밀유지의무 위반이라는 등의 이유로 위법행위가 되기 위하여는 그것이 위법한 행위라고 볼 만한 특별한 사정이 있어야 한다.

[2] 일반적으로 타인의 불법행위 등에 의하여 재산권이 침해된 경우에는 그 재산적 손해의 배상에 의하여 정신적 고통도 회복된다고 보아야 할 것이므로, 영업비밀 침해행위로 인하여 영업매출액이 감소한 결과 입게 된 정신적 고통을 위자할 의무가 있다고 하기 위하

여는 재산적 손해의 배상에 의하여 회복할 수 없는 정신적 손해가 발생하였다는 특별한 사정이 있고 영업비밀 침해자가 그러한 사정을 알았거나 알 수 있었어야 한다.

7) **영업비밀 침해금지 등**(대법원 1996.12.23. 선고 96다16605 판결)

[1] 필기구 제조업체에 있어서 잉크제조의 원료가 되는 10여 가지의 화학약품의 종류, 제품 및 색깔에 따른 약품들의 조성비율과 조성방법에 관한 기술정보는 가장 중요한 경영요소 중의 하나로서, 그 기술정보가 짧게는 2년, 길게는 32년의 시간과 많은 인적, 물적 시설을 투입하여 연구 · 개발한 것이고, 생산 제품 중의 90% 이상의 제품에 사용하는 것으로서 실질적으로 그 기술정보 보유업체의 영업의 핵심적 요소로서 독립한 경제적 가치가 있으며, 그 내용이 일반적으로 알려져 있지 아니함은 물론 당해 업체의 직원들조차 자신이 연구하거나 관리한 것이 아니면 그 내용을 알기 곤란한 상태에 있어 비밀성이 있고, 당해 업체는 공장 내에 별도의 연구소를 설치하여 관계자 이외에는 그곳에 출입할 수 없도록 하는 한편 모든 직원들에게는 그 비밀을 유지할 의무를 부과하고, 연구소장을 총책임자로 정하여 그 기술정보를 엄격하게 관리하는 등으로 비밀관리를 하여 왔다면, 그 기술정보는 부정경쟁방지법 소정의 영업비밀에 해당하고, 당해 업체가 외국의 잉크제품을 분석하여 이를 토대로 이 사건 기술정보를 보유하게 되었다거나, 역설계가 허용되고 역설계에 의하여 이 사건 기술정보의 획득이 가능하다고 하더라도 그러한 사정만으로는 그 기술정보가 영업비밀이 되는 데 지장이 없다고 한 사례.

[2] 부정경쟁방지법 제2조 제3호 가목 전단에서 말하는 '부정한 수단'이라 함은 절취 · 기망 · 협박 등 형법상의 범죄를 구성하는 행위뿐만 아니라 비밀유지의무의 위반 또는 그 위반의 유인(誘引) 등 건

전한 거래질서의 유지 내지 공정한 경쟁의 이념에 비추어 위에 열거된 행위에 준하는 선량한 풍속 기타 사회질서에 반하는 일체의 행위나 수단을 말한다.

[3] 부정경쟁방지법 제2조 제3호 라목에서 말하는 '계약관계 등에 의하여 영업비밀을 비밀로서 유지할 의무'라 함은 계약관계 존속 중은 물론 종료 후라도 또한 반드시 명시적으로 계약에 의하여 비밀유지의무를 부담하기로 약정한 경우뿐만 아니라 인적 신뢰관계의 특성 등에 비추어 신의칙상 또는 묵시적으로 그러한 의무를 부담하기로 약정하였다고 보아야 할 경우를 포함한다.

[4] 필기구 제조업체의 연구실장으로서 영업비밀에 해당하는 기술정보를 습득한 자가 계약관계 및 신의성실의 원칙상 퇴사 후에도 상당 기간 동안 비밀유지의무를 부담함에도 불구하고 타 회사로부터 고액의 급여와 상위의 직위를 받는 등의 이익을 취하는 한편 타 회사로 하여금 잉크를 제조함에 있어서 그 기술정보를 이용하여 시간적 · 경제적인 면에서 이익을 얻게 하기 위하여 타 회사로 전직하여 타 회사에서 그 기술정보를 공개하고 이를 사용하여 잉크를 생산하거나 생산하려고 한 경우, 그러한 행위는 공정한 경쟁의 이념에 비추어 선량한 풍속 기타 사회질서에 반하는 부정한 이익을 얻을 목적에서 행하여진 것으로서 부정경쟁방지법 제2조 제3호 라목 소정의 영업비밀 유지의무 위반 행위에 해당한다고 본 사례.

[5] 위 [4]항에서 그 연구실장을 스카우트한 회사의 행위가 부정경쟁방지법 제2조 제3호 가목 소정의 영업비밀 부정취득행위에 해당한다고 본 사례.

[6] 부정경쟁방지법 시행 이전에 취득한 영업비밀을 같은 법 시행 후에 독자적으로 사용하는 행위는 같은 법 부칙 제2조 후단에 의하여 허용되나, 나아가 그 영업비밀을 공개하는 행위는 허용되지 아니한다.

[7] 영업비밀 침해행위를 금지시키는 것은 침해행위자가 그러한

침해행위에 의하여 공정한 경쟁자보다 '유리한 출발(headstart)' 내지 '시간절약(lead time)'이라는 우월한 위치에서 부당하게 이익을 취하지 못하도록 하고, 영업비밀 보유자로 하여금 그러한 침해가 없었더라면 원래 있었을 위치로 되돌아갈 수 있게 하는 데에 그 목적이 있다 할 것이므로, 영업비밀 침해행위의 금지는 이러한 목적을 달성함에 필요한 시간적 범위 내에서 기술의 급속한 발달상황 및 변론에 나타난 침해행위자의 인적·물적 시설 등을 고려하여 침해행위자나 다른 공정한 경쟁자가 독자적인 개발이나 역설계와 같은 합법적인 방법에 의하여 그 영업비밀을 취득하는 데 필요한 시간에 상당한 기간 동안으로 제한하여야 하고, 영구적인 금지는 제재적인 성격을 가지게 될 뿐만 아니라 자유로운 경쟁을 조장하고 종업원들이 그들의 지식과 능력을 발휘할 수 있게 하려는 공공의 이익과 상치되어 허용될 수 없다.

[8] 영업비밀 보유자에게 고용되어 영업비밀을 취득한 자가 그 영업비밀을 자신의 노트에 기재한 행위 자체는 영업비밀의 침해행위에 해당하지 아니하나, 타 회사에 스카우트되어 그 노트에 기재된 영업비밀을 이용하여 영업비밀 침해행위를 하고 있다면 그 노트는 부정경쟁방지법 제10조 제2항 소정의 '침해행위를 조성한 물건'에 해당한다는 이유로, 영업비밀 침해행위가 계속될 염려가 있다면 그 노트에 대한 폐기를 명할 수 있다고 한 사례.

[9] 영업비밀의 '침해행위를 조성한 물건'에 대한 폐기는 그 현존 여부를 밝힌 다음 그 소유자나 처분권한이 있는 자에게 명하여야 한다.

8) 전업금지 및 영업비밀 침해금지 가처분(서울지법 1997.6.17. 자 97카합758 결정)

[1] 사용자와 피용자 사이에 체결되는 전직금지약정은 일종의 경업금지약정으로서, 그 체결된 배경이나 그 내용 및 기간에 합리성

이 인정되는 경우에는 헌법상 보장된 직업 선택의 자유를 침해하지 않는 것으로서 공서양속 위반으로 볼 수 없다.

[2] 경업금지약정의 목적이 피용자로 하여금 퇴사 후 그가 취직 중 알게 된 판매방법 등에 관한 정보 및 고객 명단 등을 이용하여 동종의 영업 분야에서 일하거나 다른 경쟁 판매회사 등에 취업함으로써 결국 그가 소속했던 회사에 손해를 끼치는 행위를 막기 위한 것이라는 점, 금지기간이 1년으로서 그 피용자에게 과도한 제약이 되지 아니하는 점을 고려하여, 그 약정을 유효하다고 한 사례.

9) **손해배상**(서울지법 1997.2.14. **선고** 96**가합**7170 **판결**)

[1] 음료나 맥주의 용기에 내용물의 온도를 확인할 수 있는 열감지테이프나 열감지잉크 등의 온도감응수단을 부착하는 아이디어는 국내에서 사용된 바는 없다 할지라도 국외에서 이미 공개나 사용됨으로써 그 아이디어의 경제적 가치를 얻을 수 있는 자에게 알려져 있는 상태에 있었으므로, 온도테이프를 부착한 맥주 용기에 관한 아이디어는 부정경쟁방지법에서의 영업비밀이라고 볼 수 없다.

[2] 맥주회사가 온도감응잉크로 인쇄된 상표를 부착한 맥주를 생산하여 이를 광고함에 있어 그 사용한 문구가 피해자가 이전에 제출하여 회사가 현재도 소지하고 있는 제안서에 기재된 광고 문구와 동일하거나 유사하다면 비록 그 광고를 제3자가 제작한 것이라고 하더라도 맥주회사가 위 제안서를 보여주는 등으로 위 광고 문구 작성에 피해자의 제안이 참작되었다고 봄이 상당하다고 하여 피해자의 승낙 없이 그 광고 문구를 사용한 맥주회사의 손해배상책임을 인정한 사례.

10) **손해배상**(**대법원** 2004.9.23. **선고** 2002**다**60610 **판결**)

[1] 어느 발명이 특허발명의 권리범위에 속하는지를 판단함에 있어서 특허발명과 대비되는 발명이 공지의 기술만으로 이루어지거

나 그 기술분야에서 통상의 지식을 가진 자가 공지기술로부터 용이하게 실시할 수 있는 경우에는 특허발명과 대비할 필요도 없이 특허발명의 권리범위에 속하지 않게 된다.

[2] 부정경쟁방지 및 영업비밀 보호에 관한 법률 제2조 제2호의 영업비밀이라 함은 공연히 알려져 있지 아니하고 독립된 경제적 가치를 가지는 것으로서, 상당한 노력에 의하여 비밀로 유지된 생산방법 · 판매방법 기타 영업활동에 유용한 기술상 또는 경영상의 정보를 말한다 할 것이고, 여기서 공연히 알려져 있지 아니하다고 함은 그 정보가 간행물 등의 매체에 실리는 등 불특정 다수인에게 알려져 있지 않기 때문에 보유자를 통하지 아니하고는 그 정보를 통상 입수할 수 없는 것을 말하고, 보유자가 비밀로서 관리하고 있다고 하더라도 당해 정보의 내용이 이미 일반적으로 알려져 있을 때에는 영업비밀이라고 할 수 없다.

[3] 특허출원을 하기 위한 특허출원서에는 발명의 명세서와 필요한 도면 및 요약서를 첨부하여야 하고, 발명의 상세한 설명에는 그 발명이 속하는 기술분야에서 통상의 지식을 가진 자가 용이하게 실시할 수 있을 정도로 그 발명의 목적 · 구성 및 효과를 기재하여야 하며, 특허청구범위에는 발명이 명확하고 간결하게 그 구성에 없어서는 아니되는 사항을 기재하여야 하므로(특허법 제42조 제2항, 제3항, 제4항 참조), 그 기술분야에서 통상의 지식을 가진 자라면 누구든지 공개된 자료를 보고 실시할 수 있다 할 것이니, 특허출원된 발명에 대하여 영업비밀을 주장하는 자로서는 그 특허출원된 내용 이외의 어떠한 정보가 영업비밀로 관리되고 있으며 어떤 면에서 경제성을 갖고 있는지를 구체적으로 특정하여 주장 · 입증하여야 한다.

[4] 특허출원으로 공개된 제조기술 이외의 영업비밀로 주장하는 기술상 정보가 구체적으로 무엇인지 주장 · 증명되지 않았음에도 만연히 생산방법에 대한 정보를 영업비밀이라고 인정한 원심을 파기한 사례.

11) 전업금지 및 영업비밀 침해행위 금지가처분(서울지법 1995. 3.27. 자 94카합12987 결정)

[1] 해외로부터 도입 개량한 제조기술 등의 정보를 영업비밀로 인정하여, 기술부장으로 근무하다가 별다른 사유 없이 동종 제품생산에 신규 참여한 경쟁회사의 이사로 전직한 경우에 그 영업비밀 침해를 금지함과 아울러 이를 위하여 필요한 조치로서 동종 제품 제조·판매 및 그 보조 업무에 종사하거나 종사하게 하는 것을 금지한 사례.

[2] 영업비밀을 가지고 있는 자로 하여금 동종 업체에 전직하는 것 자체를 금지시키는 것은 영업비밀 침해행위에 대한 금지 또는 예방 청구권의 범위를 넘는 것으로서 영업비밀을 보호하기 위한 적절한 조치라고 볼 수 없을 뿐만 아니라 영업비밀을 가지고 있는 자의 인격을 과도하게 침해하는 결과로 되어 헌법상 직업선택의 자유에 대한 본질적인 침해가 될 것이나, 부정경쟁방지법상의 영업비밀에 관한 규정의 취지 및 내용, 영업비밀을 보호할 필요성이 있는 상태에 있고 영업비밀을 보호하기 위하여 많은 노력을 기울인 점, 영업비밀을 가지고 있는 자가 동종 업체에서 동종 제품 제조 등 업무에 종사하는 것을 금지하지 않고서는 영업비밀을 보호할 수 없는 점 등에 비추어 보면, 영업비밀을 보호하기 위하여 영업비밀을 가지고 있는 자를 경쟁 동종 업체의 동종 제품 제조·판매 및 그 보조업무에 종사하지 못하게 하는 것이 헌법상 직업선택의 자유를 본질적으로 침해하는 것이라고 볼 수 없다.

12) 특정경제범죄가중처벌 등에 관한 법률 위반·부정경쟁방지 및 영업비밀 보호에 관한 법률 위반(대법원 2003.10.30. 선고 2003도4382 판결)

[1] 업무상배임죄는 업무상 타인의 사무를 처리하는 자가 그 임무에 위배하는 행위로써 재산상의 이익을 취득하거나 제3자로 하여금

이를 취득하게 하여 본인에게 손해를 가한 때에 성립하는 것이고, 여기에서 본인에게 "재산상의 손해를 가한 때"라 함은 현실적인 손해를 가한 경우뿐만 아니라 재산상 실해 발생의 위험을 초래한 경우도 포함된다.

[2] 업무상배임죄의 실행으로 인하여 이익을 얻게 되는 수익자 또는 그와 밀접한 관련이 있는 제3자를 배임의 실행행위자와 공동정범으로 인정하기 위하여는 실행행위자의 행위가 피해자 본인에 대한 배임행위에 해당한다는 것을 알면서도 소극적으로 그 배임행위에 편승하여 이익을 취득한 것만으로는 부족하고, 실행행위자의 배임행위를 교사하거나 또는 배임행위의 전 과정에 관여하는 등으로 배임행위에 적극 가담할 것을 필요로 한다.

[3] 회사직원이 영업비밀을 경쟁업체에 유출하거나 스스로의 이익을 위하여 이용할 목적으로 무단으로 반출한 때 업무상배임죄의 기수에 이르렀다고 할 것이고, 그 이후에 위 직원과 접촉하여 영업비밀을 취득하려고 한 자는 업무상배임죄의 공동정범이 될 수 없다고 한 사례.

13) 특정경제범죄 가중처벌 등에 관한 법률 위반 · 부정경쟁방지법 위반(대법원 1999.3.12. 선고 98도4704 판결)

[1] 영업비밀을 취득함으로써 얻는 이익은 그 영업비밀이 가지는 재산가치 상당이고, 그 재산 가치는 그 영업비밀을 가지고 경쟁사 등 다른 업체에서 제품을 만들 경우, 그 영업비밀로 인하여 기술개발에 소요되는 비용이 감소되는 경우의 그 감소분 상당과 나아가 그 영업비밀을 이용하여 제품생산에까지 발전시킬 경우 제품판매 이익 중 그 영업비밀이 제공되지 않았을 경우의 차액상당으로서 그러한 가치를 감안하여 시장경제원리에 의하여 형성될 시장교환가격이다.

[2] 영업비밀이라 함은 일반적으로 알려져 있지 아니하고 독립된

경제적 가치를 가지며, 상당한 노력에 의하여 비밀로 유지·관리된 생산방법, 판매방법 기타 영업활동에 유용한 기술상 또는 경영상의 정보를 말하고, 영업비밀의 보유자인 회사가 직원들에게 비밀유지의 의무를 부과하는 등 기술정보를 엄격하게 관리하는 이상, 역설계가 가능하고 그에 의하여 기술정보의 획득이 가능하더라도, 그러한 사정만으로 그 기술정보를 영업비밀로 보는 데에 지장이 있다고 볼 수 없다.

[3] 배임죄는 타인의 사무를 처리하는 자가 그 임무에 위배하는 행위로써 재산상 이익을 취득하거나 제3자로 하여금 이를 취득하게 하여 본인에게 손해를 가함으로써 성립하는바, 이 경우 그 임무에 위배하는 행위라 함은 사무의 내용, 성질 등 구체적 상황에 비추어 법률의 규정, 계약의 내용 혹은 신의칙상 당연히 할 것으로 기대되는 행위를 하지 않거나 당연히 하지 않아야 할 것으로 기대되는 행위를 함으로써 본인과 사이의 신임관계를 저버리는 일체의 행위를 포함하는 것이므로, 기업의 영업비밀을 사외로 유출하지 않을 것을 서약한 회사의 직원이 경제적인 대가를 얻기 위하여 경쟁업체에 영업비밀을 유출하는 행위는 피해자와의 신임관계를 저버리는 행위로서 업무상배임죄를 구성한다.

14) 업무상배임·부정경쟁방지 및 영업비밀 보호에 관한 법률 위반(대법원 2006.10.27. 선고 2004도6876 판결)

[1] 배임죄는 타인의 사무를 처리하는 자가 그 임무에 위배하는 행위로써 재산상 이익을 취득하거나 제3자로 하여금 이를 취득하게 하여 본인에게 손해를 가함으로써 성립하는바, 이 경우 그 임무에 위배하는 행위라 함은 사무의 내용, 성질 등 구체적 상황에 비추어 법률의 규정, 계약의 내용 혹은 신의칙상 당연히 할 것으로 기대되는 행위를 하지 않거나 당연히 하지 않아야 할 것으로 기대되는 행위를 함으로써 본인과 사이의 신임관계를 저버리는 일체의 행위를

포함하는 것이므로, 회사의 영업비밀을 사외로 유출하지 않을 것을 서약한 그 직원이 경제적인 대가를 얻기 위하여 경쟁업체에 영업비밀을 유출하는 행위는 회사와의 신임관계를 저버리는 행위로서 업무상 배임죄를 구성한다.

[2] 영업비밀이라 함은 일반적으로 알려져 있지 아니하고 독립된 경제적 가치를 가지며, 상당한 노력에 의하여 비밀로 유지·관리된 생산방법, 판매방법 기타 영업활동에 유용한 기술상 또는 경영상의 정보를 말한다.

[3] 배임죄에서 본인에게 손해를 가한 때라 함은 총체적으로 보아 본인의 재산상태에 손해를 가한 경우를 말하고, 실해 발생의 위험을 초래케 한 경우도 포함하는 것이므로 손해액이 구체적으로 명백하게 산정되지 않았더라도 배임죄의 성립에는 영향이 없다고 할 것이다.

V 영업비밀의 침해 구제

1. 영업비밀 침해에 대한 민사적 구제

영업비밀 침해에 대한 민사적 구제 방법은 1) 침해 금지 및 예방청구권, 2) 전직금지 청구권, 3) 폐기, 제거 등 청구권, 4) 손해배상청구권, 5) 신용회복 청구권, 6) 부당이득반환 청구원, 7) 비밀유지명령 청구권 등이 있다.

(1) 침해 금지 및 예방청구권

침해 금지 및 예방청구권은 침해행위를 즉시 중지시키거나 예방할 수 있는 가장 직접적이고 효과적인 수단이다. 청구하기 위한 요건은 영업상의 이익이 침해되거나 침해될 우려가 있는 경우 행사할 수 있다. 금지 및 예방청구권의 청구권자는 영업비밀의 보유자이다.

청구권의 내용은 다음과 같다.

① 금지 청구

특정한 제품의 생산을 일정기간 중지하거나 완성제품의 배포, 판매 금지를 청구할 수 있다.

② 예방 청구

예방 청구는 현실적으로 침해행위가 이루어지고 있는 것은 아니나, 장래 발생할 가능성이 상당히 있는 경우에 인정된다.

(2) 전직금지 청구권

영업비밀 침해의 대다수 사건들은 퇴직 근로자들이 전 고용자의 정보를 임의로 새 직장에서 사용하는 경우인데, 이처럼 기술을 개발하는 데 많은 시간과 자원을 투자하였지만 퇴직 근로자들이 영업비밀을 지키지 않는다면 기업은 더 이상 연구 개발에 투자를 하지 않을 것이다. 따라서 근로자의 직업선택의 자유를 최대한 보장하면서 한편으로는 이전 직장의 영업비밀을 적절히 보호하기 위해서 전직금지 약정이 필요하다.

판례상 전직금지청구의 허용기준은 다음과 같다.

① 당사자 간의 전직 또는 전직금지의 약정이 있는 경우

약정 내용과 금지 기간에 합리성이 인정되어 전직금지 약정이 유효한 경우는 퇴직 후 경쟁업체로의 전직금지 청구가 인정된다.

② 당사자 간의 전직금지의 약정이 없는 경우

전직한 회사에서 영업비밀과 관련된 업무에 종사하는 것을 금지하지 않고서는 회사의 영업비밀을 보호할 수 없다고 인정되는 경우에는 구체적인 전직금지 약정이 없다고 하더라도 영업비밀보호법 제10조 제1항에 의한 침해행위 금지 또는 예방과 이를 위하여 필요한 조치 중의 한 가지로서 그 근로자로 하여금 전직한 회사에서 영업비밀과 관련된 업무에 종사하는 것을 금지하도록 하는 조치를 취할 수 있다.

(3) 폐기, 제거 등 청구권

영업비밀을 침해한 자의 수중에 침해행위를 조성한 물건이나 침해행위에 제공된 설비를 그대로 둔다면 또다시 침해 행위를 할 우려가 있으므로, 장래의 침해행위를 금하는 것만으로 영업비밀 보유자의 이익을 충분히 보호할 수 없다. 이에 영업비밀보호법 제10조 제2항은 금지 및 예방청구와 더불어 폐기, 제거 청구를 인정하고 있다.

청구 대상은 다음과 같다.

① 폐기 및 제거청구의 대상이 되는 침해행위를 조성한 물건

부정취득한 영업비밀이 포함되어 있는 사양서, 실험데이터, 고객명단 그리고 부정취득한 영업비밀을 이용하여 만든 제품 등이다.

② 침해행위에 제공된 설비

부정취득행위에 제공된 도청기나 부정사용행위에 제공된 제조기계, 종업원 교육 매뉴얼 등이다

(4) 손해배상 청구권

영업상 이익을 침해하여 손해를 입힌 경우로 청구요건은 다음과 같다.

① 고의, 과실에 의해 영업비밀 침해행위가 발생하여야 한다.
② 영업비밀보유자의 영업상의 이익이 침해되어야 한다.

손해 배상 범위는 다음과 같이, 적극적 손해의 경우 기존 재산의 감소를 뜻한다. 이는 영업비밀의 침해행위를 조사하거나 포착하기

위하여 지출한 비용이나 침해의 제거나 방지를 위하여 지출한 비용 또는 변호사 비용 등이다. 소극적 손해의 경우 장래 얻을 수 있는 이익의 상실로서, 영업비밀을 사용한 제품의 판매를 통하여 얻을 수 있었던 이익이 판매수량의 감소에 의하여 상실된 경우를 말한다. 정신적 손해는 재산적 손해 배상에 의하여 회복할 수 없는 손해이다.

(5) 신용회복 청구권

영업비밀 침해행위에 대한 사후적인 구제조치로서 손해배상 청구권이 인정되지만, 영업상 신용이 실추된 경우에는 손해배상 청구에 갈음하거나 함께 영업상의 신용을 회복하는 데 필요한 조치를 청구할 수 있다. 침해 행위자의 고의 또는 과실, 영업비밀 침해행위가 있을 것, 영업상 신용의 실추 및 손해배상 이외의 별도의 신용회복조치가 필요하다. 신용회복 청구를 인정할 것인지의 판단은 침해행위 당시를 기준으로 한다.

(6) 부당이득반환 청구권

법률상 원인 없이 타인의 영업비밀로 인하여 이익을 얻고 그로 인하여 영업비밀보유자에게 손실을 가한 자는 그 이익을 반환하여야 한다. 영업비밀 침해로 인한 부당이득반환 청구권이 성립하기 위해서는 ① 영업비밀이용자에게 고의 · 과실이 없으며, ② 법률상의 원인이 없으며, ③ 영업비밀보유자의 영업비밀로 인하여 이익을 얻으며, ④ 영업비밀보유자에게 손실이 발생하였어야 한다. 이 경우 타인에게 영업비밀의 이용으로 손실을 입을 경우 이용자에게 손실 보전을 위하여 그 손실을 한도로 이득의 반환을 법원에 청구할 수 있으며, 반환은 현물반환이 원칙이고, 현물반환이 어려울 경우에는 금액을 환산하여 반환하여야 한다.

(7) 비밀유지명령 청구권

영업비밀 관련 소송에서 침해를 주장하는 과정에서 제출하고자 하는 준비서면이나 증거의 내용에 영업비밀이 포함되는 경우가 있는데, 이 경우 당해 영업비밀을 보유한 당사자는 상대방 당사자에 의하여 이를 소송수행 목적 이외의 목적으로 사용하거나 제3자에게 공개하는 것으로 인하여 사업활동에 지장이 발생할 우려가 있다. 이러한 우려에서 당해 영업비밀을 소송에서 표현하는 것을 주저하여 충분한 주장입증을 다할 수 없는 사태가 발생할 수 있다. 이를 보호하기 위해 비밀유지명령제도가 2011.12. 개정법에서 도입되었다.

모든 영업비밀이 비밀유지명령의 대상이 되는 것은 아니다. 이미 제출하였거나 제출하여야 할 준비서면의 열람이나 이미 조사하였거나 조사하여야 할 증거조사 이외의 방법으로 비밀유지명령 신청 이전에 이미 취득한 영업비밀은 비밀유지명령의 대상이 되지 않는다. 준비서면의 열람이나 조사 증거에 의하여 비밀유지명령 신청 이후에 취득한 영업비밀만이 비밀유지명령의 대상이 된다. 비밀유지명령에 의하여 금지되는 행위는 그 영업비밀을 해당 소송의 계속적인 수행 외의 목적으로 사용하거나, 비밀유지명령을 받은 자 이외의 자에게 영영비밀을 공개하는 행위이다. 그렇다면 해당 소송수행목적에서의 영업비밀 사용 행위는 비밀유지명령 대상에서 제외된다. 한편 비밀유지명령에 위반하여 당해 영업비밀을 사용 또는 공개하는 경우에는 형사법의 대상이 된다. 유의할 점은 비밀유지명령의 경우 영업비밀 침해죄 구성요소인 부정한 이익을 얻거나 기업에 손해를 입힐 목적을 필요로 하지 않는다는 것이다.

2. 영업비밀 침해에 대한 형사적 구제방법

영업비밀 침해행위에 대한 형사벌이 영업비밀보호법 제18조에 규정되어 있다.85) 동 규정은 2004년 1월 20일 개정을 시작으로 우리나라의 영업비밀을 보호하기 위하여 그동안 논란이 많았던 형사적 처벌 및 보호대상 확대, 친고죄 폐지 등이 주요 개정 내용이다. 법의 내용을 살펴보면, 영업비밀 침해행위자는 "누구든지", 즉 기업의 내부자뿐만 아니라 기업의 외부자, 제3자, 개인, 법인 모두 영업비밀 침해행위의 주체로서 처벌할 수 있다. 기업의 전·현직 임원

85) 제18조(벌칙) ① 부정한 이익을 얻거나 영업비밀 보유자에게 손해를 입힐 목적으로 그 영업비밀을 외국에서 사용하거나 외국에서 사용될 것임을 알면서 취득·사용 또는 제3자에게 누설한 자는 10년 이하의 징역 또는 1억 원 이하의 벌금에 처한다. 다만, 벌금형에 처하는 경우 위반행위로 인한 재산상 이득액의 10배에 해당하는 금액이 1억 원을 초과하면 그 재산상 이득액의 2배 이상 10배 이하의 벌금에 처한다.
② 부정한 이익을 얻거나 영업비밀 보유자에게 손해를 입힐 목적으로 그 영업비밀을 취득·사용하거나 제3자에게 누설한 자는 5년 이하의 징역 또는 5천만 원 이하의 벌금에 처한다. 다만, 벌금형에 처하는 경우 위반행위로 인한 재산상 이득액의 10배에 해당하는 금액이 5천만 원을 초과하면 그 재산상 이득액의 2배 이상 10배 이하의 벌금에 처한다.
③ 다음 각 호의 어느 하나에 해당하는 자는 3년 이하의 징역 또는 3천만 원 이하의 벌금에 처한다.
1. 제2조 제1호(아목부터 차목까지는 제외한다)에 따른 부정경쟁행위를 한 자
2. 제3조를 위반하여 다음 각 목의 어느 하나에 해당하는 휘장 또는 표지와 동일하거나 유사한 것을 상표로 사용한 자
   가. 파리협약 당사국, 세계무역기구 회원국 또는 「상표법 조약」 체약국의 국기·국장, 그 밖의 휘장
   나. 국제기구의 표지
   다. 파리협약 당사국, 세계무역기구 회원국 또는 「상표법 조약」 체약국 정부의 감독용·증명용 표지
④ 다음 각 호의 어느 하나에 해당하는 자는 1년 이하의 징역 또는 1천만 원 이하의 벌금에 처한다.
1. 제9조의7 제1항을 위반하여 원본증명기관에 등록된 전자지문이나 그 밖의 관련 정보를 없애거나 훼손·변경·위조 또는 유출한 자
2. 제9조의7 제2항을 위반하여 직무상 알게 된 비밀을 누설한 사람
⑤ 제1항과 제2항의 징역과 벌금은 병과(倂科)할 수 있다.

또는 직원이 계약이나 사규 등에 의하여 영업비밀에 대한 비밀유지 의무가 있음에도 불구하고 이를 위반하여 그 영업비밀을 누설하는 행위를 규율할 수 있다. 영업비밀 보호객체는 "그 기업에 유용한 영업비밀"로서, 기술정보뿐만 아니라 고객리스트, 판매계획 등 경영상의 정보도 형사벌의 보호객체가 된다. 국내에서 "영업비밀을 취득 · 사용하거나 제3자에게 누설하는 행위"인 국내 침해죄는 "5년 이하의 징역 또는 5천만 원 이하의 벌금(단, 벌금형에 처할 경우 재산상 이득액의 10배 금액이 5천만 원을 초과하면 그 재산상 이득액의 2배 이상 10배 이하)" 및 "외국에서 사용하거나, 외국에서 사용될 것임을 알고 제3자에게 누설하는 행위"인 국외 침해죄는 "10년 이하의 징역 또는 1억 원 이하의 벌금(단, 벌금형에 처할 경우 재산상 이득액의 10배 금액이 1억 원을 초과하면 그 재산상 이득액의 2배 이상 10배 이하)"에 처하고, 징역형과 벌금형은 병과할 수 있다. 국내 및 국외 영업비밀침해죄의 미수범도 처벌하며, 국내 침해죄를 범할 목적으로 예비 · 음모한 자는 2년 이하의 징역 또는 1천만 원 이하의 벌금에 처하고, 국외 침해죄를 범할 목적으로 예비 · 음모한 자는 3년 이하의 징역 또는 2천만 원 이하의 벌금에 처한다.

(1) 형사적 대응의 전개

침해 대상 기술이 영업비밀에 해당하는 경우 일정 행위에 대해 영업비밀보호법 위반죄로 처벌할 수 있다. 영업비밀이 기록되어 있는 저장매체 등의 절취행위는 절도죄로, 영업비밀 유지의무를 부담하는 자의 배신행위는 배임죄로 처벌 가능하다.

영업비밀 침해행위에 관한 법률을 두고 있는 모든 국가가 영업비밀 침해행위에 대한 별도의 형사처벌 규정을 두고 있는 것은 아니지만 우리나라의 경우 영업비밀보호법의 입법 초기부터 형사처벌 규정을 두고 있다. 또한 우리나라 영업비밀보호법은 모든 영업비밀에 대하여 형사적 처벌을 인정한 것이 아니라 기술보호 필요성 유무에 따라 일정 형태의 영업비밀에 대하여만 형사처벌 규정을 두고 있다.

(2) 영업비밀보호법상 형사처벌 규정의 변화

종전에는 보호대상인 영업비밀을 기술상의 영업비밀로 한정하였으나 경영상의 영업비밀을 추가하여 보호대상을 확대하였다. 처벌대상을 '현직 임직원'에서 전 · 현직 임직원으로 확대하였다. '3년 이하의 징역 또는 3천만 원 이하의 벌금'에서 현재는 침해행위에 따라 '10년 이하의 징역 또는 그 재산상 이득액의 2배 이상 10배 이하에 상당하는 벌금'으로 처벌 형량을 강화하였다. 또한 형사처벌 대상이 되는 침해행위에 대하여 기존에는 미수범이나 예비, 음모 행위에 대한 처벌 규정을 두고 있지 않았으나, 2004년 개정법을 통하여 이러한 행위도 처벌할 수 있도록 하였다.

(3) 영업비밀 부정취득, 사용, 누설죄의 구성요건

영업비밀을 부정하게 취득, 사용하거나 제3자에게 누설하는 행위를 세 가지 유형을 규정하고 있다. 영업비밀보호법을 위반하는 자는 영업비밀을 취득, 사용, 누설하는 행위를 하고 있고, 취득, 사용, 누설하는 정보가 영업비밀이라는 사실에 대한 고의가 필요하다.

1) 예비, 음모

경쟁사의 영업비밀을 훔치기 위해서 경쟁사 사무실 내의 영업비밀 보관 장소를 탐색하는 등의 사전 준비를 하였지만, 이후 침해행위가 실행착수에 이르지 않은 경우에는 예비 또는 음모로 처벌한다.

2) 미수 및 기수

침해가 완료되지 않고 실행착수 단계에 머물렀다면 미수범으로 처벌할 수 있다. 미수범의 형은 침해가 완료된 경우보다 경감할 수 있다. 침해가 완료된 경우 기수에 이르러 기수범으로 처벌할 수 있다. 영업비밀을 불법하게 취득한 행위의 경우 보유자를 배제한 시점에 기수가 되며, 부정공개의 경우에는 제3자에게 누설한 시점에 기수가 된다.

(4) 일반 형법에 의한 대응

1) 배임죄

배임죄는 타인의 사무를 처리하는 자가 그 임무에 위배하는 행위로 재산상의 이익을 취득하거나 제3자로 하여금 이를 취득하도록 하여 본인에게 손해를 가하는 것을 내용으로 하는 범죄이다. 특히 재산권을 보호법익으로 하고 침해 행위가 본인과의 신임관계 또는 신의성실 의무를 위배한다는 점에서 사기죄와 비슷하다. 다만 사기죄는 신임관계의 침해, 즉 기망행위를 벌하는 것인 데 반하여, 배임죄는 기존의 신임관계를 전제로 하여 이를 침해하는 일체의 행위를 벌하는 것이다. 배임행위는 본인과의 사이의 신임관계를 저버리는 일체의 행위를 포함하는 것으로, 그러한 행위가 법률상 유효한지 여부는 따지지 않고 배임행위가 영업비밀보호법 위반 행위에 해당하여야 하는 것도 아니기 때문에 종업원이 자료를 회사 몰래 유출한다면 이는 영업비밀 해당 여부를 떠나 회사와의 신뢰관계를 저버리는 행위로 배임죄로 처벌받을 수 있다. 따라서 유출 자료가 영업비밀에 해당하는지 입증하는 데 실패한 경우나 입증하기 곤란한 경우에는 유출자료가 영업상 중요한 자산임을 주장하여 배임죄로 처벌할 수 있다.

2) 절도죄

절도죄는 타인의 재물을 타인의 의사에 반하여 훔친 자를 처벌하는 것을 내용으로 하는 범죄이다. 소유권을 보호법익으로 하는 죄로, 재물만을 객체로 하는 순수한 재물죄에 해당한다. 배임죄가 재산상의 이익을 객체로 하는 것에 반하여 절도죄는 재물을 객체로 한다.

3. 영업비밀 선의 취득자에 대한 특례

부정경쟁방지 및 영업비밀보호에 관한 법률 제13조[86]는 영업비밀 선의 취득자에 대한 특례를 규정하고 있다. 동 규정은 영업비밀에 관한 거래의 안전성을 확보하기 위한 것으로, 정상적인 거래에 의하여 영업비밀을 취득한 자의 사용·공개행위에 대하여 영업비밀 침해로 인정할 경우 정상적인 기술거래가 위축되는 것을 방지하기 위한 규정이다. 즉, 영업비밀 취득시점에는 고의 또는 중과실이 없었지만 나중에 피해자인 영업비밀 보유자로부터 경고장 등을 받음으로써 그 후부터 영업비밀 침해행위의 존재에 대하여 알게 된 자(사후적 악의자)를 구제하기 위하여 마련한 특칙이다.

한편 법 제13조에 의하여 보호받을 수 있는 자는 "거래에 의하여 영업비밀을 정당하게 취득한 자"이다. "거래"라 함은 매매 기타의 양도계약, 라이선스 계약, 증여계약 등을 모두 포함하며 법률상의

86) 제13조(선의자에 관한 특례) ① 거래에 의하여 영업비밀을 정당하게 취득한 자가 그 거래에 의하여 허용된 범위에서 그 영업비밀을 사용하거나 공개하는 행위에 대하여는 제10조부터 제12조까지의 규정을 적용하지 아니한다. ② 제1항에서 "영업비밀을 정당하게 취득한 자"란 제2조 제3호 다목 또는 바목에서 영업비밀을 취득할 당시에 그 영업비밀이 부정하게 공개된 사실 또는 영업비밀의 부정취득행위나 부정공개행위가 개입된 사실을 중대한 과실 없이 알지 못하고 그 영업비밀을 취득한 자를 말한다.

전형적인 거래뿐만 아니라 비전형적인 사실상의 거래 행위를 포함한다. "영업비밀을 정당하게 취득한 자"라 함은 법 제2조 제3호 다목 및 바목의 규정에서 영업비밀을 취득할 당시에 그 영업비밀이 부정하게 공개된 사실 또는 영업비밀의 부정취득행위가 개입된 사실을 중대한 과실 없이 알지 못하고, 그 영업비밀을 취득한 자를 말한다. 즉, 영업비밀의 취득자가 영업비밀을 취득할 당시에 선의이며 중대한 과실이 없어야 함을 의미한다. "중대한 과실"이라 함은, 거래에 있어서 평균적으로 요구되는 통상의 주의의무를 다하면 부정취득 또는 공개행위가 개입된 것을 쉽게 알 수 있는데도 불구하고 그러한 주의를 현저히 게을리한 것을 말한다.

그리고 선의자 보호범위는 "그 거래에 의하여 허용된 범위 내에서"이다. "그 거래"란 거래의 내용에 따라 정당하게 취득한 권리의 범위 내를 뜻한다. 따라서 허용된 범위를 넘어서 부당하게 이익을 꾀하거나 영업비밀보유자에게 손해를 끼칠 의도를 가지고 사용 또는 공개하는 행위는 침해행위로 되어 침해금지청구 등의 대상이 된다.

따라서 선의자에 대한 특례 규정은 영업비밀 취득 시 그 영업비밀이 부정하게 공개된 사실 또는 영업비밀의 부정취득행위나 부정공개행위가 개입된 사실을 중대한 과실 없이 알지 못하고, 거래에 의하여 영업비밀을 취득한 자가 그 거래에 의하여 허용된 범위 안에서 영업비밀을 사용하거나 공개하는 행위에 대하여는 금지 또는 예방청구권, 손해배상청구권 및 신용회복청구권 등의 규정을 적용하지 아니한다.

4. 산업기술 보호의 의의와 필요성

(1) 산업기술 보호 필요성

로봇, 통신기기, 바이오테크놀로지, 마이크로일렉트로닉스, 우주

관련 기기, 반도체 등 첨단기술은 영업기밀과 매우 밀접한 관계에 있어 기업과 국가는 첨단기술일수록 이를 영업기밀로 보호하려고 하며, 첨단기술의 유출은 기업과 국가 경쟁력의 하락을 가져와 결국에는 회사의 존폐를 불러오고 막대한 국부유출을 불러오기도 한다. 이렇듯 기업의 경쟁력은 다른 기업체보다 많은 첨단기술을 보유하느냐에 달려 있다고 해도 지나치지 않다. 이처럼 기업은 다른 기업이나 국가들이 보유하고 있는 첨단기술을 어떻게 해서든지 보유하려고 하면서 때로는 정당하지 못한 방법을 동원하기도 한다. 이렇게 기업과 기업 간 심지어는 국가와 국가 간에는 첨단기술의 비교우위를 차지하기 위하여 치열한 정보전을 펼치고 있다. 그런데 이러한 첨단기술은 국내유출도 문제가 되지만 만일 국외로 유출된다면 이는 심각한 국부유출을 가져온다. 그래서 첨단기술의 국내유출은 물론 국외유출을 철저히 차단하여야 할 필요성이 존재하게 된다. 이처럼 첨단기술의 유출은 기술 개발을 위하여 많은 연구비용과 끊임없는 노력을 기울인 기업에게 끼치는 손해가 엄청나다. 첨단기술의 유출로 인한 피해는 수백억 원에서 수천억 원에 이르고 심지어는 수조 원에 달하는 막대한 피해를 발생시키는 경우도 적지 않다. 특히 기업이 첨단기술을 자체개발하려면 막대한 연구 인력은 물론이고 많은 자금과 시간이 소요된다. 그래서 기업이나 국가는 손쉽게 첨단기술을 확보할 수 있는 정보, 기밀획득에 관심을 기울이고 산업스파이를 동원하여 이를 획득하려고 한다. 즉, 첨단기술의 개발에 필요한 시간과 막대한 자금을 투입하지 않고도 불로소득으로 기술을 획득하려고 온갖 수단을 동원하고 있는 것이다. 특히 우리나라의 주요경쟁국이라고 할 수 있는 중국과 대만은 물론, 경제강국인 일본, 유럽 국가 등 대부분의 국가들이 우리의 최첨단 기술에 눈독을 들이고 우리의 첨단기술을 빼내기 위해 수단과 방법을 총동원하고 있다. 외국기업과 국가들은 직접 해당 기업에 산업스파이를 침투시키거나 기업 간 공동연구, 기술제휴, 합작투자 등의 방법을 사용하여 기술을 빼내가기도 한다.

2010년 이후 국가정보원에 따른 산업기술 유출 적발 · 검거건수가 빠르게 증가하여 2014년까지 229건이 적발되었다.[87] 그 내용을 살펴보면 과거 대기업 · IT 분야 중심에서 최근 중소기업 · 정밀기계 분야까지 확대되었으며, 유출대상은 중소기업 64%, 대기업 16%, 기타 공공연구기관 등이 20%를 차지하였다. 특히 유출분야에 대해 자세히 살펴보면, 2005년에서 2009년까지는 전기전자(49%), 정보통신(20%)이 대부분이었으나, 2010년 이후에는 정밀기계(34%), 전기전자(26%), 정보통신(14%) 등으로 확산되는 경향을 보이고 있다. 아울러 경찰청의 기술유출 사범 검거는 2010년 40건에서 2014년 111건으로 크게 증가하였다.

(2) 산업기술보호법[88]의 기본체계

산업기술의 부정한 유출을 방지하고 산업기술을 보호함으로써 국내산업의 경쟁력을 강화하고 국가의 안전보장과 국민경제의 발전에 이바지함을 목적으로 「산업기술의 유출방지 및 보호에 관한 법률」이 제정되었다. 산업기술보호법은 크게 4가지로 구분된다. ① 산업기술의 유출방지 및 보호정책의 수립과 시행, ② 산업기술의 유출방지와 관리, ③ 산업기술보호의 기반구축과 산업보안기술의 개발 · 지원, ④ 보칙 · 벌칙 등으로 구성되어 있다. 보칙인 제23조

87) 산업기술 해외유출 적발 및 기술유출 사범 검거 실적

구 분	2010년	2011년	2012년	2013년	2014년
해외유출 적발(국가정보원)	41	46	30	49	63
기술유출 사범 검거 (경찰청)	40	84	140	97	111

88) 산업통상자원부 소관 법령으로 「산업기술의 유출방지 및 보호에 관한 법률」의 약칭이다.

제1항에 산업기술 유출 분쟁에 대한 신속한 조정을 위해 산업기술분쟁조정위원회를 설치토록 되어 있다. 신속한 분쟁해결을 위해 조정위원회는 분쟁의 조정 신청을 받은 날로부터 3월 이내에 심사하여 조정안을 마련하도록 되어 있다. 조정의 효력은 재판상 화해와 동일한 효력을 갖는다.

산업기술보호법은 산업기술의 유출에 관하여는 다른 법률에 특별히 규정이 있는 경우를 제외하고는 이 법이 정하는 바에 따르도록 규정하고 있다. 이는 다른 개별 법률에 별도의 규정이 있는 경우에는 이 법보다 개별법이 우선한다는 특례 사항과 개별 법률에 특정 사안에 관하여 별도의 규정이 없는 경우에는 이 법의 규정이 보충적으로 적용된다는 원리가 규정되어 있다.

(3) 영업비밀보호법과의 관계

영업비밀보호법은 기술상의 영업비밀뿐만 아니라 해당 기업의 경영전략, 투자전략 등 경영상의 영업비밀까지도 보호한다. 반면 산업기술보호법은 기술정보만을 그 대상으로 한다. 산업기술보호법은 영업비밀의 비공지성, 비밀관리성에 대한 요건들이 명문으로 규정되어 있지 아니하여 영업비밀과 달리 공개된 기술조차 산업기술보호법의 보호대상이 될 수 있다. 특히 국가핵심기술의 경우 그 성격상 대상이 반드시 영업비밀에 한정되지 않으며, 산업재산권 매각에 따른 기술유출이 국내 경제 및 안보에 중대한 영향을 미치는 경우에는 당연히 국가핵심기술로 지정될 수밖에 없으며, 이에 산업기술은 비공개 기술정보뿐만 아니라 공개된 기술정보도 포함하게 된다.

산업기술보호법 제36조 제2항, 제14조 제2호는 대상기관의 임·직원 또는 대상기관과의 계약 등에 따라 산업기술에 대한 비밀유지의무가 있는 자가 부정한 이익을 얻거나 그 대상기관에게 손해를 가할 목적으로 유출하거나 그 유출한 산업기술을 사용 또는 공개하거나 제3자가 사용하게 하는 행위를 하면 처벌하도록 규정하고 있다. 위 산업기술보호법상의 비밀유지의무와 부정경쟁방지법상의 비밀유지의무와의 관계에 대해 대법원 2013.12.12. 선고 2013도12266 판결이 이를 분명히 하고 있다. 산업기술보호법 상의 비밀유지의무의 대상인 산업기술은 제품 또는 용역의 개발 · 생산 · 보급 및 사용에 필요한 제반 방법 내지 기술상의 정보 중에서 관계중앙행정기관의 장이 소관 분야의 산업경쟁력 제고 등을 위하여 법률 또는 해당 법률에서 위임한 명령에 따라 지정 · 고시 · 공고 · 인증하는 산업기술보호법 제2조 제1호 각 목에 해당하는 기술을 말하고, 부정경쟁방지법에서의 영업비밀과 달리 비공지성(비밀성), 비밀유지성(비밀관리성), 경제적 유용성의 요건을 요구하지 않는다. 산업기술보호법 제2조 제1호 각 목의 어느 하나의 요건을 갖춘 산업기술은 특별한 사정이 없는 한 비밀유지의무의 대상이 되고, 그 산업기술과 관련하여 특허등록이 이루어져 산업기술의 내용 일부가 공개되었다고 하더라도 그 산업기술이 전부 공개된 것이 아닌 이상 비밀유지의무의 대상에서 제외되는 것은 아니다. 이에 따르면 산업기술로 지정 또는 인증받은 경우 일반적인 영업비밀에 비하여 고도로 보호받도록 하고 있으므로, 이러한 산업기술을 가지고 있는 기업체에서 산업기술을 다루는 담당자들은 고의 또는 과실로 이를 유출하는 경우 별다른 항변사유를 인정받기 어려워 당해 기업과의 소송에서 패소할 가능성이 매우 높다는 점을 분명히 인식하고 다른 기업 담당자들에 비하여 보다 높은 수준의 비밀유지 노력을 기울여야 할 것이다.

5. 산업기술의 유출 및 침해 금지

(1) 산업기술의 유출 및 침해 행위

산업기술보호법 제14조에서 정하고 있는 산업기술 유출 및 침해 행위 유형은 영업비밀보호법이 정하고 있는 영업비밀 침해행위 유형과 같다고 할 수 있다.

① 산업기술의 부정취득 · 사용 · 공개

영업비밀보호법 제2조 제3호 가목과 같이 절취 · 기망 · 협박 그 밖의 부정한 방법으로 대상기관의 산업기술을 취득하는 행위 또는 그 취득한 산업기술을 사용하거나 공개하는 행위는 산업기술 침해 행위에 해당한다. 산업기술을 공개하는 행위에는 산업기술을 널리 제3자가 알 수 있는 상태에 두는 것뿐만 아니라 비밀을 유지하면서 특정인에게 알리는 것을 포함한다.

② 산업기술의 부정유출 · 사용 · 공개 · 제3자 제공

영업비밀보호법 제2조 제3호 라목의 규정과 같이 산업기술에 대한 비밀유지의무가 있는 자가 부정한 이익을 얻거나 그 대상기관에게 손해를 가할 목적으로 유출하거나 그 유출한 산업기술을 사용 또는 공개하거나 제3자가 사용하게 하는 행위는 산업기술유출 침해 행위에 해당한다.

③ 고의 또는 중과실에 의한 침해기술의 취득

영업비밀보호법 제2조 제3호 나, 마목의 규정과 같이 산업기술의 침해유출행위가 개입된 사실을 알거나 중대한 과실로 알지 못하고 그 산업기술을 취득사용 및 공개하는 행위는 산업기술의 침해행위에 해당한다. 또한 영업비밀보호법 제2조 제3호 다, 바목의 규정과 같이 산업기술을 취득한 후에 그 산업기술에 대하여 산업기술의 침해유출행위가 개입된 사실을 알거나 중대한 과실로 알지 못하고 그 산업기술을 사용하거나 공개하는 행위 역시 산업기술의 침해행위에 해당한다.

④ 사위행위 및 명령불이행

국가핵심기술의 기술수출 또는 국가핵심기술을 보유하는 대상기관의 해외 인수합병과 관련하여 산업기술유출방지법은 승인 또는 신고를 요구한다. 이러한 승인신고의무에 반하여 승인을 얻지 아니하거나 부정한 방법으로 승인을 얻어 국가핵심기술을 수출하는 행위, 신고를 하지 아니하거나 거짓이나 그 밖의 부정한 방법으로 신고를 하여 해외 인수합병 등을 하는 행위는 산업기술유출침해행위에 해당한다. 또한 신고대상인 국가핵심기술의 수출이 국가안보에 심각한 영향을 줄 수 있다고 판단하여 수출중지원상회복 등의 조치를 명하였는데, 이러한 지식경제부장관의 명령을 이행하지 않는 경우도 산업기술 침해 행위에 해당한다.

(2) 침해금지 및 벌칙

산업기술보호법 제14조의2 규정에 영업비밀보호법의 침해행위에 대한 금지청구권과 같이 산업기술 침해행위에 대한 금지청구권을 도입하였다. 이에 대상기관은 산업기술 침해행위를 하거나 하려는 자에 대하여 그 행위에 의하여 영업상의 이익이 침해되거나 침해될 우려가 있는 경우에는 법원에 그 행위의 금지 또는 예방을 청구할 수 있으며, 이때 침해행위의 금지 또는 예방을 청구할 수 있으며, 침해행위를 조성한 물건의 폐기, 침해행위에 제공된 설비의 제거, 그 밖에 침해행위의 금지 또는 예방을 위하여 필요한 조치를 함께 청구할 수 있다.

영업비밀보호법에서와 같이 산업기술보호법에서도 산업기술유출 침해행위에 대한 형사처벌 규정 제36조를 두고 있다. 또한 동조 제1항에서와 같이 침해행위가 외국에서 사용하거나 사용되게 할 목적인 경우와 동조 제2항의 그러한 사용목적이 없이 이루어진 침해행위 유형을 나누어 처벌하고 있다. 산업기술 침해행위가 있는 경우에는 7년 이하의 징역 또는 7억 원 이하의 벌금에 처하도록 하는 가운데 가중적으로 외국에서 사용하거나 사용되게 할 목적으로 산업기술 침해행위를 한 자는 15년 이하의 징역 또는 15억 원 이하의 벌금에 처하도록 하고 있다. 다만, 동조 제3항에 따르면, 침해행위가 개입된 사실을 중대한 과실로 알지 못하고 그 산업기술을 취득 사용 및 공개하거나 산업기술을 취득한 후에 그 산업기술에 대하여 침해행위가 개입된 사실을 중대한 과실로 알지 못하고 그 산업기술을 사용하거나 공개하는 행위는 3년 이하의 징역 또는 3억 원 이하의 벌금에 처할 수 있다. 제37조 제1항 규정에 의하면 외국에서 사용하거나 사용되게 할 목적으로 산업기술을 침해하고자 예비 또는 음모한 자는 3년 이하의 징역 또는 3천만 원 이하의 벌금에 처하며, 동조 제2항에 따르면 제36조 제2항의 죄를 범할 목적으로 예비 또는 음모한 자는 2년 이하의 징역 또는 2천만 원 이하의 벌금에 처한다고 규정하고 있다.

VI 영업비밀보호법의 국제 규범

우리나라에는 영업비밀 유출사건에 적용될 법률로 영업비밀보호법과 산업기술보호법이 있다. 미국에서 영업비밀보호 문제는 전통적으로 주법(state law)의 적용을 받아, 영업비밀 보호 약정이나 경업금지 약정 등 계약이 주법 영역에 속하게 된다. 따라서 미국에서 영업비밀보호에 관한 가장 기본적 법적 수단으로는 계약에 의한 것, 영업비밀보호 및 부정경쟁방지 법리 등 코먼로(common law)상 구제, 주법인 영업비밀보호법에 의한 구제수단 등을 들 수 있다. 다만 연방법인 산업스파이방지법(The Economic Espionage Act: EEA)에서 영업비밀을 폭넓게 정의하여 그 적용범위를 넓혀 영업비밀의 해외유출에 대해서는 매우 엄격한 형사적 처벌을 부과하고 무거운 민사적 책임을 묻는 등 가중적 구제수단을 제공하고 있다.[89)]

---

89) ① 중국인 Dongfan Chung이 보잉사의 로켓기술 정보 등을 중국으로 빼돌리다 적발된 사례—15년 8개월 징역형, ② Coca-Cola 영업비밀 침해혐의 Joya William은 8년 징역형, 가담자 Dimson은 5년 징역형, ③ Dow Agrosciences & Cargill의 제초제 관련 영업비밀 침해혐의 Kexue Huang은 7년 3개월 징역형, ④ Intel 신형 컴퓨터 관련 영업비밀 침해혐의 Steven Hallstead는 6년 5개월 징역형, 가담자 Brian Pringle은 5년 징역형, ⑤ L-3 통신 및 로켓유도 시스템 관련 영업비밀 침해혐의 Sixing Liu는 5년 10개월 징역형, ⑥ Ford 자동차 관련 영업비밀 침해혐의 Yu Xiang Dong은 5년 10개월 징역형, ⑦ Dow 폴리머 관련 영업비밀 침해혐의 Wen Chyu Liu는 5

1. 미국 산업스파이방지법(EEA) 개정 동향

1996년 산업스파이방지법(EEA) 제정 전 미국 대부분의 주에서는 영업비밀 침해사건의 피해자가 비용을 부담하며 민사소송을 제기할 수밖에 없었고 민사소송의 특성상 소를 제기한 피해자가 요건사실을 직접 증명해야만 하는데 영업비밀의 유출은 대부분 비밀리에 이루어져 그 증거 확보가 쉽지 않아 패소하는 경우도 상당히 많았다.[90] 이와 같이 영업비밀 침해사건에 대하여 민사소송을 통한 구제로만 피해자에 대한 구제로는 부족하다는 지적에 따라, 산업스파이방지법(EEA) 제정을 통해 피해자에 대한 형사적 구제가 가능하게 되었다. 한편 최근 들어 미국에서의 해외로의 기술유출은 중국 관련 사건이 많아졌고 연방경찰(FBI)에 따르면 1/3 이상이 중국과 관련이 있다.[91] 세계시장에서 중국의 강력한 도전에 직면한 미국으로서는 자국 산업을 해외기술유출로부터 강력하게 보호하기 위해 산업스파이방지법(EEA)을 제정하였고, 이는 특히 외국 기업에게 매우 엄격하게 적용되는 경향을 보이고 있다. 2012년 산업스파이방지법(EEA) 개정[92]을 통해 적용대상을 '제품'에서 '제품 또는 서비스'로 그

년 징역형, ⑧ Deloitte & Touche software 유출혐의 Mayra Justine Trujillo-Cohen은 4년 징역형

90) 미국의 영업비밀보호 관련 법제 및 최근 산업스파이방지법 개정 동향, 2015.2.6, 가산종합법률사무소 홈페이지 기사 참조.

91) Jonathan Eric Lewis, "The Economic Espionage Act and the Threat of Chinese Espionage in the United States," Chicago-Kent Journal of Intellectual Property, Vol. 8 Issue 2, 2009.

92) 'Theft of Trade Secrets Clarification Act of 2012' 별칭으로 "related to or included in a product"를 "related to a product or service used in or intended for use"로 개정하여, 영업비밀 보호대상을 '서비스'와 '유출시도'까지 확대적용하고, 'Foreign and Economic Espionage Penalty Enhancement Act of 2012' 별칭으로, 해외 유출자에 대한 형사처벌 수준을 대폭 강화하였다.

리고 '유출'뿐만 아니라 그 '유출 시도'까지도 포함할 수 있도록 확장 적용하고 해외로의 영업비밀 유출을 더욱 강력하게 제지하기 위해 형사처벌 수준을 대폭 강화하였다. 이는 개정 전 형사처벌은 개인에 대해서는 15년 이하의 징역형 또는 범죄행위당 50만 달러 이하의 벌금이었으나, 벌금형이 500만 달러 이하로 10배나 상향 조정되었고, 기업 등 단체에 대해서는 기존 1,000만 달러 이하의 벌금을 "1,000만 달러 또는 침해로 인한 이익액의 3배 중 더 큰 액수 이하"로 개정하여 경제적 처벌을 대폭 강화하였다. 또한 개정 전부터 산업스파이방지법(EEA)은 이에 더하여 범죄로 인한 수익은 몰수(forfeiture)한다는 규정도 명시적으로 두고 있다. 현행 우리나라에서도 「산업기술의 유출방지 및 보호에 관한 법률」 제36조 제4항(벌칙)[93]에서 침해행위로 인한 재산을 몰수한다는 규정을 명시적으로 두고 있지만 아직 보고된 몰수 사례는 없다. 듀폰 사건의 민사사건 1심 법원은 손해배상액으로 약 1조 원 배상명령과 20년 동안 제조판매금지명령을 하였고, 미 검찰은 형사공소장에서 2,300억 원 상당의 몰수형을 구형하였는데, 개정 산업스파이방지법(EEA)을 적용

93) 제36조(벌칙) ① 산업기술을 외국에서 사용하거나 사용되게 할 목적으로 제14조 각 호(제4호를 제외한다)의 어느 하나에 해당하는 행위를 한 자는 15년 이하의 징역 또는 15억 원 이하의 벌금에 처한다.
② 제14조 각 호(제4호 및 제6호는 제외한다)의 어느 하나에 해당하는 행위를 한 자는 7년 이하의 징역 또는 7억 원 이하의 벌금에 처한다.
③ 제14조 제4호에 해당하는 행위를 한 자는 3년 이하의 징역 또는 3억 원 이하의 벌금에 처한다.
④ 제1항 내지 제3항의 죄를 범한 자가 그 범죄행위로 인하여 얻은 재산은 이를 몰수한다. 다만, 그 전부 또는 일부를 몰수할 수 없는 때에는 그 가액을 추징한다.
⑤ 제34조의 규정을 위반하여 비밀을 누설한 자는 5년 이하의 징역이나 10년 이하의 자격정지 또는 5천만 원 이하의 벌금에 처한다.
⑥ 제1항 및 제2항의 미수범은 처벌한다.
⑦ 제1항 내지 제3항의 징역형과 벌금형은 이를 병과할 수 있다.

하면, 1,000만 달러 또는 이익액의 3배 중 많은 금액인 약 7천억 원의 벌금형도 가할 수 있게 되어 가공할 만한 형사처벌의 수위를 짐작해 볼 수 있다. 따라서 우리나라 기업 입장에서는 미국의 영업비밀보호 법제에 의한 법적 리스크에 대하여 숙지하고 대비할 필요성이 더욱 커졌다고 할 수 있다.

2. 미국 통일영업비밀보호법 제정 및 국제무역위원회(ITC) 제재

미국은 각 주마다 다른 영업비밀 보호법제를 통일하려는 노력으로 「통일영업비밀보호법(Uniform Trade Secrets Act)」이 있다. 위 법률상 영업비밀 및 침해행위의 개념은 현행 우리나라 영업비밀보호법과 유사하다. 영업비밀 보호 약정이나 경업금지 약정 등 계약이 주법 영역이다. 따라서 미국에서 영업비밀보호에 관한 가장 기본적 법적 수단으로는 계약에 의한 것, 영업비밀보호 및 부정경쟁방지법리 등 코먼로(common law)상 구제, 주법인 영업비밀보호법에 의한 구제수단 등을 들 수 있다. 다만, 주법의 특성상 이와 같은 보호방법과 정도는 각 주마다 상당히 다르다는 점에 유의해야 한다. 예를 들면, 경업금지약정에 대해 캘리포니아주에서는 근로자 이직의 자유를 강하게 보호하는 입장인 데 반해,[94] 뉴욕주는 상대적으로 기업의 이익을 강하게 보호하는 입장으로서, 동일한 사안에 대해 동일한 경업금지 약정을 놓고서도 서로 다른 판결을 할 수 있다. 또한 내부자 배임행위로 인한 영업비밀 침해와 같이 도덕적 비난가능성이 높은 사건[95]에서는 영업비밀 침해자에게 거액의 소송비용을 부

94) 나종갑, "영업비밀보호가 과학기술발전에 미치는 영향에 관한 법제도 연구," 법조 제58권 6호, 2009, 172-216면.

95) Mayo Clinic v. Elkin 사건, 미연방 제8순회항소법원은 유명한 병원인 Mayo Clinic이 전직 연구원 Dr. Elkin을 상대로 제기한 영업비밀침해소송

담시키는 사례가 많다.

한편 미국의 경우 영업비밀침해사건에 대해 상기한 전통적인 구제조치에 더하여 무역위원회(ITC) 결정을 통해 침해제품의 미국 내 통관금지조치까지 할 수 있다는 입장이다. 미국법원은 TianRui Group Co. Ltd. v. US International Trade Commission, 661 F.2d 1322 (Fed. Cir. 2011) 판결에서 처음으로 중국 내 영업비밀 부정취득에 의한 철도차량바퀴 관련 영업비밀침해제품의 통관을 관세법 제337조[96]에 의해 불허할 수 있다는 입장을 표명하였다.[97] 따라서 향후 미국 기업에 의해 특허침해 사건과 마찬가지로 영업비밀침해를 이유로 ITC에 제소하는 사건이 늘어날 것으로 예상된다.[98]

3. 중국과 일본에서의 영업비밀 보호[99]

중국은 지난 2004년 북경, 광저우, 상해 등에 지식재산 전문법원을 설립하여 특허와 실용, 디자인, 영업비밀 등에 대한 1심을 담당하고 있다. 특허청에 따르면 중국 내 영업비밀관련 소송은 최근 들

에 관한 소송비용 판결에서, 패소자 Dr. Elkin은 $1,900,139.90 즉, 약 20억원에 이르는 변호사 비용을 포함한 소송비용을 Mayo에 지불하라고 명령하였다. 이는 영업비밀 보유자인 원고 Mayo가 총 소송비용이라고 주장한 $2,447,058.36 중 78%에 해당하는 금액이다.

96) Tariff Act of 1930 § 337, 19 U.S.C. § 1337, 2006.

97) Viki Economides, "NOTE: Tianrui Group Co. v. International Trade Commission: The Dubious Status of Extraterritoriality and the Domestic Industry Requirement of Section 337," American University Law Review, Volume 61 Issue 4, 2012.

98) Natalie Flechsig, "Trade Secret Enforcement After TianRui: Fighting Misappropriation Through the ITC," Berkeley Technology Law Journal, Volume 28 Issue 4, Annual Review, 2013.

99) 보안뉴스, 「美中日 진출기업 특허 · 영업비밀 보호 꿀팁」, 2015.5.15. 기사 참조.

어 16%씩 가파르게 증가하고 있다. 2013년 미중무역전국위원회(US-China Business Council: USCBC) 조사에 의하면 조사 대상기업의 40%가 지식재산권 침해와 관련해서 가장 현안이 되는 권리를 영업비밀로 택한 것으로 나타났으며, 2011년 조사한 이래 증가하고 있는 추세임을 알 수 있다.[100] 최고인민법원 발표 '2013년 중국법원 지식재산권 사법보호 상황'에 의하면, 전국 법원의 지식재산권 민사 1심사건 조정 후 철회 비율은 68.45%에 이른다. 중국 법원은 영업비밀 요건을 충족하더라도, 영업비밀 보유자가 중국 법규를 위반한 적이 있거나 탈법행위를 한 경우에는 영업비밀 침해금지 청구를 받아들여 주지 않는다. 중국 반부정당경쟁법 제10조는 영업비밀의 요건으로 '비밀보호조치'를 취할 것을 요구한다. 비밀보호조치를 취하지 않았다면 아무리 중요한 정보라 하더라도 반부정당경쟁법에 의해 영업비밀로 보호받을 수 없다. 이를 위해서는 영업비밀서류를 엄격히 관리하고, 주요 문서 접속을 통제하며, CCTV를 설치하는 등의 물리적 보호조치를 취해야 한다. 특히 중국 반부정당경쟁법 제10조에 규정된 '비밀보호조치'의 정도와 관련해 중국 법원은 영업비밀 보유자가 서면으로 영업비밀을 알고 있는 종업원과 업무관련 제3자에게 비밀유지 의무를 부과했는지 여부를 중점적으로 판단한다. 중국 법원에서는 원칙적으로 서증의 경우 공증사무소의 공증을 거쳐 증거로 제출할 것을 요구한다. 특히 해외에서 형성된 증거는 해당 국가의 방식에 의한 공증 및 해당 국가 주재 중국대사관의 인증까지 요구하는 등 증거 수집 절차가 매우 까다롭다. 자칫 침해 행위의 증거를 확보하고도 공증 등의 절차를 거치지 않아 증거로 채택되지 못하는 경우도 있다. 또한 중국은 사실심 변론종결까지 증거 제출이 허용되는 우리나라와 달리 증거 제출 기한도 짧고, 1심 재판

100) 곽충목, "중국의 영업비밀 보호 동향 및 시사점," ISSUE & FOCUS on IP, 제2015-3호, 한국지식재산연구원, 2015.

에서 패한 경우 불복해 승소할 가능성도 높지 않다. 그리고 재판과정에서 법관의 주재 하에 당사자가 자주적인 협상을 하고 법원에서 조정서를 작성하는 방식으로 분쟁을 해결하는 사례가 많다. 중국에서 영업비밀 침해 혐의로 처벌되려면 50만 위안 이상의 손해 발생이 요건이며, 손해액이 250만 위안 미만의 경우는 3년 이하의 징역 또는 구류에 처하고 벌금을 병과할 수 있으며, 250만 위안 이상의 손해를 끼친 경우에는 3년 이상 7년 이하의 징역에 처하고 벌금을 병과할 수 있다. Eli Lilly 판결[101]은 피신청인이 신청인과의 각서에 대한 이행 태만으로 신청인의 영업비밀이 공개, 사용 또는 누설될 위험이 있고, 이는 신청인에게 돌이킬 수 없는 손해를 끼칠 우려가 있으므로 행위보전의 요건을 충족하여, 피신청인에 의한 신청인의 영업비밀이 공개, 사용 또는 누설되는 행위에 대하여 침해행위금지 가처분을 판결한 것으로, 중국 2012년 개정 민사법의 최초 행위보전 사례이다. 2013년 1월 1일부터 실시된 개정 민사소송법 100조에 침해행위에 대한 가처분 신청 규정이 추가되어 영업비밀 침해분쟁으로 인해 영업비밀이 공개되기 전에 조치를 취할 수 있는 근거가 되는 중요한 판례이다.[102]

일본은 부정경쟁방지법을 통해 영업비밀을 보호하고 있다. 영업비밀의 보호요건, 침해형태, 민사적 구제수단 등의 내용은 우리나라의 부정경쟁방지 및 영업비밀보호에 관한 법률과 유사하다. 그러나 다음 표에서와 같이, 일본은 우리와 달리 고소가 없으면 공소를 제기할 수 없고, 예비・음모에 대한 처벌이 없다. 또 영업비밀의 외국

101) 미국 Eli Lilly사와 중국 Eli Lilly사가 연구개발유한공사(研究開発有限公司)와 황멩웨이(黄孟煒)를 상대로 영업비밀 침해를 이유로 보전행위를 신청한 사건으로, 피신청인이 중국 Eli Lilly사 서버에서 영업비밀 파일 21개를 무단으로 다운로드하여 영업비밀을 침해한 사건.

102) Ruixue Ran, "Tips For Protecting Trade Secrets In China," Law 360, New York, July 2. 2015.

취득 · 사용 · 공개에 대한 가중처벌 규정이 없고, 양벌규정에서 법인에 대한 벌금형이 개인보다 30배나 높게 규정돼 있는 등 세부적인 내용에서는 차이가 있다. 그렇지만 2014년 2월 일본 정부는 기업의 영업비밀 유출방지를 위한 법적 조치가 미흡하다고 판단하여 영업비밀 보호 강화를 위하여 징역형의 상한을 10년에서 15년으로, 벌금은 현행 1천만 엔에서 5천만 엔으로, 법인의 경우는 현행 3억 엔에서 6억 엔으로 각각 증액하고, 또한 영업비밀 침해 물품의 수입금지 제도에 대한 도입을 내용으로 한 신규 법안 제정을 추진하고 있지만,[103] 아직까지 국회를 통과하였다는 뉴스는 전해지지 않고 있다. 2014년 3월 13일 일본 도시바의 제휴 기업인 샌디스크의 종업원이 주력 반도체 'NAND형 플래쉬 메모리'의 연구 데이터를 무단 반출하여 우리나라의 SK하이닉스에 제공하였다며 종업원을 부정경쟁방지법 위반혐의로 체포하고, 2014년 3월 14일 도시바는 피해가 최소 1,000억 엔에 달한다고 주장하며 기술을 유출한 전 종업원과 SK하이닉스에 대하여 1조 1,000억 원대의 손해배상 소송을 제기하였다. 이 사건 이외에, 포스코가 일본의 신일본제철의 전직 기술자를 통해 고기능 강판의 제조기술을 부정 취득 · 사용하였다고 하여 신일본제철이 포스코와 전직 기술자에 대해 부정경쟁방지법에 근거한 민사소송으로 2012년 4월 약 1,000억 엔 손해배상청구와 해당 강판의 제조 · 판매의 금지청구를 제기한 사건 등이 있다. 최근 일본이 우리나라를 경계하고 있어 이러한 기술교류가 자칫 일본 내에서 기술 유출로 매도되어 우리기업이 불이익을 볼 수 있는 개연성이 많기 때문에 일본과 기술을 교류하거나, 일본 기술자를 유입하는 기업들은 각별한 주의가 필요하다.[104] 이제 일본 진출 기업의 경

103) 심현주, "일본의 영업비밀 보호 동향 및 시사점," ISSUE & FOCUS on IP 제2014-27호, 한국지식재산연구원, 2014.

104) 백영준 · 조용순, "日本의 영업비밀보호 강화에 따른 韓 · 日간 기술경쟁 변화와 영향," 산업재산권 제44호, 2014.

우 영업비밀침해에 관한 기업의 기회비용과 경제적 부담이 상당히 증가하였다는 점을 인식해야 하며, 상시적인 영업비밀 관리 체계를 수립 · 시행함은 물론 관련 제도 변화 및 동향에 대한 지속적인 관심이 요구된다.

표 4. 영업비밀 양형기준과 관련한 주요국 보호제도

구분	일본	미국	우리나라
보호법	부정경쟁방지법	산업스파이방지법	부정경쟁방지 및 영업비밀보호법
개인징역형	10년 이하	15년 이하	5년 이하
개인벌금형	1,000만 엔 이하	상한 없음	이익액의 2배 이상 10배 이하
법인벌금형	3억엔 이하	1,000만 달러 이하	
해외유출 벌칙규정	없음	법인벌금은 부정이득의 3배	국내와 비교 징역 2배, 10년 이하

(※ 중국은 손해액이 250만 위안 미만은 3년 이하의 징역, 250만 위안 이상은 3~7년 이하의 징역에 벌금을 병과할 수 있음.)

4. 국제협약에 의한 영업비밀 보호 동향

파리협약에서 부정경쟁금지 원칙이 도입되고 북미자유무역협정(NAFTA)에 의해 영업비밀 보호가 국제협정에 최초로 명문화되었다. WTO/TRIPs 협정에서 영업비밀을 지식재산권의 일종으로 규정함에 따라 국제적으로 통일화된 지식재산권 영역으로 정착하게 되었다.

(1) 파리협약

파리협약이 처음 만들어진 1883년에는 부정경쟁방지 관련 규정이 없었으나 1900년 브뤼셀 개정회의에서 부정경쟁방비 원칙을 처음 도입하였고 1911년 워싱턴 개정회의에서 가맹국에 대한 부정경쟁 행위로부터의 효과적 보호조치를 의무화하도록 하였다. 다만, 동 협약은 영업비밀에 대해서는 구체적인 명문규정을 두고 있지 않지만 "모든 형태의 공업상 또는 상업상의 공정한 관행에 반하는 경쟁행위는 부정행위를 구성한다."하며 "각 체결국의 국민에 대하여 부정경쟁행위로부터 효과적인 보호를 보장하여야 한다."고 파리협약 제10조의2에서 규정하여 영업비밀 유출행위를 이러한 부정경쟁행위의 하나로 보아 규제할 수 있는 여지를 남기면서 부정경쟁방지 차원에서 영업비밀을 자율적으로 보호할 수 있는 근거를 제공하였다.

(2) TRIPs 협정

영업비밀을 세계적으로 보호하기 시작한 것은 WTO 무역관련 지식재산권 협정에서부터이다. GATT/UR TRIPs 협정부문에 영업비밀을 포함시키는데 선진국과 개발도상국 간의 많은 논의를 거쳐 1993년 117개국이 UR협정에 조인하면서 처음으로 영업비밀에 관한 보호법이 국제적으로 통일화될 수 있었다. TRIPs 협정 제39조 제2항에 따르면 영업비밀로 보호되기 위해서 당해 정보의 종류를 통상적으로 다루는 업계 사람들에게 일반적으로 알려져 있지 않거나 쉽게 접근할 수 없다는 의미에서 비밀일 것, 비밀이기 때문에 상업적 가치를 가질 것, 적법하게 정보를 관리하고 있는 자에 의해서 비밀로 유지하기 위한 합리적인 조치가 있을 것을 요구하고 있다. TRIPs 협정은 영업비밀 침해 유형에 대해서 명시적으로 규정하고 있지 않다.[105] TRIPs 협정 제39조 제2항 본문에서 "자신의 관리 하

105) 영업비밀 침해 행위는 정보의 중요성 증대와 기술혁신의 발달에 따라 다양한 방법으로 발생할 수 있으므로 이는 각국의 실정에 맞게 규정할 수 있

에 있는 정보를 공정한 상업적 관행에 반하는 방법으로 타인에게 공개하거나, 타인에 의해 획득 또는 사용하는 것을 금지할 수 있다."고 하고 있어, 공정한 상거래 질서에 반하는 영업비밀 보유자의 부당 취득이나 그 취득한 영업비밀을 사용 또는 공개하는 경우 침해행위로 간주할 수 있게 된다.

이에 대한 구제방안으로 TRIPs 협정 제41조 제1항 규정에 따르면 "회원국은 침해방지를 위한 신속한 구제 및 추가 침해를 억제하는 구제를 포함, 이 협정에서 다루고 있는 지식재산권 침해 행위에 대한 효과적인 대응조치가 허용되도록 하기 위하여 집행절차가 각 나라의 법률에 따라 이용 가능하도록 보장하고 있다."라고 되어 있다. 그리하여 동 협정 제44조 제1항 및 제45조 제1항에 의거, 각국 사법당국은 일방 당사자에게 침해의 중지, 즉 수입상품의 통관 직후 상거래에 유입되는 것을 금지할 수 있으며, 권리자가 입은 피해에 대한 적절한 손해배상을 명령할 수 있도록 하고 있다.

(3) 북미자유무역협정(NAFTA)

북미자유무역협정은 영업비밀을 지식재산권으로 보호할 것을 명시적으로 규정하고 있다. 북미자유무역협정 제1711조에 의해, 영업비밀로 보호받기 위해서는 일반적으로 알려져 있지 않고 쉽게 접근할 수 없어야 하며, 그러한 비밀정보가 현실적이거나 잠재적으로 상업적 가치를 가지고 있어야 하며, 그러한 비밀정보에 관하여 법적 권리를 가진 자가 그 비밀성을 유지하기 위하여 적절한 조치를 취하고 있어야 한다고 한다. 동 협정 제1711조에서는 영업비밀로서 보호받기 위해서는 체결국이 서류, 전자기적 매체, 광디스크, 마이크로필름, 필름 등 기타 유사 수단으로 영업비밀의 존재를 입증하

도록 하기 위함이다.

도록 요구할 수 있게 규정하고 있다. 이와 관련하여 새로운 의약물질이나 농화학물질의 판매승인을 위해 사용 안정성이나 효용성을 확인하기 위한 필요 정보에 대해 제출 요구를 받게 되는 경우 체결국은 그 정부에 제출된 비밀정보가 제출자의 허락 없이 공개되지 않도록 할 의무가 있다고 하고 있다.

VII 선사용권과 영업비밀보호와의 관계

코카콜라가 개발된 것은 130여 년 전인데, 그 제조법은 아직까지도 철저히 비밀에 싸여 있다. 그 제조법은 코카콜라 금고에 보관 중으로 경쟁음료업체들조차 전혀 알지 못하고 있다. ICT메가트랜드 시대에 있어 기업 간의 경쟁이 심화되고, 직원 스카우트와 이직이 빈번한 상황에서 핵심기술이 쉽게 유출, 도용되어 영업비밀 분쟁이 크게 증가하고 있다. 기업으로서는 이러한 사태들에 대비하여 자사가 영업비밀을 보유하고 있다는 사실을 입증하기 위한 자료를 미리 준비해 둘 필요가 있다. 기술을 보호하기 위한 일반적인 방법은 특허를 취득하는 것이다. 다만 특허로서 보호받기 위해 출원을 하게 되면 해당 기술 내용이 공개된다. 또한 특허는 한시적 권리이므로 그 존속기간이 끝나면 누구나 해당 기술을 자유롭게 사용할 수 있고, 특허를 취득, 유지하는 데는 적지 않은 비용이 든다. 때문에 특허 취득으로 인한 이득보다 기술 공개로 인한 손실이 더 클 수도 있다. 기술 공개를 원하지 않는다면 특허출원을 하지 말고 해당 기술을 영업비밀로서 간직해야 한다. 그렇지만 타인이 동일한 기술을 독자적으로 개발하여 특허를 받을 개연성이 존재한다. 따라서 특허로 보호받는 것이 유리한지 아니면 영업비밀로 유지하는 것이 유리한지를 결정하는 것은 쉽지 않다. 일반적으로 ① 타인이 독자적으로 동일 기술을 개발하기 어려운 경우, ② 그 기술이 구현된 제품을 타인이 분석하여 해당 기술 내용을 알아내기 어려운 경우, ③ 특허를 취득해도 특허 침해를 발견하는 것이 곤란하여 특허권이 유명무실하게 될 가능성이 높은 경우 및 ④ 해당 기술에 대한 특허 취득의 가능성이 낮은 경우는 기술 공개로 인한 손실이 크거나 특허권을 취득해도 그다지 이득이 되지 않으므로 이 경우들에는 영업비밀로 유지하는 것이 유리하다고 할 수 있다. 그러나 선발명을 영업비밀로 유지하는 경우에 후일 타인이 동일한 기술에 대한 후발명으로 특허를 받을 수도 있다. 이 경우 선발명의 실시는 후발명 특허권를 침해하더라도, 선발명을 실시하고 있는 자는 후발명 특허권에 대해 무상의 통상실시권 즉, "선사용권"이라는 권리를 가질 수 있게 된다.

1. 선사용권과 원본증명제도

선사용권 제도는 발명의 내용을 공개하지 않고도 그 발명을 계속하여 사용할 수 있도록 허용한 것이다. 선사용권을 갖기 위해서는 그림 3과 같이 특허법 제103조 규정에 따라, 특허출원 시에 그 특허출원된 발명의 내용을 알지 못하고 그 발명을 하거나 그 발명을 한 사람으로부터 알게 되어 국내에서 그 발명의 실시사업을 하거나 이를 준비하고 있어야만 한다.

실무적으로는 후발명 특허출원 시에 선발명을 실시하거나 실시할 준비를 하고 있었다는 사실을 입증하는 것이 용이하지 않은 경우가 많다. 그러한 입증 부담을 덜 수 있는 방법으로는 해당 영업비밀을 '한국특허정보원'의 '원본증명제도'를 이용하여 원본을 등록하는 것이다. 이는 특허청이 운영하는 일종의 디지털금고 제도로서, 전자문서로 보관중인 영업비밀이 도용·유출 등으로 영업비밀 보유자가 해당 영업비밀 보유에 대한 입증이 필요한 경우, 영업비밀 원본의 보유 여부, 보유자 및 보유 시점에 대한 입증을 지원한다.

그림 3. 선사용권 성립 개념도

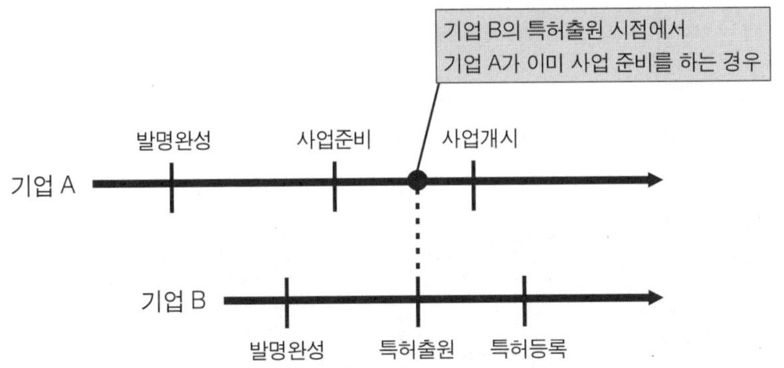

영업비밀의 등록은 영업비밀 자체가 아닌 전자지문[106]을 등록한다. 만약 영업비밀의 내용 자체를 등록하게 한다면, 영업비밀의 등록 및 보관 과정에서 영업비밀이 유출될 우려가 있을 것이나 전자지문만을 사용하므로 그러한 우려가 없다. 그림 4에 도시된 원본증명서비스의 도입으로 전자지문과 공인인증기관의 시간정보를 이용하여 영업비밀의 원본 및 위조, 변조를 완벽히 증명하고, 원본 제출 없이 전자지문만을 이용함으로써 서비스 이용 중 발생될 수 있는 비밀정보의 유출을 근본적으로 차단할 수 있게 되었다. 또한 2015. 7.29.부터 시행된 개정 「부정경쟁방지 및 영업비밀보호에 관한 법률」의 제9조의2는 원본증명서를 발급받은 자는 전자지문의 등록 당시에 해당 전자문서의 기재 내용대로 정보를 보유한 것으로 추정한다는 원본 증명 등록의 추정효를 규정하고 있다.[107] 위와 같은 추정

106) 전자지문이란 영업비밀인 전자 문서로부터 난수들의 배열값을 추출하여 생성한 값으로서 전자 문서의 고유한 전자 값이며, 같은 데이터로부터는 같은 결과가 나오나 정보가 조금만 변경되면 다른 전자 값이 생성되므로 원본의 위조, 변조 여부를 증명할 수 있다.

107) 제9조의2(영업비밀 원본증명) ① 영업비밀 보유자는 영업비밀이 포함된 전

효가 있기 때문에, 영업비밀 등록자가 영업비밀을 보유하고 있었다는 점이 추정되고, 타인이 이를 다투는 경우는 보유하고 있지 않았다는 사실을 그 타인이 입증해야 한다.[108)]

그림 4. 원본증명서비스 개념도(출처: Patent 21 제92호, 2010)

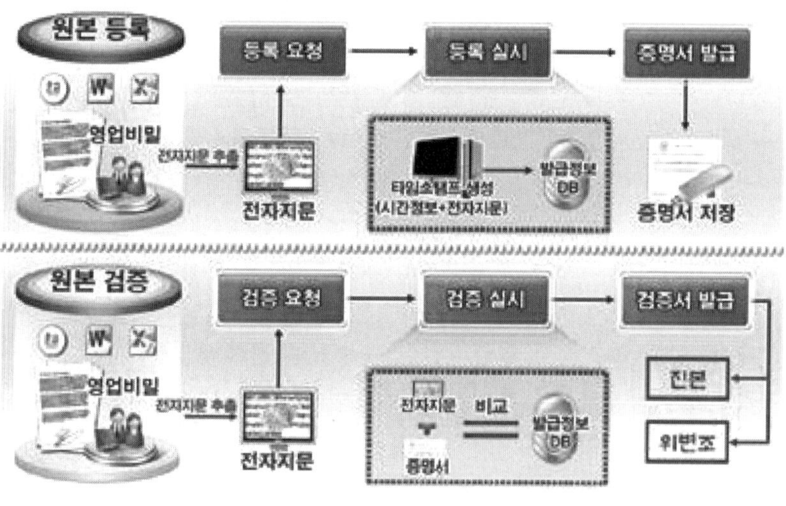

자문서의 원본 여부를 증명받기 위하여 제9조의3에 따른 영업비밀 원본증명기관에 그 전자문서로부터 추출된 고유의 식별값(이하 "전자지문"이라 한다)을 등록할 수 있다.

② 제9조의3에 따른 영업비밀 원본증명기관은 제1항에 따라 등록된 전자지문과 영업비밀 보유자가 보관하고 있는 전자문서로부터 추출된 전자지문이 같은 경우에는 그 전자문서가 전자지문으로 등록된 원본임을 증명하는 증명서(이하 "원본증명서"라 한다)를 발급할 수 있다.

③ 제2항에 따라 원본증명서를 발급받은 자는 제1항에 따른 전자지문의 등록 당시에 해당 전자문서의 기재 내용대로 정보를 보유한 것으로 추정한다.

108) 2015년 11월 현재 등록된 영업비밀은 대략 9만 건으로, 영업비밀을 등록하기 위해서는 우리나라 공인인증서가 필요하므로, 외국인의 경우 우리나라 대리인을 통해 영업비밀 등록이 가능하다.

2. 미국의 선사용권 확대 적용에 따른 영업비밀의 중요성 대두

2011년 9월 16일, 미국 특허법은 글로벌 환경에 맞는 특허시스템인 Leahy-Smith America Invents Act(이하 'AIA'라 함) 도입으로 큰 변화를 맞게 된다. 특히 영업방법(BM) 발명에만 국한되었던 선사용권의 항변이 모든 특허로 확대되었다. 1998년 State Street Bank 사건을 기화로 영업방법(business method) 발명의 성립성이 인정되고 그에 관한 특허출원이 늘어나자 1999년 American Inventors Protection Act(AIPA)에서 영업방법 발명에 관한 특허에 대하여만 선사용 항변을 인정하였다. 그 이후 모든 분야의 특허에 대하서도 선사용권이 인정되어야 한다는 요구가 지속되었다. 이에 AIA에서는 특허침해에 대해 선사용 항변[109]의 범위를 대폭 확대하였다. AIA의 선사용 항변 규정은 AIA에서 선발명주의를 포기하고 선출원주의를 도입한 것과 밀접한 관련이 있다. 선발명주의 하에서는 선사용자가 최초의 발명자라면 후발명 특허침해 사건의 경우 선발명에 기초하여 후발명의 특허 권리가 무효라고 주장할 수 있었다. 선출원주의 하에서는 빠른 출원일 순서대로 특허권이 부여되므로, 선사용권이 인정되지 않고 만일 타인이 동일 발명에 대해 특허권을 획득하는 경우 선사용자는 독자적으로 개발한 선발명을 실시할 수 없게 된다. 그러

109) 방법으로 구성되거나, 제조나 기타 상업적 방법에서 사용되는 기계, 제조물 또는 합성물로 구성된 대상(subject matter)에 관하여 특허권 침해로 제소당한 자는, 다음의 조건을 충족하는 경우 선사용 항변을 할 수 있다. ① 그자가 내부적인 상업적 사용을 하거나 또는 그러한 상업적 사용의 유용한 최종 결과물에 관한 실제 독자적 판매나 기타 독자적 상업적 거래와 관련하여, 그 대상을 선의로 미국 내에서 상업적으로 사용한 경우, ② 그 상업적 사용이 "클레임 발명의 유효출원일 또는 클레임 발명이 35 U.S.C. §102(b)에 따라 선행기술 예외의 적용을 받을 수 있도록 공중에게 개시된 날" 중에서 보다 이른 날의 최소 1년 전에 일어난 경우.

나 선사용권이 인정되면 선사용자는 후발명 특허의 출원일 전의 실시행위를 입증하여 후발명 특허권의 존재에도 불구하고 선발명을 계속 사용할 수 있게 된다. 선발명자가 신기술을 비밀리에 상업적으로 실시하였는데 그 후에 타인이 동일 발명으로 특허를 받으면 형평성의 문제가 발생하게 된다. 이 경우 선발명자는 후발명 특허권 침해의 책임을 지는 것과 아울러 투자의 손실을 초래하고 미국 제조업에 악영향을 끼치게 될 것이다. 그렇다면 선사용권 항변의 확대 허용은 선발명자가 발명을 계속 실시할 수 있도록 보장하도록 공평성 균형을 맞추는 것이라 할 수 있다. 그럼으로써 그림 5와 같이 AIA 이후 영업비밀은 특허법과 상표권에 비해 그 중요도가 상대적으로 크게 높아지고 있다.[110] 향후 지식재산 보호에 있어 적법성 논점 중의 하나는 영업비밀보호법과 특허법 간의 상호연관작용에 관한 적절한 균형점을 어떻게 찾을 수 있는지 여부일 것이다. 특허제도의 목적 중 하나는 신기술을 적시에 공개하여 지식자원을 풍부하게 하고자 하는 데 반해, 영업비밀은 그 특성상 이러한 목적을 달성하지 못한다. 그리하여 선사용권을 부여하면 혁신발명자들은 공개보다는 비밀주의를 선호하게 되어 특허제도의 목적을 저해하며, 더 나아가 선사용자와 특허권자에게 "공동배타권(co-exclusive rights)"을 부여하는 꼴이 되어 특허권의 가치를 떨어뜨린다는 주장도 제기될 수 있다. 그러나 특허와 영업비밀 간의 관계에 대한 미국 법원의 입장은 영업비밀과 특허는 합법적으로 공존할 수 있으며 영업비밀과 특허 모두 가치가 있고, 특허 가능한 발명에 대해 특허등록 대신에 영업비밀을 통한 보호를 선택한 일부 발명자로 인하여 과학적 또는 기술적 진보를 저해할 만한 사회적 위험은 크지 않다는 것이다.[111]

110) Bruce Story, America Invents Act shines the spotlight on trade secrets, Intellectual Asset Management May/June 2013.

111) Edward D. Manzo, "The Impact of The America Invents Act on Trade Secrets," 13 The John Marshall Review of Intellectual Property Law 497,

그림 5. AIA 개정 이후 중요성 크게 높아진 영업비밀

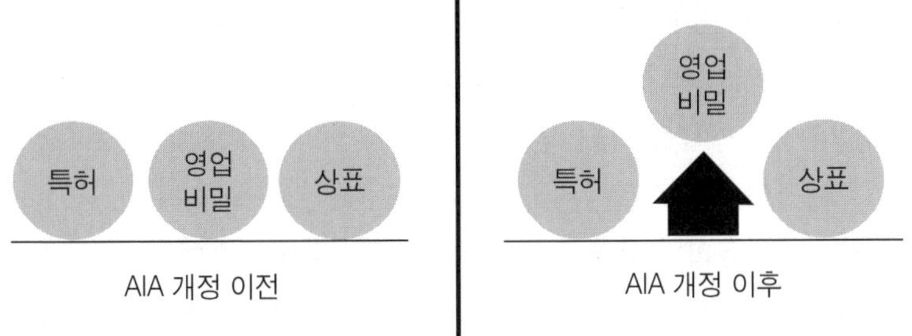

3. 영업비밀에 관한 분쟁조정제도

최근 상대적 중요성이 크게 높아진 영업비밀 분쟁을 산업재산권 분쟁조정위원회에서 해결할 수 있게 되었다. 이는 산업에서 분쟁의 발생은 거래비용 상승을 가져올 뿐만 아니라 분쟁이 장기화되는 경우 산업성장의 저해요인이 될 수 있어 국가는 영업비밀에 대해서도 적정한 분쟁해결 방식을 도입할 필요가 있었기 때문이다. 개정 발명진흥법 시행으로 2015년 11월 19일부터 기술상 정보와 관련한 영업비밀이 산업재산권 분쟁조정위원회의 조정대상에 추가되었다.[112] 산업재산권 분쟁조정위원회는 특허 · 실용신안 · 상표 · 디자인에 해당하는 분쟁을 해결하기 위해 95년부터 운영됐다. 하지만 기술이 복잡해지면서 이러한 산업재산권 형태만으로 보호받기가 곤란해졌다. 예를 들어 반도체 제작 기술은 특허로 보호받지만 공정에서 수율을 높이기 위한 환경은 영업비밀로 보호되어야 한다. 최근 영업

2014.

112) 발명진흥법 제41조(산업재산권분쟁조정위원회) 제1항 3호 영업비밀(기술상의 정보와 관련된 영업비밀만을 말한다).

비밀 침해 분쟁이 크게 증가하면서 산업재산권 분쟁조정위원회의 조정대상에 포함된 것이다. 분쟁조정은 분쟁조정위원회에 신청서를 제출하면 된다. 비록 압수수색을 통해 침해증거를 확보하는 것이 중요한 영업비밀 분쟁의 특성상, 분쟁조정신청이 전면적으로 활용되기에는 어렵겠지만, 민사상 손해배상청구나 경업금지약정에 관한 분쟁에서는 조정이 잘 활용될 수 있을 것으로 기대되고 있다. 그렇지만 소송이나 중재와 달리 당사자 일방이 조정에 불응하면 분쟁해결은 불가능하게 된다는 점에서 조정의 성립여부를 결정하는 가장 중요한 요소는 조정인의 신뢰와 역할이라고 할 수 있다.

기업의 영업비밀 관리 체계 및 보호 대책

1. 기업의 영업비밀 관리체계 수립

(1) 기본 방침

영업비밀 관리를 할 때에는 물리적, 인적, 제도적 관리를 신속하고 정확하게 실시할 수 있도록 하여야 한다. 즉, 영업비밀의 유출을 방지하기 위해서는 그 영업비밀을 물리적으로 관리하고 여기에 접근하는 자를 인적으로 관리하는 것에 더하여, 제도적으로 기업 시스템을 관리하여야 한다. 영업비밀 관리의 기본 방침은 영업비밀 관리에 관한 조직의 의사를 간결하고도 이해하기 쉬운 형태로 문서화하여 전 종업원에게 주지시키는 것이다. 또한 조직의 최고 책임자가 실시 상황을 확인하고 이를 재검토하며, 개선하여 사건 발생을 방지하는 데 노력하여야 한다.

(2) 실시 계획

영업비밀 관리의 기본방침만으로는 반드시 구체적인 영업비밀 관리 절차가 분명해진다고는 할 수 없기 때문에, 구체적인 영업비밀 관리 목적과 목표를 정하여 이를 달성하기 위한 실시계획을 별도로 책정하여 실행할 필요가 있다. 영업비밀의 관리에 있어 실시계획으로 중요하고도 긴급한 과제에 대응하는 것으로부터 시작하여 점차적으로 영업비밀 유출 위험을 경감시켜 나가는 방향으로 관리체계를 수립하여야 한다. 영업비밀 관리체계를 수립할 때에는 현재의 관리수준을 파악하고 목표관리수준을 설정하는 것이 효과적이다. 현재의 관리상황 및 관리수준을 파악하는 방법으로써, 각 영업비밀별로 별첨의 서식을 마련하여 각 항목별 비밀관리가 잘 될 수 있도록 한다. 이 서식은 특허청이 판례 분석을 바탕으로 실제 비밀관리성을 인정받을 수 있도록 꼭 필요한 요소들을 포함시켜 서식을 완성한 것이다.

(3) 기업 업무 프로세스별 영업비밀 관리 및 보호

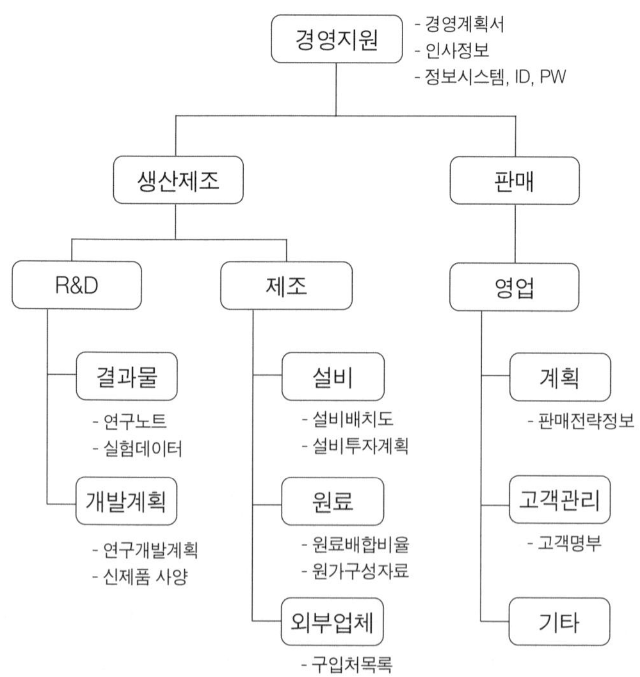

기업의 영업비밀을 효과적으로 관리하기 위해서는 생산, 판매, 경영지원 등 각 업무 프로세스별로 해당 부서가 해당 영업비밀을 파악하고 관리하여야 한다. 또한 해당 업무의 중요 정보가 영업비밀로서 보호할 가치가 있는지에 대해서도 판단하여야만 한다. 다만, 종업원이 기업 내의 모든 영업비밀을 관리하도록 하는 것은 업무 효율을 저하시킬 수 있으므로 해당 업무 관련 영업비밀만을 철저히 관리하도록 조치하여 업무 효율을 높일 수 있어야 한다.

1) 생산 · 제조 단계

① R & D

정보의 내용	구체적 예	유출될 경우 발생할 수 있는 문제
실험 데이터, 분석 데이터	실험 데이터 파일, 분석 데이터 파일	타사의 데이터를 자사의 신제품 개발 및 개량에 이용 가능(실패 데이터는 보다 실현 가능성이 높은 목표 설정, 비용 절감이 가능)
연구 재료, 연구 시료	화합물, DNA칩, 생물조직	타사의 연구대상을 입수하여 자사의 신제품 개발에 이용 가능
연구 개발의 성과(기술 정보, 기술적 지견)	연구 보고서, 미발표의 연구논문, 기술회의 의사록, 기술 데이터	타사의 미발표의 연구개발의 성과를 이용하여 자사 제품의 개량 또는 신제품의 신속한 시장투입이 가능
발명 내용	특허 신청서, 저촉조사 보고서, 발명기록	발명 관련 자료, 실험 데이터를 이용하여 자사의 제품의 개발 및 개량을 실시하고 시장 경쟁을 유리하게 전개 가능
신제품이나 연구개발 계획	신제품 개발 계획서, 연구개발 계획서, 신제품 개발 계획	타사 신제품의 개발 목표, 연구테마, 연구개발의 대상 등을 분석하여, 자사의 연구 활동을 유리한 방향으

		로 개선 가능
신제품의 개발 체제, 조직	신제품 개발 담당자 세부 조직도	타사의 신제품 개발을 위한 조직, 업무 분담, 역할, 배치 등으로부터 타사의 개발내용을 분석하여 자사의 개발에 이용 가능
신제품의 사양 · 설계 내용	시제품(샘플), 시작도면, 신제품사양 · 규격서, 설계도, 사진	타사의 신제품 사양에 관한 정보를 이용하여 자사의 대항제품을 신속하게 개발 가능

② 제조

정보의 내용	구체적 예	유출될 경우 발생할 수 있는 문제
설비 투자 계획	설비 투자 계획서, 설비 사양서	타사의 설비 투자 계획 등을 알고 자사의 설비 투자 내용을 개선 가능
각종 제품의 생산 계획, 생산 능력	생산 계획서, 설비 사양서	타사의 생산 계획이나 생산 능력을 알고 자사 제품의 가격 설정이나 공급량 조정에 유리한 결정 가능
제조 설비의 배치, 제조 공정, 설비 조작 방법	설비 배치도, 공장 레이아웃, 제조 매뉴얼, 공정 매뉴얼, 관리 프로그램	타사의 설비 배치를 분석하여 제품의 제조방법, 공정, 시스템을 이해하고 동등 제품이나 경쟁 제품의 제조에 이용 가능
제조 설비 · 공구 · 금형의 설계 내용	사양서, 설계도, 설계의 전자 데이터, 사진, 모형, 부품도	타사의 독자적인 사양의 설비 내용을 알고 설비에 포함되어 있는 제조 노하우를 이해하여 쉽게 경쟁 제품을 제조 가능
원료 규격 및 검사방법, 사용 재료 및 재료의 배합 비율	원료 등의 규격서, 검사 매뉴얼, 배합 비율	제품 등을 제조하기 위해 어떤 재료를 어떤 비율로 사용하는가에 대한 정보를 알고 쉽게 유사 제품을 제조 가능

각종 제품 등의 품질 관리 방법	품질 관리 매뉴얼	양질 또는 균질의 제품 제조를 위한 독자적 수법을 알고 동일 품질의 제품을 쉽게 생산 · 출하 가능
각종 제품 등의 원가 정보	원가 계산서, 원가 구성 자료	타사 제품의 원가를 알고 자사 제품의 가격 결정 등 판매 전략 수립에 이용 가능
시장 부적합이나 품질 클레임 대응 및 관리의 방법	시장 부적합 · 클레임 대응 매뉴얼, 처리 보고서, 품질 관리 기록	타사의 정보를 통해 자사의 품질 관리에 이용 가능
구입처나 위탁처에 관한 정보	구입처 리스트, 위탁처 리스트	타사의 구입처를 알고 비용, 품질, 개발, 안정 공급 등의 측면에서 보다 유리한 구입처를 개척 가능

2) 판매 단계

정보의 내용	구체적 예	유출될 경우 발생할 수 있는 문제
단기 · 중장기 판매계획	판매 계획서 및 각종 자료	타사의 계획을 알고 대항 수단을 검토하여 자사의 판매계획이나 판매촉진방법을 유리하게 결정 가능
판매 전략에 관한 정보	기획서, 계약서, 교섭 상대와의 연락이나 협의 기록	타사와의 판매 제휴, 판로의 결정 · 변경, 대리점 정책 등에 관한 정보 등을 알고 자사가 경쟁 우위에 설 수 있는 판매 체제 등의 판매 전략을 기획 가능
시장 정보	조사보고서, 통계표, 설문조사 분석 리포트	타사가 조사한 제품 · 기술에 관해 조사 · 분석해서 얻은 시장 동향 · 고객 수요 동향 · 타사 동향 등의 정보를 이용하여 자사의 제품과 타사의 제품

		간 차별화 가능
고객(기업)에 관한 정보	고객 명부, 고객 데이터, 고객 카드, 단골 기업 파일, 방문 기록	타사의 영업활동의 성과를 축적한 것으로 구입자를 구체적으로 파악하여 자사의 고객으로 유도 가능
제품 · 서비스의 가격에 관한 정보	원가 계산 자료, 가격표, 판매 수수료 일람표, 견적서, 발주서, 청구서	원가, 판매가격, 구입가격, 희망소비자가격, 할인 한도액 등의 설정 방법 · 기준 등 타사의 원가 등의 구성을 알고 자사의 최적의 대항책을 준비 가능
신제품에 관한 정보	신제품 사양서, 판매 계획서, 상표등록 준비 자료	타사가 신규로 시장에 투입하는 제품의 외관사양, 브랜드네임, 출원 전의 상표, 판매 시기 등의 정보를 알면 대항책을 기획하여 경쟁을 유리하게 전개 가능
발표 전의 광고 · 선전 정보	기획서, 발표용 자료	타사의 신제품 판매에 관한 구체적인 광고 · 선전 방법을 알고 자사의 경쟁 상품의 광고 · 선전을 유리하게 기획 가능
반품 · 클레임 처리에 관한 정보	클레임 처리 등을 위한 사내 문서, 원인 분석 데이터, 클레임 처리 보고서	취급 제품의 반품 품목, 수량, 반품원인, 고객으로부터의 각종 클레임 등의 정보 및 그 처리에 관한 정보 등을 이용하여 자사의 상품 개발을 보다 효율적으로 행하고, 경쟁 우위 판매 전략 구상이 가능
프랜차이즈의 경영 노하우	시스템 매뉴얼, 상품 진열 매뉴얼, 상품 리스트	프랜차이즈 비즈니스를 보다 효율적으로 전개 가능

3) 경영 지원

정보의 내용	구체적 예	유출 공개 시 발생하는 문제
경영 계획	중장기 경영계획서, 단기 경영계획서, 신규 사업 계획서, 신제품 계획서	타사의 경영 계획, 주력 방침, M&A, 합병, 회사분할, 주식교환, 사업 이전, 업무 제휴, 해산, 자회사 설립 등의 중요한 구조적 변경 등을 알고 유리한 경영 전략 수립 가능
공표 전의 중요한 경영에 관한 정보	임원회, 경영 회의 등에 사용된 계획서 등의 자료, 의사록, 계약서 등	
결산에 관한 정보, 각 항목별 수지정보, 자금계획	재무제표, 제품별 수지표, 자금 계획서	타사의 공표전의 재무 구조나 자금 상황을 알고 자사의 경쟁 전략을 유리하게 계획 가능
종업원 개인에 관한 정보	종업원명부, 급여명세표, 인사고과표	유능한 종업원에 관한 인사정보는 헤드헌팅의 기초 데이터가 됨
정보 시스템	시스템 설계 및 구성도, 네트워크 구성도, 운용 매뉴얼, 백업 매뉴얼	타사의 기존 시스템의 구조를 파악하고 이와 동등하거나 그 이상의 기능을 가진 시스템을 단기간에 구축 가능
정보 시스템 접근 계정 정보	계정 리스트, 패스워드 파일	타사의 비밀 정보를 쉽게 입수 가능

2. 기업의 영업비밀 관리 및 보호 대책

(1) 관리규정 제정

영업비밀을 효과적으로 보호하고 관리하기 위해서는 비밀관리에 관한 명문화된 규정을 제정하여 시행하여야 한다. 기업은 규정에 영업비밀 관리의 기본 방침, 실시계획 외에 영업비밀에 관한 각종 규정(영업비밀 관리체계, 영업비밀의 분류 및 취급, 종업원의 의무, 영업비밀 관리용기 및 보관장소의 지정, 영업비밀 관리기록부의 비치 및 활용, 출입자의 통제 등에 관한 사항 등)을 작성하여 문서화하여야 한다.

(2) 영업비밀 분류 및 표시

영업비밀로 관리할 정보에 비밀관리성을 여러 등급으로 나누어 각기 다른 수준의 관리체계를 구축하여야 한다. 예를 들어 경영상 매우 중요한 정보로 영구 보존하고 접근과 취급에 특별한 제한이 필요한 경우에는 '극비', '극비'로 분류된 정보만큼 중요하진 않지만 기업의 경영에 큰 위협이 될 수 있어 장기적으로 보존해야 할 경우는 '비밀', 일반적인 정보이지만 외부에 유출될 경우 악용의 소지가 있는 경우는 '사외비' 등으로 구분하여 관리한다. 한편 해당 정보가 영업비밀로 관리하는 정보라는 것을 객관적으로 인식 가능하도록 하기 위하여, 영업비밀이 기록된 매체에 비밀이라는 것을 표시하여야 한다. 비밀 표시의 방법으로서는 '비밀' 등의 스탬프를 찍거나 스티커를 붙이는 방법이 대표적이며, 전자정보의 경우에는 영업비밀을 표시하는 데이터를 전자정보 자체에 입력하거나 파일 접근 암호를 설정하거나, 파일 자체를 암호화하는 방법 등이 가능하다.

(3) 접근권한자 지정

영업비밀에 접근할 수 있는 접근권한자를 지정하는 것도 비밀관리성의 중요한 요소이다. 접근권한자는 본인이 취급하는 영업비밀의 중요성과 그 업무를 명확하게 인식하고 있어야 한다. 접근권한자가 비밀관리의 중요성을 인식하지 못하고 있는 경우에는 아무리 엄중한 비밀관리방법을 채택하더라도 실효성이 떨어질 수밖에 없다.

(4) 인적 관리

우리나라 영업비밀 침해의 대부분은 종업원에 의한 것으로 나타나고 있다. 아무리 제도적 장치와 물리적 조치가 완벽하다고 하더라도 종업원 관리를 소홀히 하게 되면 오랜 기간 연구개발한 노력의 성과가 종업원에 의해 외부에 유출될 수 있다. 종업원 관리는 예를 들어, 입사 시 비밀유출금지 서약서 제출, 재직 시 주기적인 보안교육 실시, 퇴직 시 직업선택의 자유나 근로의 권리를 침해하지 않는 범위 내에서 동종업체 취업 및 경업 금지의무를 부과하여야 한다. 단, 기업에 있어 인적 관리는 무엇보다도 사용자와 종업원간의 협력자적 동반관계가 중요하므로 평소에 사용자는 종업원에 대하여 각별히 관심을 가지는 한편, 종업원의 직무수행과정에서 발견 또는 창출된 영업비밀을 회사에 신고하여 영업비밀로 관리할 수 있도록 하는 영업비밀 신고제도를 도입하고, 신고된 영업비밀은 이에 상응하는 보상금을 지급토록 하는 제도도 아울러 마련함으로써 기업의 창의적 영업활동을 촉진시키고, 영업비밀의 개발축적으로 기업 경쟁력을 제고하는 데 기여토록 할 필요가 있다.

특히 영업비밀과 직접 관련이 있는 연구 · 개발부서 및 영업비밀 관리직원에 대해서는 영업비밀 준수 서약서와 전직 및 퇴직 시 사용 · 공개금지 및 경업금지 서약서를 징구해야 한다. 이와 같은 서약서에는 재직 중 지득한 회사의 영업비밀을 유출하는 경우 손해배상은 물론 민 · 형사상 책임을 지겠다는 것, 재직 중 창출한 영업비밀의 소유권은 회사에 귀속하는 것을 명기하여, 영업비밀을 둘러싼 법적 분쟁여지를 사전에 차단하도록 한다. 신규 직원이 다른 기업으로부터 전직하여 왔을 경우에는 이전 직장에서 체결한 영업비밀 관리에 관한 계약 등을 주의 깊게 검토하고, 이 과정을 통해 타 회사의 종업원을 채용함으로써 부당한 스카우트 또는 영업비밀 침해로 인한 제소를 당하는 일이 없도록 대비할 필요가 있다. 그리고 연구 · 개발부서의 직원 또는 영업비밀 관리부서의 직원이 퇴직예정이거나 퇴직 시 사전에 영업비밀 인수인계에 대하여 만전을 기하는 한편, 퇴직 직원에게 영업비밀의 사용 또는 공개행위는 영업비밀 침해행위에 속한다는 관련 법률 규정을 설명하고, 재직 중 연구 · 개발 및 관리하였던 영업비밀 관련 서류는 모두 반납하도록 하여야 한다. 또한 퇴직자가 보유한 영업비밀을 특정하고 경업금지 업종 · 분야를 구체적으로 한정하여야 한다. 단, 경업금지 기간은 해당 영업비밀의 중요성, 업종 및 업무 내용 등을 고려하여, 종업원의 직업 선택의 자유를 부당하게 침해하지 않는 합리적인 기간을 1~2년 내에서 설정하여야 한다.

(5) 거래처 관리

영업비밀에 관한 라이선스 계약의 당사자가 상대방의 영업비밀의 가치를 평가하기 위해 협상 단계에서 공개를 요구하는 경우, 거래처와의 계약이 성립하기 이전에도 계약 사항의 협의를 위해 영업비밀을 공개할 필요가 발생할 수 있다. 이 경우 계약단계에 이르지 않을 경우를 대비하여 중요한 영업비밀을 제공하는 것을 신중하게 고려해야만 한다.

계약서에는 영업비밀의 유출에 관해 상대방의 경각심을 일깨우고, 만약 비밀 유출이 발생할 경우 법적 수단을 강구하겠다는 의사를 명확히 하기 위하여 영업비밀에 관련된 조항(영업비밀의 목적 외 사용 금지, 제3자에 대한 공개 금지, 철저한 비밀 관리유지, 손해배상 등)을 삽입하도록 한다. 영업비밀을 공개하는 기업뿐만 아니라 공개를 받는 기업 쪽에서도 법적 분쟁의 소지를 남기지 않기 위하여 상대방으로부터 취득할 영업비밀의 범위와 사용목적, 공개 범위를 계약서에 명확하게 규정하는 것이 필요하다.

(6) 협력업체 등 외부 보안 관리

협력 업무의 성격상 협상 단계에서부터 기업의 중요한 영업비밀을 공개할 필요성이 큰 경우가 많으므로, 구체적인 협상 단계 이전에 상호 비밀유지계약을 체결하도록 한다. 협력업체가 비밀을 유출하는 사태를 방지하기 위하여 담당자에게도 비밀유지 서약서를 징구하여야 하며, 자사와의 계약 종료 후에도 동종 타사에 접촉할 기회가 많은 점을 고려하여 계약종료 후에도 일정기간 비밀유지의무를 부과하는 내용을 계약서에 명시하도록 한다.

(7) 제품 구매자 및 관계기관 등의 보안 관리

제품 구매 상담 및 공장 견학 등으로 기업을 방문하는 외부인도 상담 또는 견학과정에서 지득한 영업비밀을 유출할 위험이 있다. 따라서 제품 소개 또는 구매 상담의 자료 및 홍보 팸플릿 등에는 중요한 영업비밀을 노출하지 않도록 주의하여 기재하도록 하고, 견학에 관해서도 중요 시설 접근을 막는 등 적절한 코스를 지정하도록 한다. 또한 정부기관 및 지자체 등의 관계기관에 연구비 또는 연구 프로젝트의 획득 등을 위하여 자사의 기술 정보 등의 영업비밀을 제공하는 경우에도 해당 정보가 비밀임을 명확히 표시하고 관련기관에도 '대외비'에 준하여 취급하여 줄 것을 요구하도록 한다.

(8) 서류 및 전자매체의 관리

영업비밀을 기재한 서류 등은 원칙적으로 접근권한자 이외의 사람이 접근 불가능한 장소에 문을 잠그고 보관하여야 한다. 접근권한자가 영업비밀이 기재된 서류 등을 외부로 가지고 나가는 것이나, 복제하여 소지하는 것을 인정하는 경우에는 반출 및 복제에 관한 규정을 두고 이를 업무상 필요한 경우에 제한하는 것이 바람직하다. 영업비밀이 전자 데이터로 저장되어 기록된 전자매체의 관리도 기본적으로 서류 등의 관리와 마찬가지로, 관리번호를 부여하고 일반 정보와 분리하여 출입이 통제된 구역이나 시건장치가 달린 캐비닛 등에 보관하는 것이 바람직하다. 영업비밀이 저장된 컴퓨터에 대해서는 접근을 최소화함과 동시에 반드시 패스워드를 사용해야만 접근할 수 있도록 하고, 수시로 패스워드를 변경하여 담당자 외에는 접근이 불가능하도록 해야 한다. 이메일에 관해서는 외부발송 이메일 크기를 일정규모 이하로 제한하고, 이를 초과할 경우에는 해당 부서장의 승인을 받도록 조치하여 영업비밀유출을 방지해야 한다. 기업이 보유하고 있는 영업비밀은 내부 직원에 의해서도 유출되지만 외부인에 의해서도 유출될 수 있으며, 외부인으로부터 영업비밀을 보호하기 위한 물리적 조치의 가장 기본적인 방법은 연구·개발 장소 및 영업비밀 관리 장소에 대한 통제구역의 설정이라 할 수 있다.

3. 기업의 영업비밀 관리규정 표준 제정안

영업비밀 보호 및 관리를 위한 활용 표준은 해당 기업의 규모와 업종, 영업비밀의 특성, 영업비밀 관리조직 및 담당자의 유무, 영업비밀 관리의 적정성 등을 고려하여 특허청에 의해 작성되었다. 표준서식은 일반적 기업에 적용되는 다양한 서식을 표준화한 것이므로, 개별 기업의 구체적 사정에 따라 서식의 내용이 수정되거나 변경될 수 있다. 표준서식을 활용하여 임직원 등에게 비밀유지 서약서 등을 받는 것은 영업비밀을 보호하기 위한 최소한의 조치 중 하나일 뿐이며, 그 자체로 영업비밀 보호 노력을 충분히 했다고 볼 수 없다. 따라서 영업비밀 보호를 위한 합리적인 노력을 다하였음을 인정받기 위해서는 영업비밀의 표시, 등급분류, 관련 교육 시행, 출입 제한 등 다양한 조치가 함께 이루어져야 한다.

영업비밀로 보호받으려면 '합리적인 노력'이 필요하다. 이를 위해서는 임직원으로부터 비밀유지서약서를 받았는지의 여부, 영업비밀 관리 규정 등을 제정, 시행했는지 여부, 영업비밀 관리 또는 사용대장을 작성했는지 여부 등은 법원이 어떤 정보가 상당한(합리적인) 노력에 의하여 비밀로 유지되었는지의 여부를 판단할 때 흔히 고려하는 요소이다. 또한 '상당한 노력에 의하여 비밀로 유지된다'는 것은 정보가 비밀이라고 인식될 수 있는 표시를 하거나 고지를 하고, 정보에 접근할 수 있는 대상자나 접근 방법을 제한하거나 정보에 접근한 자에게 비밀준수의무를 부과하는 등 객관적으로 정보가 비밀로 유지·관리되고 있다는 사실이 인식 가능한 상태인 것을 말한다(대법원 2011.7.14. 선고 2009다12528 판결, 대법원 2014.8.20. 선고 2012도12828 판결 등).

따라서 영업비밀 보유자는 다른 영업비밀 보호를 위한 노력과 함께 임직원이나 외부인으로부터 비밀유지서약서 또는 비밀유지계약서 등을 징구하고, 영업비밀 관리규정 등을 제정해야 한다.

(1) 영업비밀 관리규정(안)

- 영업비밀의 분류, 표시, 취급자 등을 총칙 부분에 규정하고, 영업비밀의 창출 및 사용, 영업비밀 서약서의 징구, 시스템 보안 등에 관한 사항을 규정하는 것이 일반적이며, 업종별로 큰 차이는 없다. 영업비밀 관리규정에는 영업비밀 관리대장, 비밀유지서약서, 비밀유지계약서 등의 양식을 별지 서식으로 정해 두는 것이 바람직하다.

영업비밀 관리규정

제1장 총 칙

제1조(목적) 이 규정은 주식회사 ABC(이하 '회사'라 함)의 정보자산, 보안사항, 영업비밀 및 기타 지식재산권의 관리 및 보호에 관한 필요한 사항을 정하여 회사의 발전을 도모함을 목적으로 한다.

제2조(정의) 이 규정에서 사용되는 용어의 정의는 다음과 같다.

1. '정보'라 함은 회사의 경영 또는 활동에 필요한 일체의 지식을 말한다.
2. '정보자산'이라 함은 '정보와 정보시스템'을 포괄한 개념을 말한다.
3. '정보시스템'이라 함은 회사가 보유하고 있는 컴퓨터, 전산시스템, 네트워크, 소프트웨어 및 각종 영상매체시설물 등 '정보'를 관리하는 데 필요한 모든 자산을 말한다.
4. '영업비밀'이라 함은 회사가 보유 또는 보유할 정보로서 공연히 알려져 있지 아니하고 독립된 경제적 가치를 가지는 것으로, 합리적 노력에 의하여 비밀로 유지된 생산방법 · 판매방법 기타 영업활동에 유용한 기술상 또는 경영상의 정보를 말한다.
5. '지식재산권'이란 인간의 창조적 활동 또는 경험 등에 의하여 창출되거나 발견된 지식 · 정보 · 기술, 사상이나 감정의 표현, 영업이나 물건의 표시, 생물의 품종이나 유전자원, 그 밖에 무형적인 것으로서 재산적 가치가 실현될 수 있는 것에 관한 권리를 말한다.
6. '임직원'이라 함은 회사에 재직하는 임원과 직원을 말한다.

제3조(보안업무의 분류) ① 회사의 모든 '정보'에 대해 '일반업무'와 '보안업무'로 구분하고, '보안업무'는 다시 '시스템보안업무'와 '일반보안업무'로 구분된다.

② '시스템보안업무'는 컴퓨터, 정보통신망 등 주로 컴퓨터를 통하여 진행되는 정보시스템에 관한 보안업무를 말하며, '일반보안업무'는 그 이외의 모든 부문의 정보보안업무를 말한다.

제4조(적용범위, 보호대상) ① 이 규정은 회사에 신규채용 · 재직 · 퇴직하는 모든 임직원과 외부 협력업체와 파트너 기타 회사를 출입하는 모든 사람에게 적용한다.

② 이 규정은 회사가 보유하고 있는 다음 각 호를 그 보호대상으로 한다.

1. 영업비밀 그 자체
2. 영업비밀이 화체된 물건 및 물체(예시: 서류, 도면, 복사물, 자기테이프, 컴퓨터, CD, DVD, USB, 외장HDD, 전화기, 자재, 생산품 등)

② 이 규정은 회사가 보유하고 있는 다음 각 호를 그 보호대상으로 한다.

1. 영업비밀 그 자체
2. 영업비밀이 화체된 물건 및 물체(예시: 서류, 도면, 복사물, 자기테이프, 컴퓨터, CD, DVD, USB, 외장HDD, 전화기, 자재, 생산품 등)
3. 영업비밀 생산설비와 장비
4. 영업비밀 통제구역
5. 지식재산권
6. 기타 회사 기밀과 관련된 정보자산

제2장 영업비밀의 보호관리

제5조(보안업무의 조직 및 기능) ① 회사는 영업비밀 기타 정보자산의 관리와 보호를 위하여 회사 내 모든 보안업무를 총괄 담당하는 보안관리책임자를 지정한다.

② 보안관리책임자의 직무는 다음 각 호와 같다.

1. 부서별 영업비밀 보호 및 관리에 관한 계획 수립 및 조정
2. 소관 영업비밀의 등급분류
3. 영업비밀에 관한 교육 실시
4. 영업비밀 보유현황 조사 및 관리 감독
5. 비밀유지계약 및 서약서 등의 집행
6. 보안관련 규정 및 지침 수립, 조정
7. 기타 회사의 영업비밀 보호 기타 보안에 관하여 필요한 사항

③ 보안관리책임자는 분기별로 대표이사에게 보안업무의 현황을 보고하여야 하며, 임직원이 중요한 영업비밀을 개발하거나 창출하였을 경우에도 같다.

④ 회사의 각 부서장은 부서업무와 관련된 영업비밀(제6조의 1급 비밀을 제외함)의 관리책임자로서 제2항 제1호 내지 제5호 및 제7호의 직무를 수행할 의무와 책임을 가진다.

⑤ 보안관리책임자는 각 부서장과 보안업무에 관한 협력체계를 수립하고 사내 주요 보안상황을 공유하며, 필요한 사항에 대해서는 전 임직원에게 공지한다.

제6조(영업비밀의 분류와 기준) ① 회사는 영업비밀에 대해 그 중요성과 가치의 정도에 따라 '1급 비밀', '2급 비밀', '3급 비밀' 등 3단계로 분류하고, 필요 시 그 분류를 변경할 수 있다.

② '1급 비밀'이란 경쟁사 또는 대외로 유출될 경우 회사가 막대한 손해를 입을 수 있는 다음 각 호의 영업비밀을 말한다.

1. 회사의 원천기술 및 이에 대한 지식재산권 출원과 관련된 사항
2. 세계 초일류 기술, 국방, 안보관련 기술 또는 국가핵심기술과 관련되는 사항
3. 회사의 영업전략, M&A 기타 회사의 핵심 영업비밀에 해당하는 사항

③ '2급 비밀'이란 경쟁사 또는 대외로 유출될 경우 회사에 피해를

줄 수 있는 영업비밀 중 '1급 비밀'에 해당하지 않는 영업비밀을 말한다.

④ '3급 비밀'이란 '1급 비밀' 또는 '2급 비밀'이 아닌 '영업비밀'을 말한다.

⑤ 영업비밀은 다음 각 호의 기간 동안 보존한다. 다만, 회사의 보안관리책임자 또는 각 부서장은 각 영업비밀의 특성을 고려하여 다음 제2호, 제3호의 보관기간보다 장기간을 보존기간으로 지정할 수 있다.

1. 1급 비밀: 영구보존
2. 2급 비밀: 10년
3. 3급 비밀: 5년

제7조(영업비밀 표시 및 보관) ① 영업비밀은 그 표지에 '대외비' 표시와 함께 각 등급에 따라 아래와 같이 구분하여 표시하여야 한다.

1. 1급 비밀: 대외비 | 1급
2. 2급 비밀: 대외비 | 2급
3. 3급 비밀: 대외비 | 3급

② 영업비밀이 화체된 서류, 물건 등은 일반 문서, 물건 등과 분리하여 별도의 보관함, 금고 등 보안장치를 구비하고 있는 용기에 넣어 특별히 관리하여야 한다.

③ 영업비밀이 포함되어 있는 전자문서는 일반 전자문서와 분리하여 비밀번호를 설정하고, 영업비밀 취급자격이 있는 자 이외에는 열람할 수 없는 방법으로 보관하여야 한다.

제8조(영업비밀 통제구역 설정) ① 영업비밀의 보호와 중요시설장비 및 자재의 보호를 위하여 필요한 경우 일정한 범위를 통제구역으로 지정하고, 필요 시 CCTV와 시건장치 기타 통제구역을 보호하기 위한 장치나 설비를 설치한다.

② 제1항의 통제구역에는 외부에서 인식할 수 있는 적절한 방법으로 '통제구역'임을 표시하고 회사로부터 사전에 허가받은 관계

자 이외의 출입을 통제하여야 한다.

③ 제1항의 통제구역에는 출입자 명부를 비치하여 출입자를 기록 · 보존하여야 하고, 필요할 경우 출입자로부터 영업비밀 보호에 관한 각서 또는 서약서를 징구하여야 한다.

제9조(관리대장) 각 영업비밀의 관리책임자는 제7조 제2항에 의하여 관리하고 있는 영업비밀에 대하여 등급별로 영업비밀 관리대장(이하 '관리대장'이라 함)을 비치하고 변동사항 등에 대한 기록을 유지 · 관리하여야 한다.

제10조(취급자격자) 제6조에 의하여 분류된 영업비밀의 취급자격자는 다음 각 호와 같다.

1. 1급 비밀: 대표이사, 대표이사가 지정한 임직원, 보안관리책임자
2. 2급 비밀: 1급 비밀 취급자, 해당 영업비밀이 속한 담당부서의 부서장 및 실무 담당자
3. 3급 비밀: 2급 비밀 취급자와 동일

제11조(보안점검) ① 보안관리책임자는 영업비밀을 취급하는 각 부서에 대하여 정기적으로 보안점검을 실시하여야 한다.

② 보안관리책임자는 영업비밀 보호를 위하여 필요한 경우 대표이사에게 그 사유를 보고한 이후 특정 임직원 및 부서를 선정하여 불시에 보안점검을 실시할 수 있다.

제12조(복구) 각 영업비밀의 관리책임자는 영업비밀에 대한 위험이 발생하거나 발생할 우려가 있음을 알게 된 때에는 지체 없이 보안관리책임자 및 관련부서에 이를 통보하고 즉시 필요한 조치를 취하여야 한다.

제13조(물품의 반입, 반출) ① 회사의 자산 및 물품을 반입, 반출하는 임직원은 보안관리책임자 또는 관련부서 부서장의 사전승인을 얻어야 한다.

② 컴퓨터 등 정보처리장치(휴대용을 포함하며, 이하 '정보처리

장치'라 함) 및 USB메모리, 외장 HDD 등 전자기록매체(이하 '전자기록매체'라 함) 등을 사용하고자 하는 임직원은 사전에 보안관리책임자 또는 담당부서장의 승인을 얻어야 하며, 회사의 업무를 위해서만 사용하여야 한다.

③ 컴퓨터 또는 전자기록매체를 반입, 반출하는 경우, 이를 사용하는 사용자는 관련 규정에 따라 반입 및 반출일자, 기기사양, 사용용도, 사용자 정보 등을 작성하여 담당 부서장에게 제출하고, 담당 부서장은 이를 직접 확인한 이후 사용자가 제출한 서류를 보안관리책임자에게 제출하여야 한다.

④ 보안관리책임자는 제3항의 서류를 별도로 보관하고, 회사 내의 컴퓨터 및 전자기록매체 등의 존재 및 사용현황을 수시로 확인하여야 한다.

제14조(비상대책) ① 영업비밀 관리책임자는 화재나 자연재해 등 비상상황에 대비하여 복사본 작성이 필요한 영업비밀에 대해서는 보안관리책임자와 협의하여 복사본을 작성하고, 이를 별도의 장소에 보관하여 정기적으로 관리하여야 한다.

② 보안관리책임자는 화재나 자연재해 및 회사의 기밀유출 등의 비상상황 발생 시 회사의 피해를 최소화하기 위한 관련 규정 및 지침을 수립하고, 이를 전체 임직원에게 공지하여야 한다.

제3장 영업비밀의 생성과 취득

제15조(영업비밀의 창출 및 귀속) 임직원이 직무와 관련하여 연구·개발하거나 취득한 영업비밀은 회사의 소유이며, 해당 임직원은 이를 회사에 귀속시켜야 한다. 다만, 임직원이 자신의 일반적 지식, 경험, 기술에 근거하여 창출한 영업비밀에 대해서는 특별한 약정이나 규정이 있을 경우 그 약정이나 규정에 따르고, 그 약정이나 규정이 없을 경우 해당 임직원의 소유로 한다.

제16조(영업비밀 신고) ① 임직원이 재직 중 영업비밀을 창출한 경우에는 관련 부서의 장에게 신고하여야 한다.

② 임직원이 본 규정의 적용을 받지 아니하는 타인과 공동으로 회사의 업무와 관련된 영업비밀을 창출한 경우에도 제1항의 규정에 따라 신고하여야 한다.

제17조(보상) 임직원이 창출한 영업비밀 중 이로 인하여 회사의 이익이 발생하고 상당한 가치가 있는 영업비밀에 대해서는 직무발명에 준하여 보상금을 지급하여야 한다.

제18조(취득) 임직원이 영업비밀을 외부로부터 취득하였을 경우 관련부서의 부서장에게 신고하고, 관련부서의 부서장은 이를 관리대장에 기재하여 임직원이 창출한 영업비밀과 같은 방법으로 관리한다.

제4장 영업비밀의 사용

제19조(사용) ① 회사의 영업비밀은 제10조에 따라 영업비밀 취급자격이 인정되는 영업비밀 관리책임자의 승인을 얻어 사용할 수 있다.

② 회사의 영업비밀을 사용하거나 이를 반출하는 경우에는 사전에 영업비밀 관리책임자에게 신청하여야 하고, 위 관리책임자는 신청인의 영업비밀 취급 자격을 확인한 이후 그 자격이 인정되는 경우에 한하여 영업비밀 사용대장(이하 '사용대장'이라 함)에 신청내역을 기재한 이후 해당 영업비밀을 반출하거나 사용토록 하여야 한다. 이때 1급비밀의 사용 또는 반출에 대해서는 사전에 보안관리책임자의 동의를 얻어야 한다.

제20조(양도) ① 영업비밀을 양도할 때에는 관련부서와 협의를 하고 영업비밀 관리책임자, 보안관리책임자 및 대표이사의 승인을 얻어야 한다.

② 영업비밀 관리책임자는 영업비밀을 양도한 후에도 필요에 따라 관계기록을 폐기하지 않고 영업비밀의 유지 및 관리를 수행해야 한다.

제21조(부서 간 사용) 회사 내부의 부서 간 영업비밀을 대여·사용·유통하기 위하여 이송할 때에는 제19조에 따라 부서 책임자 간에 인수인계 절차를 거쳐야 하며, 영업비밀을 이송받은 부서의 책임자는 해당 영업비밀의 사용이 종료되는 때에는 즉시 인수인계절차를 거쳐 해당 영업비밀을 원래 보관하고 있던 부서에 반환하여야 한다.

제22조(이송방법) ① 영업비밀을 사내에서 대여·사용·유통을 위하여 이송할 때에는 밀폐포장이나 용기 등을 사용하여야 한다.

② 부득이 영업비밀을 통신수단에 의하여 이송할 때에는 보안이 설정된 파일 등을 활용하거나 주요내용 부분은 이를 분리하여 이송하는 등 필요한 보안조치를 취하여야 한다.

제23조(관리, 폐기) ① 회사의 영업비밀은 영업비밀별 관리기준에 따라 관리한다.

② 더 이상 활용가치가 없는 영업비밀은 일정한 절차에 의해 폐기할 수 있으며, 폐기 후에도 필요한 경우에는 계속하여 보호·관리한다.

제5장 임직원의 영업비밀 보호의무

제24조(입사 시) 회사가 신규로 채용한 임직원에 대해서는 비밀유지서약서를 작성하여 제출하게 하여야 한다.

제25조(재직 중 영업비밀누설 금지) ① 임직원은 재직 시 취득한 영업비밀에 대하여는 이 규정에 따라 취급·관리해야 하며 허가 없이 이를 유출·공개 또는 사용할 수 없다.

② 연구개발 결과, 신제품 등을 발표하거나 전람회 등에 출품하여

부득이 하게 영업비밀을 공개하게 되는 경우에는 사전에 해당 영업비밀의 관리책임자 및 보안관리 책임자의 승인을 얻어야 한다.

③ 회사는 임직원의 재직 중에 정기적으로 비밀유지서약서를 징구할 수 있으며, 프로젝트 참여 등 필요시에는 비밀유지서약서를 징구할 수 있다.

제26조(퇴직 시) ① 회사의 임직원이었던 자는 회사의 사전승인 없이 재직 시 취득한 영업비밀을 공개 · 유출 또는 사용할 수 없다.

② 임직원이 퇴직할 경우 그 임직원이 보유하고 있는 모든 영업비밀을 반납받고 비밀유지서약서를 징구하여야 한다.

제6장 협력업체 등에 대한 비밀관리

제27조(협력업체 기타 제3자) 협력업체 기타 제3자에게 영업비밀을 제공하거나 영업비밀과 관련된 업무를 하게 할 경우 해당 협력업체 기타 제3자로 하여금 비밀유지서약서를 작성하여 제출하도록 하여야 한다.

제28조(공동 프로젝트, 기술제휴계약) ① 회사가 외부 기관 등에 연구개발 프로젝트를 의뢰하거나, 외부 기관과 사이에 기술제휴계약을 체결함에 있어서 회사의 영업비밀을 공개해야 하는 경우, 외부 기관의 참여 임직원에게는 비밀유지서약서를 제출받고, 외부 기관과 사이에는 비밀유지계약서에 따라 비밀유지계약을 체결한 이후에 영업비밀을 공개하여야 한다.

② 회사는 외부 기관과의 협의에 따라 제1항의 비밀유지서약서 또는 비밀유지계약서 내용 중 일부를 변경할 수 있다.

제7장 시스템 보안관리

제29조(컴퓨터 사용) ① 회사 내 모든 컴퓨터 사용자는 불법 소프트웨

어를 사용해서는 안 되며, 불법 소프트웨어를 사용함으로 인한 모든 책임은 사용자 본인에게 있으며, 회사는 책임이 없다.

② 회사 내 모든 컴퓨터 사용자는 바이러스 침입 및 해킹을 방지하기 위한 소프트웨어와 각종 보안 솔루션을 설치하고, 정기적으로 백업 및 업데이트 관리를 하여야 한다.

제30조(통신망 사용) ① 임직원들은 회사 내에서 공통으로 사용하는 통신망만을 사용하여야 한다.

② 보안관리 부서 및 보안관리책임자는 회사의 영업비밀 보호 및 업무 효율성 확보를 위해 인터넷상의 특정 사이트 접속을 통제할 수 있다.

③ 임직원들은 회사에서 사용을 금지한 이메일을 사용해서는 안 된다.

④ 임직원들은 외부로 문서를 발송할 경우에는 부서장의 사전 승인을 받아야 한다. 단, 전결권한이 있는 임직원은 그렇지 아니하다.

제31조(시스템 관리) ① 보안관리책임자는 회사의 보안시스템을 연1회 이상 정기적으로 점검하고, 그 결과를 전체 임직원에게 공개한다.

② 임직원들은 회사의 보안시스템에 대한 문제를 발견한 즉시 보안관리책임자에게 그 사실을 신고하여야 한다.

③ 시스템보안에 대해서는 이 규정에 의하는 외에 별도로 규정하는 바에 따른다.

제8장 영업비밀 침해구제

제32조(구제조치) ① 보안관리책임자 및 각 부서장은 회사의 영업비밀을 침해당했을 때에는 지체 없이 관계법령 및 사규에 의한 필요한 구제조치를 취하여야 한다.

② 보안사고 발생 시 업무담당자와 보안관리책임자 등 관련자는 사건 조사 및 해결에 성실히 협력하여야 한다.

제33조(영업비밀누설자에 대한 징계) 영업비밀 누설자에 대해서는 제32조의 규정에 의한 조치를 취함과 동시에 별도로 사규에 따라 징계할 수 있다.

제34조(관련자에 대한 징계) 영업비밀 누설을 부주의나 과실로 알지 못하였거나 막지 못한 관계자에 대해서도 사규에 의해 징계할 수 있다.

제9장 보칙

제35조(교육) ① 보안관리책임자는 전체 임직원에 대해서 정기적으로 영업비밀에 관한 교육을 실시하여야 한다.

② 영업비밀 교육은 외부에 위탁하여 실시할 수 있다.

부칙

1. 이 규정은 20___년 __월 __일부터 시행한다.
2. 이 규정 시행 전부터 보유하고 있는 영업비밀 중 주요 영업비밀에 대해서는 규정 시행 후 1개월 이내에 등급분류(재분류)를 하여 등급을 지정(재지정)한다.

[별첨] 등급별 취급 규정

1. '1급 비밀'을 기록한 문서, 도면, 사진, 서적, 자기 테이프, FD, CD, 컴퓨터 서버 등 (이하 '기록매체')의 취급은 다음과 같다.

(1) 보관
- 기록매체는 영업비밀 관리대장에 기록매체의 요지를 기입한 후 다른 문서와 구별하여 시건 장치가 있는 보관함에 엄중히 보관해야 한다. 이때 열쇠 등은 관리책임자가 보관한다.
- 전자화된 정보를 정보시스템 기기에 보관하는 경우 암호화 등의 적절한 조치를 취하고 해당 정보시스템 기기를 통제구역 내에 설치한다. 만일 해당 정보시스템 기기를 통제구역 내에 설치할 수 없는 경우에는 관리책임자는 타인의 접근을 방지하기 위한 최선의 보안조치를 취하여야 한다.
- 전자화된 정보를 외부기록매체에 보관하는 경우 암호화 등의 적절한 조치를 취하고 해당 외부기록매체를 시건 장치가 있는 보관함 등에 엄중히 보관해야 한다. 이때 열쇠 등은 관리책임자가 보관한다.

(2) 열람
- 관리책임자의 허가 없이 기록매체를 열람할 수 없다.
- 해당 정보에 접근이 허락되지 않은 자는 기록매체를 열람할 수 없다.
- 전자화된 정보의 화면 표시는 입실이 제한되고 해당 정보의 보유자가 실재하는 장소에서 타인에게 보이지 않도록 각별한 주의를 기울이며 실시되어야 한다.
- 관리책임자는 영업비밀 사용대장에 열람자명, 일시 등을 기록한다.

(3) 복제

- 관리책임자의 허가 없이 기록매체를 복제할 수 없다. 이때 복제물은 원본과 동등하게 '1급 비밀'로 취급해야 한다.
- 전자화된 정보의 복제는 관리책임자만이 실시할 수 있다.
- 관리책임자는 영업비밀 사용대장에 복제자명, 일시, 목적 등을 기록한다.

(4) 반출

- 관리책임자의 허가 없이 기록매체를 반출할 수 없다.
- 관리책임자의 허가가 있을 경우에도 허가를 받은 본인만이 기록매체를 소지하도록 하며 유출 및 분실에 책임을 지도록 한다.
- 관리책임자는 영업비밀 사용대장에 반출자명, 일시, 목적, 반환시기 등을 기록한다.

(5) 폐기

• 기록매체는 사용 후 기록매체를 배부받은 자의 책임 하에 적절한 방법에 의해 폐기하도록 한다.

• 전자화된 정보는 관리책임자의 승인을 얻어 제3자가 잔류정보를 해독할 수 없도록 필요한 조치를 취한 후에 폐기하도록 한다.

• 관리책임자는 영업비밀 관리대장에 폐기 일시 등을 기록한다.

2. '2급 비밀' 기록매체의 취급은 다음과 같다.

(1) 보관

- 기록매체는 영업비밀 관리대장에 기록매체의 요지를 기입한 후 다른 문서와 구별하여 시건 장치가 있는 보관함에 엄중히 보관해야 한다. 이 때 열쇠 등은 관리책임자가 보관한다.
- 전자화된 정보를 정보시스템 기기에 보관하는 경우 암호화 등의

적절한 조치를 취하고 해당 정보시스템 기기를 통제구역 내에 설치한다. 만일 해당 정보시스템 기기를 통제구역 내에 설치할 수 없는 경우에는 관리책임자는 타인의 접근을 방지하기 위한 최선의 보안조치를 취하여야 한다.

- 전자화된 정보를 외부기록매체에 보관하는 경우 암호화 등의 적절한 조치를 취하고 해당 외부기록매체를 시건 장치가 있는 보관함 등에 엄중히 보관해야 한다. 이때 열쇠 등은 관리책임자가 보관한다.

(2) 열람
- 기록매체는 중대한 필요성이 인정되는 경우 기록매체 소지자의 책임 하에서 관계자에게 열람시킬 수 있다.
- 전자화된 정보의 화면 표시는 타인에게 보이지 않도록 주의를 기울이며 실시되어야 한다.
- 관리책임자는 영업비밀 사용대장에 열람자명, 일시 등을 기록한다.

(3) 복제
- 기록매체는 중대한 필요성이 인정되는 경우 기록매체 소지자의 책임 하에 복제하는 것이 가능하다. 단, 복제물은 원본과 동등하게 '2급 비밀'로 취급해야 한다.
- 전자화된 정보의 복제는 관리책임자의 승인을 얻어 기록매체를 배부받은 자의 책임 하에 실시할 수 있다.
- 관리책임자는 영업비밀 사용대장에 복제자명, 일시, 목적 등을 기록한다.

(4) 반출
- 업무상 필요성이 인정되는 경우에만 기록매체를 반출할 수 있다.

- 이 경우 기록매체를 반출한 본인만이 기록매체를 소지하도록 하며 유출 및 분실에 책임을 지도록 한다.
- 관리책임자는 영업비밀 사용대장에 반출자명, 일시, 목적, 반환시기 등을 기록한다.

(5) 폐기

- 기록매체는 사용 후 기록매체를 배부받은 자의 책임 하에 적절한 방법에 의해 폐기하도록 한다.
- 전자화된 정보는 제3자가 잔류정보를 해독할 수 없도록 필요한 조치를 취한 후에 폐기하도록 한다.
- 관리책임자는 영업비밀 관리대장에 폐기 일시 등을 기록한다.

3. '3급 비밀' 기록매체의 취급은 다음과 같다.

(1) 보관

- 기록매체는 영업비밀 관리대장에 기록매체의 요지를 기입한 후 다른 문서와 구별하여 보관해야 한다.
- 전자화된 정보를 정보시스템 기기에 보관하는 경우 암호화 등의 적절한 조치를 취한다.
- 전자화된 정보를 외부기록매체에 보관하는 경우 암호화 등의 적절한 조치를 취하고 해당 외부기록매체를 시건 장치가 있는 보관함 등에 엄중히 보관해야 한다. 이때 열쇠 등은 관리책임자가 보관한다.

(2) 열람

- 전자화된 정보의 화면 표시는 타인에게 보이지 않도록 주의를 기울이며 실시되어야 한다.

(3) 복제

- 기록매체는 중대한 필요성이 인정되는 경우 기록매체 소지자의 책임 하에 복제하는 것이 가능하다.
- 전자화된 정보의 복제는 중대한 필요성이 인정되는 경우에만 기록매체를 배부받은 자의 책임 하에 실시할 수 있다.
- 관리책임자는 영업비밀 사용대장에 복제자명, 일시, 목적 등을 기록한다.

(4) 반출

- 기록매체를 반출한 본인만이 기록매체를 소지하도록 하며 유출 및 분실에 책임을 지도록 한다.
- 관리책임자는 영업비밀 사용대장에 반출자명, 일시, 목적, 반환시기 등을 기록한다.

(5) 폐기

- 기록매체는 사용 후 기록매체를 배부받은 자의 책임 하에 적절한 방법에 의해 폐기하도록 한다.
- 전자화된 정보는 제3자가 잔류정보를 해독할 수 없도록 필요한 조치를 취한 후에 폐기하도록 한다.
- 관리책임자는 영업비밀 관리대장에 폐기 일시 등을 기록한다.

[별지] 영업비밀 관리/사용대장

• 영업비밀의 체계적 관리를 위해서는 아래 예시와 같은 관리/사용대장의 작성이 필수적이다. 중소기업의 경우 엑셀(excel) 파일로, 영업비밀 관리 시스템이 갖춰진 기업의 경우 시스템상에서 기록되는 것이 일반적이다.

■ 영업비밀 관리대장

관리 번호	비밀 등급	관리대장 등록일	영업 비밀 명칭	대상 (매체)	보관 장소	관리 책임자	보존 기간	폐기일	비고

■ 영업비밀 사용대장

관리 번호	비밀 등급	영업 비밀 명칭	사용 반출일자	사용 /반출자	사용 목적	반환 예정일자	서명	반환 일자

(2) 시스템 보안 규정

• 이 규정은 영업비밀 보호 및 관리 활동이 전산 시스템과 불가분적으로 결합됨에 따라 전산 시스템 보안에 관한 사항을 별도로 정한 것이다.

시스템 보안 규정

제1조(목적) 이 규정은 회사의 정보시스템과 정보통신의 보안에 관한 필요한 사항을 정하여 회사의 발전을 도모함을 목적으로 한다.

제2조(용어의 정의) 이 규정에서 사용하는 용어의 정의는 다음 각 호와 같다.

1. '전산실'이란 업무용 전산장비와 공용 네트워크장비가 보관되는 장소를 말한다.
2. '시스템관리자'란 업무 및 연구목적으로 보유하고 있는 정보통신시스템의 운용 및 관리 책임이 있는 해당부서의 부서장을 말한다.
3. '홈페이지'란 회사의 대표홈페이지 및 회사의 업무와 관련하여 제작하여 대외 서비스하는 모든 것을 말한다.
4. '정보보안, 정보보호'란 정보통신 수단에 의하여 처리, 저장, 소통되는 정보를 보호하거나 해킹 등 외부 위협으로부터 취약요인을 제거하기 위한 각종 수단과 방법을 말한다.
5. '정보통신시스템'이란 업무처리 혹은 연구목적 수행을 위해 네트워크에 연결하여 다수 인원이 이용하는 서버 및 정보통신장비를 말한다.
6. '보조기억매체'란 디스켓, 이동형 하드디스크(HDD), USB메모

리, CD(Compact Disk), DVD(Digital Versatile Disk), 휴대폰 등 자료를 저장할 수 있는 일체의 것으로 개인용 컴퓨터 등의 정보통신시스템과 분리할 수 있는 기억장치를 말한다.

제3조(시스템보안 범위) 시스템 보안 관리는 다음 각 호와 같다.

1. 전산실 보안
2. 정보자료
3. 개인용 컴퓨터(데스크톱, 노트북, 태블릿, 스마트폰 등)
4. 이메일 및 유무선 통신망
5. 홈페이지 등 공개용 웹서버, SNS(블로그 등) 관리
6. 무선랜
7. 정보통신망 신설, 증설 및 정보시스템교체 등을 실시할 경우 보안성 검토
8. 그 밖의 시스템 보안업무에 관한 사항

제4조(전산실 보호대책) 전산실 운영부서장은 전산실을 제한구역으로 하고 다음 각 호의 대책을 강구하여야 한다.

1. 방재대책 및 외부로부터의 위해 방지
2. 전산자료 또는 장비별 취급자 지정운영
3. 항시 이용하는 출입문은 한곳으로 정하고 이중문과 보안 장치 설치
4. 그 밖의 전산업무 비관련자 출입 제한 등

제5조(정보자료 보안관리) ① 시스템관리자는 전산자료 및 보안이 요구된다고 판단되는 전산자료의 유출, 파괴 또는 변조 등에 대비하여 다음 각 호와 같이 보호대책을 강구한다.

1. 전산자료 보유현황 관리
2. 장비 반·출입 통제
3. 정보통신망 불법접근 및 컴퓨터바이러스 피해 예방
4. 중요자료의 백업체계 수립 시행
5. 최신 소프트웨어 보안 패치(patch) 적용

② 시스템관리자는 인위적 또는 자연적인 원인으로 인한 정보통신시스템의 장애 발생에 대비하여 시스템 이원화, 백업관리, 복구 등 종합적인 재난복구 대책을 수립 · 시행하여야 하며 재난복구 시스템은 다음 각호와 같다.

1. 중요자료의 이중화 백업 시스템 구축
2. 서버와 물리적으로 이격된 공간에 별도의 백업 시스템 구축
3. 실시간 백업시스템 구축

③ 시스템관리자는 정보통신시스템을 이용하기 위한 사용자계정을 발급하고 비인가자에게 불필요한 서비스를 허용하지 않도록 보안기능을 설정하여야 한다.

④ 시스템관리자는 비밀번호 등 사용자 식별 및 인증이 없는 사용자계정은 사용하지 못하게 하며 퇴직 시 사용자 계정을 즉시 폐쇄한다.

⑤ 주요 정보통신시스템의 운영체제에 직접 접근할 수 있는 권한은 시스템관리자에게만 허용하고 일반사용자 계정 부여는 제한한다.

⑥ 일반사용자의 정보통신시스템 보유자료 이용은 시스템관리자가 허용한 응용프로그램을 통해 이용함을 원칙으로 하며 업무별, 자료별 중요도에 따라 사용자별 접근권한을 차등 부여하여야 한다.

⑦ 시스템관리자는 비인가자의 정보통신시스템 침입 사실을 인지한 경우에는 시스템 보호를 위한 접속차단 등 초동조치를 취하고 전산부서장에게 연락하며 전산담당부서장은 대표이사 및 보안관리책임자에게 보고하여야 한다.

⑧ 시스템관리자는 정보통신시스템에 대하여 외부업체의 원격 유지보수 작업을 허용하여서는 아니 된다. 다만, 부득이한 경우에는 필요한 보안대책을 강구 후 허용할 수 있으며, 이때에도 원격 유지보수 내용을 확인 감독하여 반드시 기록으로 유지하여야 한다.

⑨ 주요 정보통신시스템은 시스템관리자가 일일 점검하여야 하며 점검내용은 다음 각 호와 같다.

1. 장비의 전반적인 운영 상태 점검
2. 장비 장애발생의 사전 방지를 위한 예방 점검
3. 장비 로그 분석 및 그 결과에 따른 적절한 대처
4. 소프트웨어의 적정한 활용여부, 불법 소프트웨어 설치여부, 보안 패치 적용, 버전의 업그레이드 수행 및 점검
5. 장애가 발생하였거나 장애 발생이 우려될 경우 적절한 대처 또는 전문 정비업체 의뢰

제6조(보조기억매체 보안관리) ① 보조기억매체의 관리책임자는 사용자의 소속부서장이 되며 관리책임자는 업무용 보조기억매체를 보조기억매체 관리대장 작성을 통해 관리(등록, 파기, 반출, 반입)하여야 하며, 등록되지 않은 매체는 사용할 수 없다.

② 중요 자료는 반드시 암호가 설정되거나 보안프로그램이 적용된 보조기억매체에 저장한다.

③ 암호가 설정되거나 보안프로그램이 적용된 보조기억매체를 사용할 경우 공인기관 등의 보안적합성 검증을 받은 제품을 사용한다.

④ 보조기억매체 분실 시 사용자는 즉시 관리책임자에게 보고한다.

⑤ 전산담당부서는 필요 시 각 부서의 관리대장을 점검할 수 있다.

⑥ 연구원은 보조기억매체를 관리하기 위하여 관리시스템을 활용할 수 있으며 보안정책 및 운영기준은 다음 각 호와 같다.

1. 이 시스템의 목적을 위해 전 직원은 회사에서 사용하고자 하는 개인용컴퓨터는 보조기억매체 관리를 위한 클라이언트 프로그램을 설치해야 한다.
2. 회사에서 유출되는 모든 자료에 대하여 동 시스템을 이용하여

조사할 수 있다.

3. 이 시스템을 이용하여 회사에서 외부로 유출(전송)되는 모든 자료는 일정기간 보관할 수 있다.
4. 이 시스템에 등록되지 않은 보조기억매체의 사용은 통제될 수 있다.

⑦ 제6항의 관리시스템을 이용하여 수집한 자료는 정보유출의 확인 작업 등 회사의 정보보안 목적 이외에 어떤 목적으로도 공개하면 안 된다.

제7조(개인용 컴퓨터 보안관리) ① 소속 부서장은 회사 소유의 개인용 컴퓨터(데스크톱, 노트북, 일체형, 태블릿, 그 밖의 형태의 정보처리기기를 포함)의 취급자 및 보안 관리책임자를 지정하여야 한다.

② 회사 소유의 개인용 컴퓨터로 전산망을 사용하고자 하는 직원은 전산부서에 등록요청을 하여야 하며 전산부서의 등록에 의하여 사용한다. 또한 이미 사용 중인 개인용 컴퓨터를 교체하는 경우에도 이와 같다.

③ 개인 소유의 개인용 컴퓨터를 주요정보가 처리, 보관되는 연구원 내부에 반입하여 사용할 수 없다. 다만, 부득이한 경우에는 소속 부서의 장의 승인을 받아 반입할 수 있다.

④ 회사 소유의 개인용 컴퓨터를 수리 또는 교체하는 경우 정보자료를 모두 삭제하거나 하드디스크를 분리 제거 후 수리 의뢰하여야 한다.

⑤ 개인용 컴퓨터 사용자는 암호 설정 및 백신프로그램을 설치하여 보안에 만전을 기한다.

⑥ 소속부서장은 이동 가능한 개인용 컴퓨터(노트북, 태블릿, 일체형 등)의 반출입에 대해 이동 가능 정보기기 관리대장을 이용하여 관리(등록, 이관, 반출, 반입)한다.

⑦ 연구원은 전체 개인용 컴퓨터의 전산보안을 강화하기 위하여

패치관리시스템 및 보안관리 클라이언트 프로그램을 이용할 수 있고, 업무에 사용되는 모든 개인용 컴퓨터는 보안관리 클라이언트 프로그램을 의무적으로 설치해야 하며 미설치 개인용 컴퓨터는 외부망 접속을 차단할 수 있다.

제8조(이메일 및 통신망 이용) ① 시스템관리자(전산부서)는 기술정보 보안을 위하여 내부통신망을 이용하여 대내외로 수발신하는 이메일 등을 통해 전송되는 자료에 대해서는 일정기간(3년 이내) 내역을 보존하여야 한다.

② 시스템관리자(전산부서)는 직원 및 근무자의 업무용 이메일 사용을 위한 개인별 이메일계정(ID)을 부여하여야 하며 직원이 퇴직할 경우 즉시 이를 폐쇄하여야 한다. 다만, 업무협력 등 특별한 사유가 있을 경우 소속 부서장의 요청이 있을 때는 3개월 범위에서 폐쇄를 유보할 수 있다.

③ 시스템관리자(전산부서)는 스팸메일, 바이러스메일 등을 차단하기 위하여 스팸메일 차단시스템을 운영한다.

④ 시스템관리자(전산부서)는 저장된 자료를 정보유출의 확인 작업 등 회사의 정보보안 목적 이외에 어떠한 명목으로도 공개하여서는 안 된다.

⑤ 인터넷의 사용은 연구원 업무와 관련된 것들에 한정되어야 하며, 시스템관리자(전산부서)는 업무와 관련이 없는 사이트 접속 및 프로그램에 대해서는 사용을 제한할 수 있다.

⑥ 내부통신망에 접속하여 개인용 컴퓨터 등의 자료를 복사(다운로드)하고자 하는 경우 보안관리책임자 또는 소속부서장의 승인을 받아야 한다.

⑦ 내부 직원은 회사에서 제공하는 통신망 사용을 원칙으로 하고 별도의 통신망 사용이 필요한 경우 외부망 사용 신청서를 이용하여 전산담당부서에 신청한 후 사용한다.

제9조(홈페이지 등 공개용 웹 서버 관리) ① 시스템관리자는 홈페이지

등 공개용 웹 서버는 방화벽 등 침입차단시스템을 설치하여 내부망의 전산자원을 보호하여야 한다.

② 시스템관리자는 서버에 접근할 수 있는 사용자계정을 제한하며 불필요한 계정들은 삭제한다.

③ 시스템관리자는 홈페이지 구축 · 운영 시 자체 보안성 검토를 거쳐 내용을 구성하며 이후 개인정보와 같은 중요 자료가 공개되지 않도록 한다.

④ 시스템관리자는 보안사고에 대비하여 서버에 저장된 자료의 철저한 백업체계를 구축한다.

제10조(무선 랜 관리) ① 무선 랜 사용은 제한함을 원칙으로 한다.

② 무선통신장치 설치 시 전산담당부서의 승인을 받은 후 설치하며 비인가자의 무선 랜 접속을 방지하기 위해 시스템인증 및 암호화 등의 보안설정을 한다.

제11조(정보보안의 책임) ① 개인이 보유하고 있는 자료 등의 정보의 보안에 관한 책임은 사용자 및 소속부서장에게 있다.

② 서버 및 공용 정보통신기기에 대한 보안의 책임은 시스템관리자에게 있다.

③ 소속부서장은 정보보안 업무수행을 위하여 이 규정의 범위 내에서 부서 실정에 적합한 별도의 대책을 마련하여 시행할 수 있다.

부칙

이 규정은 대표이사가 승인한 날로부터 시행한다.

[별지] 보조기억매체 관리대장(등록/폐기)

보조기억매체 관리대장(등록/폐기)

[관리책임자 : ○ ○ ○]

연번	관리번호	매체형태	등록일자	관리자	불용처리일자	불용처리내용
1	정보지원-1	일반USB	2016.11.1	홍길동	2016.12.1	고장으로 폐기
2	정보지원-2	외장HDD	2016.11.1	홍길동	2016.12.1	고장으로 폐기
3	정보지원-3	보안USB	2016.11.1	홍길동	2016.12.1	고장으로 폐기

보조기억매체 관리대장(반출입)

연번	관리번호	매체형태	사용일자	사용자	용도
1	정보지원-1	외장HDD	2016.11.1	홍길동	세미나 발표

[별지] 이동 가능 정보기기 관리대장(등록/폐기)

이동 가능 정보기기 관리대장(등록/폐기)

[관리책임자 : ○ ○ ○]

연번	관리번호	매체형태	등록일자	관리자	처리일자	처리내용
1	정보지원-1	노트북/ Xnote-12	2016.11.1	홍길동	2016.12.1	자산이관(구매시설)

이동 가능 정보기기 관리대장(반출입)

연번	관리번호	매체형태	사용일자	사용자	용도
1	정보지원-1	노트북/ Xnote-12	2016.11.1	홍길동	세미나 발표

[별지] 외부망 사용 신청서

외부망 사용 신청서

업무와 관련하여 회사 내에서 아래와 같이 외부망을 사용하고자 신청하며 보안사고가 나지 않도록 보안관리를 철저히 하도록 하겠습니다.

- 아래 -

□ **외부망 사용 현황**

1) 사용 외부망
   - 통신사: SK브로드밴드 / KT / LG유플러스 / 기타 (   )
   - 형 태: 유선 / 무선

2) 사용기간 :
3) 사용목적 :

□ **보안관리 사항**

1) 외부망에 연결된 PC/노트북 등에는 회사 내부망에 접속할 수 없도록 통제한다
2) 외부망 사용자 중 외부업체 직원 등은 내부 업무용 자료에 접근할 수 없도록 통제한다.
3) 외부망에 연결된 PC/노트북 등에는 중요한 업무용 자료를 보관하지 않는다.

20 . . .

사용자:
소속부서:
책임자: (인)
부서장: (인)

[부록 1]

표준 서식

A. 내부 관계용	B. 외부 관계용
가. 대상별 비밀유지서약서 1. 입사자 비밀유지서약서 2. 재직자 비밀유지서약서 3. 퇴사자 비밀유지서약서 4. 휴대용 컴퓨터 등 사용자 비밀유지서약서 5. 프로젝트 참여자 비밀유지서약서 6. 통제구역출입자 비밀유지서약서 7. 협력업체 비밀유지서약서 나. 경업금지약정서 8. 경업금지약정서 다. 대상별 비밀유지서약서 9. 근로계약서 10. 교육이수확인서 11. 교육참석확인서 12. 비밀 자료 · 물품 반납 확인서	가. 비밀유지계약서 13. 비밀유지계약서 나. 비밀자료 제공 · 수령 확인서 다. 기술(노하우)이전계약서 14. 기술(노하우)이전계약서 라. 계약유형별 비밀유지조항 마. 분쟁대응 관련 서식 15. 통지서(영업비밀 침해예방) 16. 통지서(영업비밀 침해중지) 17. 합의서(유형 1) 18. 합의서(유형 2)

표준서식은 특허청에서 활용가이드로 제시한 것으로 특허청, 한국특허정보원 영업비밀보호센터가 2016년 6월 발간한 「꼭 알아야 할 영업비밀 관리 표준서식 활용 가이드」를 참고하였다.

1. 입사자 비밀유지서약서

비밀유지서약서

소 속 :
성 명 : 홍 길 동
생년월일 : ____년 ___월 ___일

위 본인은 20___년 ___월 ___일자로 주식회사 ABC(이하 '회사'라 함)에 입사하여, 회사로부터 영업비밀 및 영업자산의 중요성과 영업비밀 등의 보호와 관련한 법령 및 회사의 취업규칙, 영업비밀 관리규정 기타 사규, 방침, 정책 등에 관하여 충분한 설명을 듣고 그 내용을 이해하였기에, 다음 사항을 준수할 것을 서약합니다.

1. 본인은, 아래와 같은 정보가 회사의 영업비밀에 해당함을 확인하며, 회사의 취업규칙, 영업비밀 관리규정 기타 사규, 방침, 정책 등을 준수할 것을 서약합니다.
① 영업비밀 관리규정 기타 회사의 내부 규정에 기재된 영업비밀 보호대상
② 영업비밀임이 표시된 기술자료, 공장 배치도, 제품 설계도면, 금형, 시제품, 제조 및 판매 매뉴얼, 제조원가, 판매 및 가격결정, 거래처 자료, 인력정보 등에 관한 정보 등
③ 통제구역, 시건 장치, 패스워드 등으로 접근이 제한된 컴퓨터시스템, 보관함, 통제구역에 보관된 기록매체, 문서, 물건, 정보 등
④ [계속하여 추가 사항을 기재할 수 있습니다.]
⑤ 그 밖에 회사가 영업비밀로 지정하고 표시하였거나, 회사가 영업비밀로 관리하고 있는 비밀정보

2. 본인은, 회사에 재직 중 취득하게 되는 회사의 영업비밀, 회사의 연구개발 · 영업 · 재산 등에 영향을 미칠 수 있는 유형 · 무형의 정보 기타 회사의 주요 영업자산을 재직 시는 물론 퇴사 후에도 이를 비밀로 유지하고, 회사의 사전 서면 동의 없이는 경쟁업체나 제3자에게 제공하거나 누설하지 않으며, 부정한 목적으로 공개하거나 사용하지 않을 것을 서약합니다.

3. 본인은, 회사에 재직 중 취득하게 되는 회사의 영업비밀, 회사의 연구개발 · 영업 · 재산 등에 영향을 미칠 수 있는 유형 · 무형의 정보 기타 회사의 주요 영업자산에 대한 모든 권리가 회사의 소유임을 인정하고, 이를 회사에 귀속시킬 것을 서약합니다.

4. 본인은, 회사에 재직 중 회사의 승인을 받지 아니하고는 통제구역, 허가받지 않은 정보, 시설 등에 접근하지 아니하며, 회사의 영업비밀을 복제하거나 사본 등의 형태로 보관하지 아니할 것을 서약합니다.

5. 본인은, 입사 전 또는 재직 중에 취득한 타인의 영업비밀 등에 해당하는 정보를 회사에 제공하거나 개시하지 않을 것이며, 업무상 그 정보의 개시가 불가피하다고 판단되는 경우에는 사전에 회사와 상의하여 타인의 영업비밀 등을 침해하지 않도록 할 것을 서약합니다.

6. 본인은, 회사에 재직 중에 회사의 사전 승인을 받지 아니하고는 회사와 동종, 유사업체의 임직원으로 겸직하거나 자문을 제공하지 아니할 것을 서약합니다.

7. 본인은, 회사의 컴퓨터 등 정보처리장치와 정보통신망을 업무용

으로만 사용할 것이며, 회사가 불법행위 방지 및 영업비밀 등의 보호를 위하여 필요한 경우 본인의 컴퓨터 등 정보처리장치나 전자우편 또는 인터넷 등 정보통신망의 사용 내역, 기타 필요한 정보를 모니터링 할 수 있으며, 불법행위 또는 영업비밀 등의 누설이나 침해의 우려가 있을 경우 관련 내용을 열람할 수 있음을 *이해하고, 이에 동의합니다.*

8. 본인은, 퇴사 시 재직 중에 보유하였던 회사의 영업비밀, 회사의 연구개발 · 영업 · 재산 등에 영향을 미칠 수 있는 유형 · 무형의 정보 기타 회사의 주요 영업자산과 관련된 자료 모두를 회사에 반납하고, 이에 관한 어떠한 형태의 사본도 개인적으로 보유하지 않으며, 반납할 수 없는 것은 폐기할 것을 서약합니다.

위 서약한 사항을 위반할 경우 관련 법규에 의한 민 · 형사상 책임을 감수할 것임을 서약합니다.

(위 내용을 확인하고 이해하였으며, 이에 서명함)

20___. ___. ___.

서약자: 홍 길 동 (서명)

주식회사 ABC 귀중

2. 재직자 비밀유지서약서

비밀유지서약서

소속 :

성명 : 홍 길 동

생년월일 : ___년 __월 __일

본인은 주식회사 ABC(이하 '회사'라 함)에 ___년 __월 __일에 입사하여 현재 재직 중인 임직원으로서, 회사로부터 영업비밀 및 영업자산의 중요성과 영업비밀 등의 보호와 관련한 법령 및 회사의 취업규칙, 영업비밀 관리규정 기타 사규, 방침, 정책 등에 관하여 충분한 설명을 듣고 그 내용을 이해하였기에, 다음 사항을 준수할 것을 서약합니다.

1. 본인은, 재직 중 업무 수행 과정에서 취득한 회사의 영업비밀, 회사의 연구개발 · 영업 · 재산 등에 영향을 미칠 수 있는 유형 · 무형의 정보 기타 회사의 주요 영업자산을 비밀로 유지하고, 이와 관련된 법규 및 회사의 취업규칙, 영업비밀 관리규정 기타 사규, 방침, 정책 등을 준수하겠습니다.

2. 본인은, 재직 중 [영업비밀 관련 업무 기재]에 관한 업무를 수행하는 과정에서 취득한 아래 기재와 같은 정보 등이 회사의 영업비밀 혹은 주요 영업자산임을 분명히 인식하고 있습니다.

구분	영업비밀/영업자산의 명칭	영업비밀/영업자산의 설명
1		
2		

3		
4		

3. 본인은, 업무의 수행 중 또는 업무와 관계없이 취득하게 되는 회사의 영업비밀, 회사의 연구개발 · 영업 · 재산 등에 영향을 미칠 수 있는 유형 · 무형의 정보 기타 회사의 영업상 주요 자산을 지정된 업무에 사용하는 경우를 제외하고는 회사의 사전 서면 동의 없이는 어떠한 방법으로도 경쟁업체나 제3자에게 제공하거나 누설하지 않으며, 부정한 목적으로 공개하거나 사용하지 않을 것을 서약합니다.

4. 본인은, 재직 중 취득한 회사의 영업비밀, 회사의 연구개발 · 영업 · 재산 등에 영향을 미칠 수 있는 유형 · 무형의 정보 기타 회사의 주요 영업자산에 대한 모든 권리를 회사에 귀속시킬 것을 서약합니다.

5. 본인은, 회사에 재직 중 회사의 승인을 받지 아니하고는 통제구역, 허가 받지 않은 정보, 시설 등에 접근하지 아니하며, 회사의 영업비밀을 복제하거나 사본 등의 형태로 보관하지 아니할 것을 서약합니다.

6. 본인은, 회사에 재직 중에 회사의 사전 승인을 받지 아니하고는 회사와 동종, 유사업체의 임직원으로 겸직하거나 자문을 제공하지 아니할 것을 서약합니다.

7. 본인은, 퇴사 시 회사에 재직 중 보유하였던 회사의 영업비밀, 회사의 연구개발 · 영업 · 재산 등에 영향을 미칠 수 있는 유형 · 무형의 정보 기타 회사의 주요 영업자산 및 이와 관련된 자료 모두를 회사에 반납하고, 이에 관한 어떠한 형태의 사본도 개인적으로 보유

하지 않으며, 반납할 수 없는 것은 폐기할 것을 서약합니다.

8. 본인은, 퇴직 시에는 퇴직일로부터 ____년의 기간 동안 회사와 합의한 지역 및 직무에 대하여 회사의 영업비밀 혹은 영업자산이 누설되거나 이용될 가능성이 있는 기업, 단체에 취업하거나, 그러한 기업 또는 단체를 창업 또는 설립하여 경쟁하지 않을 것을 서약합니다. 만약 본인이 취업 혹은 창업하고자 하는 기업 또는 단체가 본 서약서에 따른 경업금지의 대상이 되거나 대상인지 여부가 불분명할 경우, 사전에 회사에 통보하여 회사의 확인 및 동의를 받을 것을 서약합니다.

위 서약한 사항을 위반할 경우 관련 법규에 의한 민 · 형사상 책임을 감수할 것을 서약합니다.

(위 내용을 확인하고 이해하였으며, 이에 서명함)

20___. ___. ___.

서약자: 홍 길 동 (서명)

주식회사 ABC 귀중

3. 퇴사자 비밀유지서약서

비밀유지서약서

소 속 :
성 명 : 홍길동
생년월일 : ___년 __월 __일

본인은 ____년 ___월 ___일자로 주식회사 ABC(이하 '회사'라 함)를 퇴사함에 있어서, 회사의 영업비밀 및 영업자산의 보호를 위하여 다음과 같이 서약합니다.

1. 본인은, ____년 ___월 ___일자로 회사에 입사하여 최종적으로 다음과 같은 업무를 수행하였습니다.
[부서명/직책/직급] ________________________________
[업무내용] ____________________________________

2. 본인은, 회사에 재직 중 취득한 아래 기재와 같은 영업비밀 및 영업자산을 포함하여 그 밖에 회사의 영업비밀 및 영업자산이 회사의 소유임을 분명히 인식하고 있으며, 퇴사 후에도 이를 비밀로 유지함은 물론 회사의 사전 서면 동의 없이는 경쟁업체나 제3자에게 제공하거나 누설하지 않으며, 부정한 목적으로 사용하지 않을 것을 서약합니다.

구분	영업비밀/영업자산의 명칭	영업비밀/영업자산의 설명
1		
2		
3		
4		

3. 본인은, 회사에서 퇴직한 날로부터 ____년의 기간 동안 아래 표에서 정하는 지역 내에서 아래 표에 기재한 업무와 관련하여, 위 제2항의 영업비밀 및 영업자산을 포함하여 그 밖에 회사의 영업비밀 및 영업자산이 누설되거나 이용될 가능성이 있는 기업 또는 단체에 취업하거나, 그와 같은 기업 또는 단체를 창업 또는 설립하여 회사와 경쟁하지 않을 것을 서약합니다. 만약 본인이 취업 혹은 창업하고자 하는 기업 또는 단체가 본 서약서에 따른 경업금지의 대상이 되거나 대상인지 여부가 불분명할 경우, 사전에 회사에 통보하여 회사의 확인 및 동의를 받을 것을 서약합니다.
[경업금지 지역] ____________________________________
[경업금지 업무] ____________________________________

4. 본인은, 퇴사 시 회사로부터 금 ____원을 오로지 위 비밀유지 및 경업금지 약정의 대가로 별도 지급받았으며, 또한 퇴사 후 ___년이 되는 시점 및 ___년이 되는 시점에 본 서약서에 따른 의무 준수 사실을 회사에 통지하여, 사실로 확인될 경우 각 금 ____원을 지급받기로 약정하였습니다.

5. 본인은, 제2항 및 제3항에서 정하는 의무를 위반할 경우 그로 인한 손해배상으로서 금 _____원을 회사에게 지급하고, 이와 별도로 상기 제4항에 의하여 지급받은 금 원 및 이에 대한 수령일로부터 이를 반환하는 날까지의 법정이자를 추가하여 회사에게 반환할 것을 약속합니다.

6. 본인은, 퇴사 시 제2항의 영업비밀 및 영업자산을 포함하여 그 밖에 회사의 영업비밀 및 영업자산과 관련된 자료를 첨부 영업비밀 자료 반납 확인서와 같이 반납하였고, 반납할 수 없는 것은 폐기하였으며, 이에 관한 어떠한 형태의 사본도 개인적으로 보유하지 않음

을 서약합니다.

7. 본인은, 회사가 본인의 퇴사 후 본인이 재직 중에 사용한 컴퓨터 등 정보처리장치나 전자우편 또는 인터넷 등 정보통신망의 사용내역, 기타 필요한 정보를 조사할 수 있으며, 불법행위 또는 영업비밀 등의 누설이나 침해의 우려가 있을 때에는 관련 내용을 열람할 수 있음을 *이해하고, 이에 동의합니다.*

첨부 : 영업비밀 자료 반납 확인서 1부

(위 내용을 확인하고 이해하였으며, 이에 서명함)

20___. __. __.

서약자: 홍 길 동 (서명)

주식회사 ABC 귀중

4. 휴대용 컴퓨터 등 사용자 비밀유지서약서

비밀유지서약서

소속 :
성명 : 홍길동
생년월일 : ____년 __월 __일

본인은 주식회사 ABC(이하 '회사'라 함)로부터 영업비밀 및 영업자산의 중요성과 영업비밀 등의 보호와 관련한 법령 및 회사의 취업규칙, 영업비밀 관리규정 기타 사규, 방침, 정책 등에 관하여 충분한 설명을 듣고 그 내용을 이해하였기에, 다음 사항을 준수할 것을 서약합니다.

본인은, 업무 수행을 위하여 회사로부터 다음과 같은 장비의 사용을 허가 받았음을 확인합니다.

물품의 명칭/종류 : ________________________________
물품 관리 번호 : ________________________________
사용 기간 : ________________________________

1. 본인은, 회사에서 사용을 허가한 휴대용 컴퓨터 등 정보처리장치(이하 '정보처리장치'라 함), USB메모리 등 전자기록매체(이하 '전자기록매체'라 함)를 업무 목적으로만 사용할 것이며, 암호 설정 등의 방법으로 그 수록된 정보가 누설되지 않도록 할 것을 서약합니다.

2. 본인은, 정보처리장치와 전자기록매체를 제3자에게 양도하거나

사용하도록 제공하지 아니하며, 이에 대한 사용, 휴대, 보관 등에 상당한 주의를 기울이고, 그 사용 중에 발생되는 사항에 대한 일체의 책임을 부담할 것을 서약합니다.

3. 본인은, 회사에서 사용을 허가한 정보처리장치 또는 전자기록매체라 하더라도 회사의 허가 없이 회사의 영업비밀과 관련된 어떠한 형태의 자료라도 회사 밖으로 반출하지 아니하고, 만일 반출할 경우에는 회사의 사전 확인절차, 비밀번호 설정 등 필요한 보안조치를 준수하며, 이에 관한 사본도 개인적으로 보관하지 않을 것을 서약합니다.

4. 본인은, 사용이 허가된 기간이 만료되거나 그 전이라 하더라도 업무상 휴대용 컴퓨터 등을 사용할 필요가 없어진 경우에는 지체 없이 회사에 반납할 것을 서약합니다.

5. 본인은, 사용이 허가된 기간이 만료되거나 그 전이라 하더라도 업무상 휴대용 컴퓨터 등을 사용할 필요가 없어진 경우에는 지체 없이 회사에 반납할 것을 서약합니다.

위 서약한 사항을 위반할 경우 관련 법규에 의한 민·형사상 책임을 감수할 것을 서약합니다.

(위 내용을 확인하고 이해하였으며, 이에 서명함)

20___. __. __.

서약자: 홍 길 동 (서명)

주식회사 ABC 귀중

5. 프로젝트 참여자 비밀유지서약서

비밀유지서약서

성 명 : 홍길동

소 속 : ________

직 급 : ________

본인은 주식회사 ABC(이하 '회사'라 함)에 20___년 ___월 ___일에 입사하여 현재 재직 중인 임직원으로서, 회사로부터 지시받은 *[프로젝트 명칭]* 프로젝트(이하 '프로젝트'라 함)에 참여함에 있어 영업비밀 및 영업자산의 중요성과 영업비밀 등의 보호와 관련한 법령 및 회사의 취업규칙, 영업비밀 관리규정 기타 사규, 방침, 정책 등에 관하여 충분한 설명을 듣고 그 내용을 이해하였기에, 다음 사항을 준수할 것을 서약합니다.

1. 본인은, 프로젝트 참여 과정에서 취득하게 되는 회사의 영업비밀, 회사의 연구개발 · 영업 · 재산 등에 영향을 미칠 수 있는 유형 · 무형의 정보 기타 회사의 주요 영업자산을 비밀로 유지하고, 이와 관련된 법규 및 회사의 취업규칙, 영업비밀 관리규정 기타 사규, 방침, 정책 등을 준수하겠습니다.

2. 본인은, 프로젝트 참여 과정에서 취득하게 되는 아래 기재와 같은 정보 등이 회사의 영업비밀 및 영업자산임을 분명히 인식하고 있습니다.

구분	영업비밀/영업자산의 명칭	영업비밀/영업자산의 설명
1		
2		
3		
4		

3. 본인은, 프로젝트 참여 과정에서 취득하게 되는 회사의 영업비밀, 회사의 연구개발 · 영업 · 재산 등에 영향을 미칠 수 있는 유형 · 무형의 정보 기타 회사의 주요 영업자산을 지정된 업무에 사용하는 경우를 제외하고는 회사의 사전 서면 동의 없이는 어떠한 방법으로도 경쟁업체나 제3자에게 제공하거나 누설하지 않으며, 부정한 목적으로 공개하거나 사용하지 않을 것을 서약합니다.

4. 본인은, 프로젝트 참여 과정에서 취득하게 되는 회사의 영업비밀, 회사의 연구개발 · 영업 · 재산 등에 영향을 미칠 수 있는 유형 · 무형의 정보 기타 회사의 주요 영업자산에 대한 모든 권리를 회사가 소유함을 인정하고, 이를 회사에 귀속시킬 것을 서약합니다.

5. 본인은, 프로젝트 종료 시 회사의 별도 지시가 있는 경우를 제외하고 프로젝트 참여 과정에서 취득하게 되는 회사의 영업비밀, 회사의 연구개발 · 영업 · 재산 등에 영향을 미칠 수 있는 유형 · 무형의 정보 기타 회사의 주요 영업자산 및 이와 관련된 자료 모두를 회사에 반납하고, 이에 관한 어떠한 형태의 사본도 개인적으로 보유하지 않으며, 반납할 수 없는 것은 폐기할 것을 서약합니다.

6. 본인은, 프로젝트 과정 중 본인이 참여하는 최종일로부터 [ ]년의 기간 동안 회사와 합의한 지역 및 직무에 대하여 프로젝트의 결과물을 포함하여 회사의 영업비밀 혹은 영업자산이 누설되거나 이용될 가능성이 있는 기업, 단체에 취업하거나, 그러한 기업 또는 단

체를 창업 또는 설립하여 경쟁하지 않을 것을 서약합니다. 만약 본인이 취업 혹은 창업하고자 하는 기업 또는 단체가 본 서약서에 따른 경업금지의 대상이 되거나 대상인지 여부가 불분명할 경우, 사전에 회사에 통보하여 회사의 확인 및 동의를 받을 것을 서약합니다.

위 서약한 사항을 위반할 경우 관련 법규에 의한 민 · 형사상 책임을 감수할 것을 서약합니다.

(위 내용을 확인하고 이해하였으며, 이에 서명함)

20___. __. __.

서약자: 홍 길 동 (서명)

주식회사 ABC 귀중

6. 통제구역출입자 비밀유지서약서

비밀유지서약서

소속 : ________
성명 : 홍길동
생년월일 : ___년 __월 __일

본인은 주식회사 ABC(이하 '회사'라 함)의 보호통제구역에 출입함에 있어 회사의 영업비밀 및 영업자산의 중요성과 영업비밀 등의 보호와 관련한 법령 및 회사의 영업비밀 관리규정 기타 사규, 방침, 정책 등에 관하여 충분한 설명을 듣고 그 내용을 이해하였기에, 다음 사항을 준수할 것을 서약합니다.

1. 본인은, 회사의 보호통제구역인 *[통제 구역/장소를 기재]*에 출입함에 있어서 회사가 비밀정보임을 표시하거나 구두로 비밀정보임을 설명하면서 공개한 일체의 정보(이하 '영업비밀'이라 함)를 비밀로 유지하고, 회사의 사전 서면 동의 또는 이에 갈음할 수 있는 관련 계약이 있는 경우를 제외하고는 본인이 속해 있는 기업이나 단체 기타 제3자에게 제공하거나 누설하지 않으며, 부정한 목적으로 공개하거나 사용하지 않을 것을 서약합니다.

2. 본인은, 회사가 정한 ___년 __월 __일부터 ___년 __월 __일까지 위 보호통제구역을 출입하며, 그 기간이 만료된 이후에는 여하한 사유로도 위 보호통제구역을 출입하지 않으며, 필요한 경우에는 다시 회사로부터 위 보호통제구역에 대한 출입허가를 받을 것을 서약합니다.

본인이 위 서약한 사항을 위반할 경우 관련 법규 및 계약에 의한 민 · 형사상 책임을 감수할 것을 서약합니다.

(위 내용을 확인하고 이해하였으며, 이에 서명함)

20___. ___. ___.

서약자: 홍 길 동 (서명)

주식회사 ABC 귀중

7. 협력업체 비밀유지서약서

비밀유지서약서

주식회사 XYZ(이하 'XYZ'라 함)는 주식회사 ABC(이하 'ABC'라 함)와 상호 협력관계를 유지함에 있어서, ABC의 영업비밀 및 영업자산의 중요성과 영업비밀 등의 보호와 관련한 법령 및 ABC의 영업비밀 관리규정 기타 사규, 방침, 정책 등에 관하여 충분한 설명을 듣고 그 내용을 이해하였기에, 다음 사항을 준수할 것을 서약합니다.

1. XYZ는, ABC와의 (협력관계 근거 계약명칭 등) 계약(이하 '협력계약'이라 함)을 이행하는 과정에서 취득하게 되는 ABC의 영업비밀, ABC의 연구개발 · 영업 · 재산 등에 영향을 미칠 수 있는 유형 · 무형의 정보 기타 회사의 주요 영업자산을 비밀로 유지하고, 이와 관련된 법규, 계약 및 ABC의 영업비밀 관리규정 기타 사규, 방침, 정책 등을 준수할 것을 서약합니다.

2. XYZ는, 계약을 이행하는 과정에서 취득하게 되는 ABC의 영업비밀, 회사의 연구개발 · 영업 · 재산 등에 영향을 미칠 수 있는 유형 · 무형의 정보 기타 ABC의 주요 영업 자산을 지정된 업무에 사용하는 경우를 제외하고는 ABC의 사전 서면 동의 없이는 어떠한 방법으로도 제3자는 물론이고 ABC의 임직원들에게도 제공하거나 누설하지 않으며, 부정한 목적으로 공개하거나 사용하지 않을 것을 서약합니다.

3. XYZ는 ABC로부터 사전에 허가받지 않은 통제구역이나 정보, 시설 등에는 접근하지 않으며, ABC로부터 편의상 제공받은 전산 ID, 패스워드, 출입증 등은 XYZ만이 사용하며 타인에게 공개하거나 대여, 양도하지 않고 계약이 종료될 때에는 이를 반환할 것을 서약합니다.

4. XYZ는 계약의 이행과정에서 취득하게 되는 ABC의 영업비밀, ABC의 연구개발 · 영업 · 재산 등에 영향을 미칠 수 있는 유형 · 무형의 정보 기타 회사의 주요 영업자산에 대한 모든 권리를 ABC가 소유함을 인정하고, 이를 ABC에 귀속시킬 것을 서약합니다.

5. XYZ는 계약이 기간만료, 해지, 해제 등 여하한 사유로 종료되는 경우에 XYZ가 계약의 이행과정에서 취득한 ABC의 영업비밀, ABC의 연구개발 · 영업 · 재산 등에 영향을 미칠 수 있는 유형 · 무형의 정보 기타 ABC의 주요 영업자산 및 이와 관련된 자료 모두를 ABC에 반납하고, 이에 관한 어떠한 형태의 사본 또는 복제물도 보유하지 않으며, 반납할 수 없는 것은 폐기할 것을 서약합니다.

6. XYZ는 XYZ의 임직원에 대해서도 위에서 정한 사항을 준수하도록 본 서약서에 기재된 취지의 의무를 부과하는 등 필요한 조치를 다할 것을 서약합니다.

XYZ는 위 서약한 사항을 위반할 경우 계약의 해지, 해제 및 관련 법규에 의한 민 · 형사상 책임을 감수할 것을 서약합니다.

(위 내용을 확인하고 이해하였으며, 이에 서명함)

20___. __. __.

서약자: 주식회사 XYZ

주　　소: ______________________

대표이사 홍 길 동 (인)

주식회사 ABC 귀중

8. 경업금지약정서

경업금지약정서

주식회사 ABC(이하, '회사'라 함)와 (홍길동)(이하 '퇴사자'라 함)은 퇴사자가 퇴사함에 있어서, 회사의 영업비밀 보호 및 경쟁업체에 대한 취업 제한과 관련하여 다음과 같이 계약을 체결합니다.

제1조(목적)
회사와 퇴사자는 회사의 영업비밀 보호 및 퇴사자의 취업 제한과 관련된 양 당사자의 권리의무를 정하기 위하여 본 약정을 체결한다.

제2조(영업비밀)
① 퇴사자가 회사에 재직 중 취득한 주요 영업비밀 및 영업자산은 아래 표에 기재한 바와 같다. 다만, 퇴사자가 회사에 재직 중 취득한 영업비밀이 이에 제한되지는 아니한다.

구분	영업비밀/영업자산의 명칭	영업비밀/영업자산의 설명
1		
2		
3		
4		

② 제1항의 영업비밀은 회사의 소유로서 퇴사자는 이에 대해서 일체의 이의를 제기하지 아니하기로 한다.

제3조(퇴사자의 영업비밀 보호의무)

① 퇴사자는 회사의 영업비밀을 제3자에게 제공하거나 누설해서는 아니 되며, 부정한 목적으로 사용해서는 아니 된다.

② 퇴사자는 회사의 영업비밀 및 그 복사본, 모방품, 기타 회사의 영업비밀의 전부 또는 일부를 포함하는 일체의 자료를 모두 회사에 반납하고, 반납할 수 없는 것은 폐기하여야 한다.

제4조(퇴사자의 경업금지의무)

① 퇴사자는 회사에서 퇴직한 날로부터 ___년의 기간 동안 아래 표에서 기재한 지역 내에서 아래 표에 기재한 업무와 관련하여 회사의 영업비밀 및 영업자산을 포함하여 그 밖에 회사의 영업비밀 및 영업자산이 누설되거나 이용될 가능성이 있는 기업 또는 단체에 취업하거나, 그와 같은 기업 또는 단체를 설립해서는 아니 된다.

[경업금지 지역] ____

[경업금지 업무] ____

② 퇴사자는 취업 또는 설립하고자 하는 기업 또는 단체가 제1항에 따른 경업금지의 대상이 되거나 대상인지 여부가 불분명할 경우, 회사로부터 사전 서면 동의를 받은 이후 해당 기업 또는 단체에 취업하거나 설립하여야 한다.

제5조(경업금지에 대한 보상)

회사는 퇴사자의 퇴직일로부터 ____일 이내에 퇴직자에게 제4조의 대가로 금 ____원을 지급한다.

제6조(위약금)

퇴사자는 제3조 내지 제4조를 위반하는 때에는 그로 인한 손해배상으로서 금 ____원을 지급하고, 이와 별도로 회사에게 제5조에 의하여 지급받은 금원 및 이에 대한 수령일로부터 이를 반환하는 날까지의 법정이자를 추가하여 회사에게 반환하여야 한다.

제7조(권리의무의 양도, 계약의 변경)
① 각 당사자는 상대방의 사전 서면동의 없이 본 계약상의 권리의무를 제3자에게 양도하거나 이전할 수 없다.
② 본 계약의 수정이나 변경은 양 당사자의 정당한 대표자가 기명날인 또는 서명한 서면합의로만 이루어질 수 있다.

제8조(분쟁의 해결)
본 계약과 관련하여 분쟁이 발생한 경우 당사자의 상호 협의에 의한 해결을 모색하되, 분쟁에 관한 합의가 이루어지지 아니한 경우에는 *[서울중앙지방법원]*을 제1심 관할법원으로 하여 소송을 통해 분쟁을 해결하기로 한다.

회사와 퇴사자는 본 계약의 성립을 증명하기 위하여 본 계약서 2부를 작성하여 각각 서명(또는 기명 날인)한 후 각자 1부씩 보관한다.

(위 내용을 확인하고 이해하였으며, 이에 서명함)

20___. __. __.

서약자: 홍 길 동 (서명)

주식회사 ABC 귀중

9. 근로계약서

근로계약서

주식회사 ABC(이하 '사업주'라 함)와 홍길동(이하 '근로자'라 함)은 다음과 같이 근로계약을 체결한다.

1. 근로계약기간 : ___년 __월 __일부터 ___년 __월 __일까지

※ 근로계약기간을 정하지 않는 경우에는 '근로개시일'만 기재

2. 근 무 장 소 :
3. 업무의 내용 :
4. 소정근로시간 : __시 __분부터 _시 _분까지 (휴게시간 : __시 __분 ~ __시 __분)
5. 근무일/휴일 : 매주 __일(또는 매일 단위) 근무, 주휴일 매주 __요일
6. 임 금
   - 월(일, 시간)급 : ________원
   - 상여금 : 있음 ( ) ________원, 없음 ( )
   - 기타 급여(제 수당 등) : 있음 ( ), 없음 ( )
   · ________원, ________원
   · ________원, ________원
   - 임금지급일 : 매월(매주 또는 매일) _일(휴일의 경우는 전일 지급)
   - 지급방법 : 근로자에게 직접지급( ), 근로자 명의 예금통장에 입금( )
7. 연차유급휴가

- 연차유급휴가는 근로기준법에서 정하는 바에 따라 부여함

8. 사회보험 적용여부(해당란에 체크)

☐ 고용보험 ☐ 산재보험 ☐ 국민연금 ☐ 건강보험

9. 근로계약서 교부

- 사업주는 근로계약을 체결함과 동시에 본 계약서를 사본하여 근로자의 교부요구와 관계없이 근로자에게 교부함(근로기준법 제17조 이행)

10. 기 타

- 이 계약에 정함이 없는 사항은 근로기준법령 및 사업주의 사규에 의함

① 직원은 사업주의 영업비밀, 사업주의 연구개발 · 영업 · 재산 등에 영향을 미칠 수 있는 유형 · 무형의 정보 기타 사업주의 중요한 정보를 사업주의 승인 없이 취득 · 사용하거나 제3자에게 누설하거나 외부에 공개해서는 안 됨

② 직원은 퇴직 후 [ ]년간 사업주의 영업비밀 기타 중요한 정보가 누설되거나 이용될 기업 또는 단체에 취업하거나, 그와 같은 기업 또는 단체를 창업하거나 설립해서는 안 됨.

___년 __월 __일

(사업주) 사업체명 :

연락처 :

주 소 :

대 표 자 : (서명)

(근로자) 성명 : (서명)

주소 :

연락처 :

10. 교육이수확인서

교육이수확인서

성 명 : ____________

소 속 : ____________

직 급 : ____________

위 사람은 주식회사 ABC(이하 '회사'라 함)의 임직원으로서 회사가 실시한 다음 영업비밀 보호교육에 참가하여 소정의 교육을 이수하였음을 확인합니다.

교육 일자 : ____________________________

교육 장소 : ____________________________

교육 내용 : ____________________________

20___. __. __.

주식회사 ABC

대표이사 : 홍 길 동 (인)

11. 교육참석확인서

영업비밀 교육참석확인서

교육 일자 : ______________________________

교육 장소 : ______________________________

교육 내용 : ______________________________

아래 서명한 인원은 상기 영업비밀 교육에 참석하였음을 확인합니다.

성명	소속부서	직급	서명

주식회사 ABC

12. 비밀 자료 · 물품 반납 확인서

비밀 자료 · 물품 반납 확인서

소 속 : ___________

성 명 : 홍 길 동

생년월일 : ____년 ___월 ___일

본인은 [ ]년 [ ]월 [ ]일자로 주식회사 ABC(이하 '회사'라 함)를 퇴사함에 있어서, 본인이 회사의 업무를 수행하는 과정에서 취득한 회사의 영업비밀 및 영업자산과 관련하여 본인이 보유하고 있는 아래와 같은 자료(사본 포함) 및 물품을 모두 회사에 반납하였으며, 이외에 회사의 영업비밀 및 영업자산을 보유하고 있지 아니함을 확인합니다.

No.	자료/물품의 명칭	자료/물품의 내용
1		
2		
3		
4		

20___. ___. ___.

서약자: 홍 길 동 (서명)

주식회사 ABC 귀중

13. 비밀유지계약서

비밀유지계약서

주식회사 ABC(이하 'ABC'라 함)와 주식회사 XYZ(이하 'XYZ'라 함)는 비밀정보의 제공과 관련하여 다음과 같이 비밀유지계약을 체결한다.

다 음

제1조(계약의 목적)
본 계약은 ABC와 XYZ가 「(업무 요지 기재)(이하 '본 업무'라 함)」와 관련하여 각자 상대방에게 제공하는 비밀정보를 비밀로 유지하고 보호하기 위하여 필요한 제반 사항을 규정함을 목적으로 한다.

제2조(비밀정보의 정의)
① 본 계약에서 '비밀정보'라 함은, ABC 또는 XYZ가 본 업무 수행과정에서 스스로 알게 되거나, 상대방 또는 그 직원(이하 '상대방'이라 함)으로부터 제공받아 알게 되는 상대방에 관한 일체의 기술상 혹은 경영상의 정보 및 이를 기초로 새롭게 발생한 일체의 기술상 혹은 경영상의 정보를 말한다.
② 제1항의 비밀정보는 서면(전자문서를 포함하며, 이하 같음), 구두 혹은 기타 방법으로 제공되는 노하우, 공정, 도면, 설계, 실험결과, 샘플, 사양, 데이터, 공식, 제법, 프로그램, 가격표, 거래명세서, 생산단가, 아이디어 등 모든 기술상 혹은 경영상의 정보와 그러한 정보가 수록된 물건 또는 장비 등을 모두 포함한다.

제3조(비밀의 표시)

① 각 당사자가 상대방에게 서면으로 비밀정보를 제공하는 경우, 그 서면에 비밀임을 알리는 문구('비밀' 또는 '대외비' 등의 국문 또는 영문 표시)를 표시해야 한다.

② 각 당사자가 상대방에게 구두나 영상 또는 당사자의 시설, 장비 샘플 기타 품목들을 관찰 · 조사하게 하는 방법으로 비밀정보를 제공할 경우에는, 그 즉시 상대방에게 해당 정보가 비밀정보에 속한다는 사실을 고지하여야 한다. 이때 비밀정보를 제공한 당사자는 비밀정보 제공일로부터 15일 이내에 상대방에게 해당 정보가 비밀정보에 속한다는 취지의 서면을 발송하여야 한다.

제4조(정보의 사용용도 및 정보취급자 제한)

① 각 당사자는 상대방의 비밀정보를 '본 업무'의 수행 또는 '본 업무'와 관련된 계약에서 정한 본래의 목적으로만 사용하여야 한다.

② 각 당사자가 '본 업무'의 수행을 위하여 상대방의 비밀정보를 제3자에게 제공하고자 할 때에는 사전에 상대방으로부터 서면에 의한 동의를 얻어야 하며, 그 제3자와 사이에 해당 비밀정보의 유지 및 보호를 목적으로 하는 별도의 비밀유지계약을 체결한 이후에 그 제3자에게 해당 비밀정보를 제공하여야 한다.

③ 각 당사자는 직접적, 간접적으로 '본 업무'를 수행하는 임직원들에 한하여 상대방의 비밀정보를 취급할 수 있도록 필요한 조치를 취하여야 하며, 해당 임직원 각자에게 상대방의 비밀정보에 대한 비밀유지의무를 주지시켜야 한다. 이때 상대방은 반대 당사자에게 해당 임직원으로부터 비밀유지서약서를 제출받는 등의 방법으로 해당 정보의 비밀성을 유지하기 위하여 필요한 조치를 요구할 수 있다.

제5조(비밀유지의무)

① 각 당사자는 상대방의 사전 서면승낙 없이 비밀정보를 포함하여 본 계약의 체결사실이나 내용, '본 업무'의 내용 등을 공표하거나 제3자에게 알려서는 아니 된다. 다만, 객관적인 증거를 통하여 다음 각 호에 해당함이 입증되는 정보는 비밀정보가 아니거나 비밀유지의무가 없는 것으로 간주한다.

1. 상대방의 비밀정보 제공 이전에 다른 당사자가 이미 알고 있거나 알 수 있는 정보
2. 비밀정보를 제공받은 당사자의 고의 또는 과실에 의하지 않고 공지의 사실로 된 정보
3. 비밀정보를 제공받은 당사자가 적법하게 제3자로부터 제공받은 정보
4. 비밀정보를 제공받은 당사자가 비밀정보와 관계없이 독자적으로 개발하거나 알게 된 정보
5. 제3조 제2항에 의하여 비밀정보임을 고지하지 아니하거나, 비밀정보에 속한다는 취지의 서면을 발송하지 아니한 정보
6. 법원 기타 공공기관의 판결, 명령 또는 관련법령에 따른 공개의무에 따라서 공개한 정보

② 각 당사자가 제1항 제6호에 따라 정보를 공개할 경우에는 사전에 상대방에게 그 사실을 서면으로 통지하고, 상대방으로 하여금 적절한 보호 및 대응조치를 할 수 있도록 하여야 한다.

제6조(자료의 반환 등)

① 각 당사자는 상대방의 요청이 있으면 언제든지 상대방의 비밀정보가 기재되어 있거나 이를 포함하고 있는 제반 자료, 장비, 서류, 샘플, 기타 유체물(복사본, 복사물, 모방물건, 모방장비 등을 포함)을 즉시 상대방에게 반환하거나, 상대방의 선택에 따라 이를 폐기하고 그 폐기를 증명하는 서류를 상대방에게 제공하여야 한다.

② 제1항의 자료의 반환 또는 폐기에 소요되는 비용은 각 당사자가 균등하게 부담하기로 한다. 다만, 자료의 반환 또는 폐기 의무자가 우선 그 비용을 지출한 이후 상대방에게 그 부담부분을 정산하여 청구하기로 한다.

제7조(권리의 부존재 등)
① 본 계약에 따라 제공되는 비밀정보에 관한 모든 권리는 이를 제공한 당사자에게 속한다.
② 본 계약은 어떠한 경우에도 비밀정보를 제공받는 자에게 비밀정보에 관한 어떠한 권리나 사용권을 부여하는 것으로 해석되지 않는다.
③ 본 계약은 어떠한 경우에도 당사자 간에 향후 어떠한 확정적인 계약의 체결, 제조물의 판매나 구입, 실시권의 허락 등을 암시하거나 이를 강제하지 않으며, 기타 본 계약의 당사자가 비밀정보와 관련하여 다른 제3자와 어떠한 거래나 계약관계에 들어가는 것을 금지하거나 제한하지 아니한다.
④ 비밀정보의 제공자는 상대방에게 비밀정보를 제공할 적법한 자격이 있음을 보증한다.
⑤ 각 당사자는 본 계약의 목적을 위하여 상대방의 시설을 방문하거나 이를 이용할 경우에는 상대방의 제반 규정 및 지시사항을 준수하여야 한다.

제8조(계약기간)
① 본 계약은 본 계약 체결일로부터 [ ]년간 그 효력을 가진다.
② 제1항에도 불구하고, 본 계약 제4조, 제5조 및 제7조의 의무는 본 계약의 계약기간이 만료되거나, 본 계약이 해제·해지 등의 사유로 종료된 이후부터 계속하여 유효하게 존속하는 것으로 한다.

제9조(손해배상, 위약벌)
① 본 계약을 위반한 당사자는 이로 인하여 상대방이 입은 모든 손해를 배상하여야 한다.
② 본 계약을 위반한 당사자는 제1항의 손해배상과 별도로 상대방에게 위약벌로서 금 [ ]원을 지급하여야 한다.

제10조(권리의무의 양도, 계약의 변경)
① 각 당사자는 상대방의 사전 서면동의 없이 본 계약상의 권리의무를 제3자에게 양도하거나 이전할 수 없다.
② 본 계약의 수정이나 변경은 양 당사자의 정당한 대표자가 기명날인 또는 서명한 서면합의로만 이루어질 수 있다.

제11조(계약의 분리가능성)
본 계약 중 어느 규정이 법원에 의하여 위법, 무효 또는 집행 불가능하다고 선언될 경우에도, 이는 본 계약의 나머지 규정의 유효성에 영향을 미치지 아니한다.

제12조(분쟁의 해결)
본 계약과 관련하여 분쟁이 발생한 경우 당사자의 상호 협의에 의한 해결을 모색하되, 분쟁에 관한 합의가 이루어지지 아니한 경우에는 *[서울중앙지방법원]*을 제1심 관할법원으로 하여 소송을 통해 분쟁을 해결하기로 한다.

'ABC'와 'XYZ'는 본 계약의 성립을 증명하기 위하여 본 계약서 2부를 작성하여 각각 서명(또는 기명날인)한 후 각자 1부씩 보관한다.

20____년 ____월 ____일

"ABC"
(명칭) ______________________
(주소) ______________________
(대표자) _________________(인)

"XYZ"
(명칭) ______________________
(주소) ______________________
(대표자) _________________(인)

[별지] 비밀자료 제공 · 수령 확인서

비밀자료 제공 · 수령 확인서

ABC와 XYZ는 상호간 _______년 _____월 _____일자로 체결된 ________계약에 따라, ABC가 XYZ에게 다음 목록과 같은 비밀 자료를 제공하였고, XYZ는 ABC로부터 동 자료를 수령하였음을 확인합니다.

명칭	문서번호	제공형태	비고

____년 __월 __일

(ABC) 명칭 :	(XYZ) 명칭 :
주소 :	주소 :
대표자 :	대표자 :
위 대리인 : (서명)	위 대리인 : (서명)

14. 기술(노하우)이전계약서

기술(노하우)이전계약서

주식회사 ABC(이하, 'ABC' 이라 함)와 주식회사 XYZ(이하, 'XYZ'라 함)는 ABC가 보유하고 있는 노하우에 관하여 다음과 같이 기술이전 계약을 체결한다.

다 음

제1조(목적)
본 계약은 ABC가 보유하고 있는 [노하우 기술의 명칭]을 XYZ에게 이전함에 있어서 당사자 간의 권리 · 의무를 명확히 하고자 함에 목적이 있다.

제2조(정의)
① 본 계약에 따라 ABC가 XYZ에게 이전하기로 한 기술은 별지 이전기술(노하우)에 기재한 노하우(이하 '계약기술'이라 함)를 말한다.
② '계약제품'이라 함은 계약기술을 사용하여 생산되는 모든 제품(또는 장치, 설비 등)을 말하며, 반제품 또는 원료를 생산, 판매하는 경우 그 반제품이나 원료를 포함한다.
③ '매출액'이란 계약제품의 매출로 발생한 매출액을 말한다.

제3조(계약 기간)
① 본 계약의 계약기간은 본 계약 체결일로부터 [ ]년 [ ]월 [ ]일까지로 하며, 쌍방 서면 합의에 의하여 연장할 수 있다.

② 당사자 일방이 계약 기간을 연장하고자 할 경우에는 계약만료일로부터 1개월 전에 계약 연장 의사를 상대방에게 서면으로 통보하여야 하며, 그 통보가 없는 때에는 계약기간 만료로 본 계약이 확정적으로 종료한다.

제4조(실시권)

① ABC는 본 계약의 조건에 따라 XYZ가 대한민국 내에서 계약기술을 실시하는 것에 동의하며, XYZ에게 계약기술에 관한 *비독점적인* 실시권을 허락한다.

② 제1항의 실시권은 계약기술을 이용하여 계약제품을 생산, 판매할 수 있는 권리를 말한다.

③ XYZ는 제3자에게 제1항의 실시권을 양도하거나 담보의 목적물로 제공하거나 재실시권을 허락할 수 없다.

④ XYZ가 본 계약 체결일로부터 [ ]년 동안 계약기술의 일부를 실시하지 아니하는 경우, 그에 대하여는 실시권을 포기한 것으로 간주한다.

제5조(실시대가)

① XYZ는 본 계약 체결일로부터 [ ]월 이내에 ABC에게 제4조의 실시권 허락에 대한 대가로 선급기술료 금 [ ]원(부가가치세 별도)을 지급하되, 그 지급방법은 ABC의 은행계좌[( )은행, 계좌번호( )]에 현금으로 입금하는 방법으로 하여야 한다.

② XYZ는 제1항의 선급 기술료와 별도로 매년 4월 30일까지 ABC에게 경상기술료로 전년도 매출액의 [ ]%(부가가치세 별도)를 지급하여야 한다.

③ XYZ는 매 회계년도 개시일부터 3개월 이내에 전 회계년도에 대한 경상기술료 계산서와 계약제품의 판매가격, 수량, 유형 등이 기술된 서면보고서(이하 경상기술료 계산서와 함께 '경상기술료 증빙

서류'라 함)를 공인회계사의 확인을 받아 ABC에게 제출하여야 한다.

④ ABC는 XYZ가 제3항에 따라 제출한 경상기술료 증빙서류를 확인하기 위하여 ABC가 위촉한 공인회계사로 하여금 계약제품의 판매수량, 매출액 등을 조사하도록 할 수 있다.

⑤ ABC가 위촉한 공인회계사는 판매수입 등의 결정을 위하여 통상 근무시간 중에 XYZ의 필요한 장부를 열람할 수 있으며, XYZ는 당해 공인회계사의 활동에 협조하여야 한다.

⑥ XYZ는 제4항에 따라 ABC에 의하여 위촉된 공인회계사의 조사결과 제3항에 따라 제출된 기술료 증빙서류가 허위이거나 사실과 다를 경우 당해 공인회계사의 조사결과에 따른 기술료 차액을 추가로 ABC에게 지급하여야 한다.

⑦ XYZ는 제6항에 따라 추가로 지급해야 할 기술료 차액이 제3항에 따라 ABC에게 보고한 기술료의 5% 이상에 해당하는 금액일 경우, ABC가 제4항에 따라 위촉한 공인회계사의 경상기술료 조사비용을 전부 부담하여야 한다.

⑧ XYZ가 경상기술료를 정해진 기한 내에 지급하지 못할 경우, 그 미지급금액에 대하여 연 5%에 해당하는 금액을 지체상금으로 ABC에게 지급하여야 한다.

⑨ 본 계약에 따라 XYZ가 ABC에게 지급한 모든 기술료는 여하한 이유에도 불구하고 반환을 청구할 수 없다.

제6조(계약기술의 개량)

① XYZ 또는 XYZ의 임원 및 피용자가 계약기술의 개량, 확장, 대체, 추가 등의 방법으로 개발한 기술(이하 '개량기술'이라 함)에 관한 새로운 특허, 실용신안 등 지식재산권을 취득하고자 할 경우에는 사전에 ABC에게 서면으로 그 사실을 통보하여야 한다.

② 제1항에서 XYZ의 임원 및 피용자가 개량기술을 개발한 경우에

XYZ는 개량기술에 관한 특허 등을 받을 권리를 그 임원이나 피용자로부터 승계받아야 한다.
③ 개량기술에 관한 지식재산권은 ABC와 XYZ의 공유로 한다.
④ 개량기술에 관한 지식재산권의 출원, 등록, 유지 등의 비용은 ABC와 XYZ의 공동부담으로 한다.
⑤ 별도의 특약이 없는 한 개량기술의 실시는 본 계약에 따른 계약기술의 실시에 포함되는 것으로 한다.

제7조(면책)
ABC는 XYZ가 실시하는 계약기술이 제3자의 권리를 침해하지 않는다거나 사업화, 상용화가 가능하다는 것을 보증하는 것은 아니며, 계약기술의 실시에 의하여 XYZ에게 발생한 어떠한 손실(제3자에 대한 실시료 지불을 포함)에 대해서도 책임지지 아니한다.

제8조(비밀 보장)
① XYZ는 본 계약에 따라 ABC로부터 제공받은 계약기술 및 관련 자료, 노하우, 기타 정보 등이 제3자에게 공개, 제공, 누설되지 않도록 보안에 유의하여야 하며, XYZ의 임원 및 피용자나 그 승계인이 이와 같은 비밀유지의무를 준수하도록 관리하여야 한다.
② 제1항은 본 계약이 계약기간 만료, 해제, 해지 등으로 종료된 후에도 3년간 계속 유효하다.

제9조(계약의 해지)
ABC는 다음 각 호의 경우 30일 이상의 상당한 기한을 정하여 XYZ에게 그 이행을 서면으로 최고하고, 그러함에도 XYZ가 그 이행을 하지 아니할 경우 본 계약을 해지 또는 해제할 수 있다. 다만, 다음 가.호의 경우에는 최고 없이 본 계약을 해지 또는 해제할 수 있다.
가. XYZ가 부도, 파산, 폐업 등으로 조업을 중단한 경우

나. XYZ가 본 계약에서 정한 기술료를 지급하지 아니할 경우
다. XYZ가 제5조에서 정하는 경상기술료 증빙서류를 정해진 기한까지 제출하지 아니하거나 고의로 경상기술료를 축소하여 지급하는 경우
라. ABC가 경상기술료 증빙서류를 요청한 후 XYZ가 1개월 이내에 이를 제출하지 않는 경우
마. XYZ가 제5조에서 정하는 경상기술료 실태조사에 정당한 사유 없이 응하지 않을 경우

제10조(계약의 변경)
본 계약에서 별도의 정함이 있는 경우를 제외하고는 본 계약조항의 변경, 추가 또는 삭제는 양 당사자 또는 그 대표자가 서명 또는 기명날인한 서면에 의하지 않으면 효력이 없다.

제11조(통지)
본 계약의 당사자는 본 계약 체결 후 주소, 대표자, 담당자 등 중요사항의 변경이 있을 경우에는 지체 없이 상대방에게 그 사실을 서면(전자문서 포함)으로 통지하여야 하며, 그 불이행으로 인한 상대방의 착오는 중요 사항이 변경된 자의 항변으로부터 면책된다.

제12조(명칭 등의 사용금지)
XYZ는 본 계약과 관련하여 ABC의 사전 서면에 의한 동의를 받지 아니하고 ABC로부터 지득한 정보와 ABC가 제공한 문서 및 자료의 일부 또는 전부에 대하여 그 원본이나 복제, 복사물을 광고 판매촉진, 기타 선전의 목적 혹은 쟁송상의 자료로 사용하여서는 아니 된다.

제13조(분쟁해결)
본 계약과 관련하여 분쟁이 발생한 경우 당사자의 상호 협의에 의

한 해결을 모색하되, 분쟁에 관한 합의가 이루어지지 아니한 경우에는 *[서울중앙지방법원]*을 제1심 관할법원으로 하여 소송을 통해 분쟁을 해결하기로 한다.

제14조(계약의 효력)
본 계약서는 본 계약의 목적에 관한 양 당사자의 모든 합의 및 양해사항을 기재한 것으로서, 본 계약서로 인해 본 계약 체결 전의 양 당사자 간의 일체의 논의, 문서, 각서, 통신, 계약, 양해 사항들은 실효되며, 그 실효된 것에 구속되지 아니한다.

ABC와 XYZ는 본 계약의 체결사실 및 계약 내용을 증명하기 위하여 본 계약서 2부를 작성하여 각각 서명(또는 기명날인)한 후 각자 1부씩 보관한다.

별첨 : 이전기술(노하우) 1부

20___년 ___월 ___일

"ABC"
(명칭) 주식회사 ABC
(주소) ____________________
(대표자) ________________(인)

"XYZ"
(명칭) 주식회사 XYZ
(주소) ____________________
(대표자) ________________(인)

[별지]

이전기술(노하우)

■ 노하우의 명칭

■ 노하우의 내용

■ 관련 자료

■ 노하우 이전 일정

■ 특기 사항

15. 통지서(영업비밀 침해예방)

통 지 서

수신 : 주식회사 XYZ
참조 : 대표이사
제목 : 영업비밀 침해예방 촉구의 건

1. 귀사의 발전을 기원합니다.
2. 귀사에 입사한 아래 직원은 종전에 저희 회사에서 아래와 같이 재직하는 중에 직무와 관련하여 저희 회사의 영업비밀을 취득하였으며, 이와 관련하여 저희 회사는 아래 직원의 퇴사 시 영업비밀보호서약서를 제출받은 바 있습니다.

성명	
소속	
직급	
재직기간	
담당업무	

3. 이에 귀사에서 위의 직원이 귀사의 업무를 수행하는 과정에서 저희 회사의 영업비밀을 침해하는 일이 없도록 주의하여 주시기를 통지하여 드립니다.

20___. __. __.

주식회사 ABC
대표이사 홍 길 동 (인)

16. 통지서(영업비밀 침해중지)

통 지 서

수신 : 주식회사 XYZ
참조 : 대표이사
제목 : 영업비밀 침해 중지 촉구의 건

1. 귀사의 발전을 기원합니다.
2. 귀사에 입사한 아래 직원은 종전에 저희 회사에서 아래와 같이 재직하는 중에 직무와 관련하여 저희 회사의 영업비밀을 취득하였으며, 이와 관련하여 저희 회사는 아래 직원의 퇴사 시에 영업비밀 보호 서약서를 제출받은 바 있습니다.

성명	
소속	
직급	
재직기간	
담당업무	

3. 귀사가 생산 · 판매하고 있는 [ ]제품은 아래 사실을 종합해 볼 때 저희 회사가 개발한 [(제품명기재)] 제품과 동일하거나 유사합니다. 이는 저희 회사의 사전 승인 없이 위 직원으로부터 저희 회사가 개발한 [ ]에 관한 노하우를 부당하게 이전받은 것으로 추정됩니다.

1) ______________________________
2) ______________________________
3) ______________________________
4) ______________________________

4. 귀사의 위와 같은 행위는 부정경쟁방지 및 영업비밀보호에 관한 법률에서 금지하고 있는 영업비밀 침해행위로서 저희 회사에 대한 손해배상 책임이 있을 뿐만 아니라 관련자에 대하여 형사책임이 있을 수 있습니다.

5. 이에 부정경쟁방지 및 영업비밀 보호에 관한 법률의 규정에 따라 귀사에게 [ ]년 [ ]월 [ ]일까지 저희 회사의 영업비밀에 대한 사용금지 및 저희 회사의 영업비밀을 침해하고 있는 [ ] 제품의 생산 · 판매 · 광고의 중단과 재고품의 폐기를 요청하는 한편, 저희 회사의 영업비밀에 대한 침해를 원인으로 하는 손해배상금으로서 금 [ ] 원의 지급을 바라며, 위 기한까지 귀사의 이행이 지체될 경우에는 부득이 관련 법령에 따라 법적 조치를 취하지 아니할 수 없음을 양해하여 주시기 바랍니다.

6. 저희 회사는 귀사의 영업비밀 침해행위와 관련하여 원만한 해결을 위하여 충분한 협의를 할 의사가 있으며, 이와 관련하여 필요한 경우에는 저희 회사의 아래 담당자에게 연락하여 주시기 바랍니다.

담당자 성명 : ____________
전화번호 : ____________
이메일주소 : ____________

20___. __. __.

주식회사 ABC
대표이사 홍 길 동 (인)

17. 합의서(1)

합의서(유형 1)

주식회사 ABC(이하 'ABC'라 함)와 주식회사 XYZ(이하 'XYZ'라 함)는 XYZ의 영업비밀 침해 사건의 원만한 해결을 위하여 다음과 같이 합의한다.

1. XYZ는 ABC가 개발한 '[ ]에 관한 영업비밀(이하 '본건 영업비밀'이라 함)'을 침해하여 xyz 제품(이하 '침해제품'이라 함)을 생산 및 판매하였음을 인정한다.
2. XYZ는 본 합의서를 작성한 날부터 침해제품을 생산, 판매, 수출, 양도 및 이에 관한 광고를 해서는 아니 된다. 다만, XYZ가 본 합의서를 작성하기 전날까지 생산한 침해제품은 ABC의 수량 확인 및 서면 승인을 받아 [ ]년 [ ]월 [ ]일까지 판매, 수출 및 양도를 할 수 있으며, 그 기간이 경과된 때에는 ABC의 확인을 받아 폐기하여야 한다.
3. XYZ는 [ ]년 [ ]월 [ ]일 까지 ABC에게 본건 영업비밀 침해에 대한 손해배상으로 금 [ ]원을 지급하여야 하며, 만일 이를 지체할 때에는 그 지체일수에 대하여 위 금원에 연 [*5*]%의 비율에 의한 지연이자를 더하여 지급하여야 한다.
4. XYZ가 본 합의에 위배하여 침해제품을 생산, 판매, 수출, 양도 및 광고한 때에는, 손해배상과 별도로, 본 합의에 위배하여 생산, 판매, 수출 또는 양도한 침해제품 1개당 금 [ ]원을, 본 합의에 위배하여 광고한 경우에 그 위반행위 1회당 금 [ ]원을 위약벌로 ABC에게 각 지급하여야 한다.
5. ABC와 XYZ는 XYZ의 본건 영업비밀 침해와 관련하여 본 합의로

써 모든 분쟁을 청산하고 일체의 민 · 형사상 이의를 제기하지 않기로 한다.

20___년 ___월 ___일

"ABC"
주식회사 ABC
(주소) ________________________
대표이사 ___________________(인)

"XYZ"
주식회사 XYZ
(주소) ________________________
대표이사 ___________________(인)

18. 합의서(2)

합의서(유형 2)

주식회사 ABC(이하 'ABC'라 함)와 주식회사 XYZ(이하 'XYZ'라 함)는 XYZ의 영업비밀 침해 사건의 원만한 해결을 위하여 다음과 같이 합의한다.

1. XYZ는 ABC가 개발한 '[ ]에 관한 영업비밀(이하 '본 건 영업비밀'이라 함)'을 침해하여 [ ] 제품(이하 '침해제품'이라 함)을 생산 및 판매하였음을 인정하며, 이에 대한 손해배상으로 [ ]년 [ ]월 [ ]일까지 ABC에게 금 [ ]원을 지급하기로 하며, 만일 이를 지체할 때에는 그 지체일수에 대하여 위 금원에 연 [*5*]%의 비율에 의한 지연이자를 더하여 지급하기로 한다.
2. XYZ는 본 합의서를 작성한 날로부터 [ ]년간 적법하게 침해제품을 생산, 판매, 수출 및 광고할 수 있다.
3. XYZ는 제2항의 기간(이하 '합의기간'이라 함) 동안 판매한 침해제품(반품 또는 환입된 침해제품의 수량은 제외하나, 광고, 선전을 위하여 무상으로 제공한 침해제품의 수량은 포함) 1개당 금 [ ]원을 기술료로써 ABC에게 지급하기로 하되, 합의기간 동안 매년 6월 30일과 12월 31일을 기준으로 기술료를 정산하여 매년 1월 1일부터 6월 30일까지 판매한 수량에 대해서는 매년 7월 31일에, 매년 7월 1일부터 12월 31일까지 판매한 수량에 대해서는 그 다음 해 1월 31일까지 각 지급하기로 한다.
4. ABC는 XYZ의 침해제품 판매수량에 대해서 이의가 있을 때에는 XYZ의 매출자료 기타 회계자료를 열람 및 조사할 수 있으며, XYZ는 ABC의 회계자료 열람 및 조사에 협력하여야 한다. 이때 ABC는

공인회계사를 위촉하여 그로 하여금 XYZ의 매출자료 기타 회계자료를 열람 및 조사하게 할 수 있고, XYZ는 이에 대해서 이의할 수 없다.

5. XYZ 또는 XYZ의 임원 및 피용자가 본건 영업비밀을 개량, 확장, 대체, 추가 등의 방법으로 개발한 기술(이하 '개량기술'이라 함)에 관한 새로운 특허, 실용신안 등 지식재산권을 취득하고자 할 경우에는 사전에 ABC에게 서면으로 그 사실을 통보하여야 하며, 그 개량기술에 관한 지식재산권은 ABC와 XYZ의 공유로 하고, 그 출원, 등록, 유지 비용은 ABC와 XYZ의 공동부담으로 한다.

6. XYZ가 ABC에게 지급한 제1항 및 제3항의 금원은 본건 영업비밀에 관한 여하한 사유로도 반환을 청구할 수 없다.

7. ABC는 XYZ가 실시하는 본건 영업비밀이 제3자의 권리를 침해하지 않는다거나 사업화, 상용화가 가능하다는 것을 보증하는 것은 아니며, 본건 영업비밀의 실시에 의하여 XYZ에게 발생한 어떠한 손실(제3자에 대한 실시료 지불을 포함)에 대해서도 책임지지 아니한다.

8. ABC와 XYZ는 XYZ의 본건 영업비밀 침해와 관련하여 본 합의로써 모든 분쟁을 청산하고 일체의 민·형사상 이의를 제기하지 않기로 한다.

20____년 ____월 ____일

"ABC"
주식회사 ABC
(주소) ____________________
대표이사 ________________(인)

"XYZ"

주식회사 XYZ

(주소) ____________________

대표이사 ________________(인)

[부록 2]

부정경쟁방지 및 영업비밀보호에 관한 법률

[시행 2016.9.1.] [법률 제14033호, 2016.2.29, 타법개정]

제1장 총 칙

제1조(목적) 이 법은 국내에 널리 알려진 타인의 상표·상호(商號) 등을 부정하게 사용하는 등의 부정경쟁행위와 타인의 영업비밀을 침해하는 행위를 방지하여 건전한 거래질서를 유지함을 목적으로 한다.

제2조(정의) 이 법에서 사용하는 용어의 뜻은 다음과 같다.

1. "부정경쟁행위"란 다음 각 목의 어느 하나에 해당하는 행위를 말한다.
   가. 국내에 널리 인식된 타인의 성명, 상호, 상표, 상품의 용기·포장, 그 밖에 타인의 상품임을 표시한 표지(標識)와 동일하거나 유사한 것을 사용하거나 이러한 것을 사용한 상품을 판매·반포(頒布) 또는 수입·수출하여 타인의 상품과 혼동하게 하는 행위
   나. 국내에 널리 인식된 타인의 성명, 상호, 표장(標章), 그 밖에 타인의 영업임을 표시하는 표지와 동일하거나 유사한 것을 사용하여 타인의 영업상의 시설 또는 활동과 혼동하게 하는 행위
   다. 가목 또는 나목의 혼동하게 하는 행위 외에 비상업적 사용 등 대통령령으로 정하는 정당한 사유 없이 국내에 널리 인식된 타인의 성명, 상호, 상표, 상품의 용기·포장, 그 밖에 타인의 상품 또는 영업임을 표시한 표지와 동일하거나 유사한 것을 사용하거나 이러한 것을 사용한 상품을 판매·반포 또는 수입·수출하여 타인의 표지의 식별력이나 명성을 손상하는 행위

라. 상품이나 그 광고에 의하여 또는 공중이 알 수 있는 방법으로 거래상의 서류 또는 통신에 거짓의 원산지의 표지를 하거나 이러한 표지를 한 상품을 판매 · 반포 또는 수입 · 수출하여 원산지를 오인(誤認)하게 하는 행위

마. 상품이나 그 광고에 의하여 또는 공중이 알 수 있는 방법으로 거래상의 서류 또는 통신에 그 상품이 생산 · 제조 또는 가공된 지역 외의 곳에서 생산 또는 가공된 듯이 오인하게 하는 표지를 하거나 이러한 표지를 한 상품을 판매 · 반포 또는 수입 · 수출하는 행위

바. 타인의 상품을 사칭(詐稱)하거나 상품 또는 그 광고에 상품의 품질, 내용, 제조방법, 용도 또는 수량을 오인하게 하는 선전 또는 표지를 하거나 이러한 방법이나 표지로써 상품을 판매 · 반포 또는 수입 · 수출하는 행위

사. 다음의 어느 하나의 나라에 등록된 상표 또는 이와 유사한 상표에 관한 권리를 가진 자의 대리인이나 대표자 또는 그 행위일 전 1년 이내에 대리인이나 대표자이었던 자가 정당한 사유 없이 해당 상표를 그 상표의 지정상품과 동일하거나 유사한 상품에 사용하거나 그 상표를 사용한 상품을 판매 · 반포 또는 수입 · 수출하는 행위

(1) 「공업소유권의 보호를 위한 파리협약」(이하 "파리협약"이라 한다) 당사국

(2) 세계무역기구 회원국

(3) 「상표법 조약」의 체약국(締約國)

아. 정당한 권원이 없는 자가 다음의 어느 하나의 목적으로 국내에 널리 인식된 타인의 성명, 상호, 상표, 그 밖의 표지와 동일하거나 유사한 도메인이름을 등록 · 보유 · 이전 또는 사용하는 행위

(1) 상표 등 표지에 대하여 정당한 권원이 있는 자 또는 제3자에게 판매하거나 대여할 목적

(2) 정당한 권원이 있는 자의 도메인이름의 등록 및 사용을 방해

할 목적

(3) 그 밖에 상업적 이익을 얻을 목적

자. 타인이 제작한 상품의 형태(형상 · 모양 · 색채 · 광택 또는 이들을 결합한 것을 말하며, 시제품 또는 상품소개서상의 형태를 포함한다. 이하 같다)를 모방한 상품을 양도 · 대여 또는 이를 위한 전시를 하거나 수입 · 수출하는 행위. 다만, 다음의 어느 하나에 해당하는 행위는 제외한다.

(1) 상품의 시제품 제작 등 상품의 형태가 갖추어진 날부터 3년이 지난 상품의 형태를 모방한 상품을 양도 · 대여 또는 이를 위한 전시를 하거나 수입 · 수출하는 행위

(2) 타인이 제작한 상품과 동종의 상품(동종의 상품이 없는 경우에는 그 상품과 기능 및 효용이 동일하거나 유사한 상품을 말한다)이 통상적으로 가지는 형태를 모방한 상품을 양도 · 대여 또는 이를 위한 전시를 하거나 수입 · 수출하는 행위

차. 그 밖에 타인의 상당한 투자나 노력으로 만들어진 성과 등을 공정한 상거래 관행이나 경쟁질서에 반하는 방법으로 자신의 영업을 위하여 무단으로 사용함으로써 타인의 경제적 이익을 침해하는 행위

2. "영업비밀"이란 공공연히 알려져 있지 아니하고 독립된 경제적 가치를 가지는 것으로서, 합리적인 노력에 의하여 비밀로 유지된 생산방법, 판매방법, 그 밖에 영업활동에 유용한 기술상 또는 경영상의 정보를 말한다.

3. "영업비밀 침해행위"란 다음 각 목의 어느 하나에 해당하는 행위를 말한다.

가. 절취(竊取), 기망(欺罔), 협박, 그 밖의 부정한 수단으로 영업비밀을 취득하는 행위(이하 "부정취득행위"라 한다) 또는 그 취득한 영업비밀을 사용하거나 공개(비밀을 유지하면서 특정인에게 알리는 것을 포함한다. 이하 같다)하는 행위

나. 영업비밀에 대하여 부정취득행위가 개입된 사실을 알거나 중대한 과실로 알지 못하고 그 영업비밀을 취득하는 행위 또는 그 취득한 영업비밀을 사용하거나 공개하는 행위
다. 영업비밀을 취득한 후에 그 영업비밀에 대하여 부정취득행위가 개입된 사실을 알거나 중대한 과실로 알지 못하고 그 영업비밀을 사용하거나 공개하는 행위
라. 계약관계 등에 따라 영업비밀을 비밀로서 유지하여야 할 의무가 있는 자가 부정한 이익을 얻거나 그 영업비밀의 보유자에게 손해를 입힐 목적으로 그 영업비밀을 사용하거나 공개하는 행위
마. 영업비밀이 라목에 따라 공개된 사실 또는 그러한 공개행위가 개입된 사실을 알거나 중대한 과실로 알지 못하고 그 영업비밀을 취득하는 행위 또는 그 취득한 영업비밀을 사용하거나 공개하는 행위
바. 영업비밀을 취득한 후에 그 영업비밀이 라목에 따라 공개된 사실 또는 그러한 공개행위가 개입된 사실을 알거나 중대한 과실로 알지 못하고 그 영업비밀을 사용하거나 공개하는 행위

4. "도메인이름"이란 인터넷상의 숫자로 된 주소에 해당하는 숫자 · 문자 · 기호 또는 이들의 결합을 말한다.

제2조의2(부정경쟁방지 및 영업비밀보호 사업) 특허청장은 부정경쟁행위의 방지 및 영업비밀보호를 위하여 연구 · 교육 및 홍보, 부정경쟁방지를 위한 정보관리시스템 구축 및 운영, 그 밖에 대통령령으로 정하는 사업을 할 수 있다.

제2장 부정경쟁행위의 금지 등

제3조(국기 · 국장 등의 사용 금지) ① 파리협약 당사국, 세계무역기구 회원국 또는 「상표법 조약」 체약국의 국기 · 국장(國章), 그 밖의 휘장이나 국제기구의 표지와 동일하거나 유사한 것은 상표로 사용할 수 없다.

다만, 해당 국가 또는 국제기구의 허락을 받은 경우에는 그러하지 아니하다.

② 파리협약 당사국, 세계무역기구 회원국 또는 「상표법 조약」 체약국 정부의 감독용 또는 증명용 표지와 동일하거나 유사한 것은 상표로 사용할 수 없다. 다만, 해당 정부의 허락을 받은 경우에는 그러하지 아니하다.

제3조의2(자유무역협정에 따라 보호하는 지리적 표시의 사용금지 등) ① 정당한 권원이 없는 자는 대한민국이 외국과 양자간(兩者間) 또는 다자간(多者間)으로 체결하여 발효된 자유무역협정에 따라 보호하는 지리적 표시(이하 이 조에서 "지리적 표시"라 한다)에 대하여는 제2조 제1호 라목 및 마목의 부정경쟁행위 이외에도 지리적 표시에 나타난 장소를 원산지로 하지 아니하는 상품(지리적 표시를 사용하는 상품과 동일하거나 동일하다고 인식되는 상품으로 한정한다)에 관하여 다음 각 호의 행위를 할 수 없다.

1. 진정한 원산지 표시 이외에 별도로 지리적 표시를 사용하는 행위
2. 지리적 표시를 번역 또는 음역하여 사용하는 행위
3. "종류", "유형", "양식" 또는 "모조품" 등의 표현을 수반하여 지리적 표시를 사용하는 행위

② 정당한 권원이 없는 자는 다음 각 호의 행위를 할 수 없다.

1. 제1항 각 호에 해당하는 방식으로 지리적 표시를 사용한 상품을 양도 · 인도 또는 이를 위하여 전시하거나 수입 · 수출하는 행위
2. 제2조 제1호 라목 또는 마목에 해당하는 방식으로 지리적 표시를 사용한 상품을 인도하거나 이를 위하여 전시하는 행위

③ 제1항 각 호에 해당하는 방식으로 상표를 사용하는 자로서 다음 각 호의 요건을 모두 갖춘 자는 제1항에도 불구하고 해당 상표를 그 사용하는 상품에 계속 사용할 수 있다.

1. 국내에서 지리적 표시의 보호개시일 이전부터 해당 상표를 사용하고 있을 것

2. 제1호에 따라 상표를 사용한 결과 해당 지리적 표시의 보호개시일에 국내 수요자 간에 그 상표가 특정인의 상품을 표시하는 것이라고 인식되어 있을 것

제4조(부정경쟁행위 등의 금지청구권 등) ① 부정경쟁행위나 제3조의2 제1항 또는 제2항을 위반하는 행위로 자신의 영업상의 이익이 침해되거나 침해될 우려가 있는 자는 부정경쟁행위나 제3조의2 제1항 또는 제2항을 위반하는 행위를 하거나 하려는 자에 대하여 법원에 그 행위의 금지 또는 예방을 청구할 수 있다.

② 제1항에 따른 청구를 할 때에는 다음 각 호의 조치를 함께 청구할 수 있다.

1. 부정경쟁행위나 제3조의2 제1항 또는 제2항을 위반하는 행위를 조성한 물건의 폐기
2. 부정경쟁행위나 제3조의2 제1항 또는 제2항을 위반하는 행위에 제공된 설비의 제거
3. 부정경쟁행위나 제3조의2 제1항 또는 제2항을 위반하는 행위의 대상이 된 도메인이름의 등록말소
4. 그 밖에 부정경쟁행위나 제3조의2 제1항 또는 제2항을 위반하는 행위의 금지 또는 예방을 위하여 필요한 조치

제5조(부정경쟁행위 등에 대한 손해배상책임) 고의 또는 과실에 의한 부정경쟁행위나 제3조의2 제1항 또는 제2항을 위반한 행위(제2조 제1호 다목의 경우에는 고의에 의한 부정경쟁행위만을 말한다)로 타인의 영업상 이익을 침해하여 손해를 입힌 자는 그 손해를 배상할 책임을 진다.

제6조(부정경쟁행위 등으로 실추된 신용의 회복) 법원은 고의 또는 과실에 의한 부정경쟁행위나 제3조의2 제1항 또는 제2항을 위반한 행위(제2조 제1호 다목의 경우에는 고의에 의한 부정경쟁행위만을 말한다)로 타인의 영업상의 신용을 실추시킨 자에게는 부정경쟁행위나 제3조의2 제1항 또는 제2항을 위반한 행위로 인하여 자신의 영업상의 이익이 침해된 자의 청구에 의하여 제5조에 따른 손해배상을 갈음하거나 손해배상과

함께 영업상의 신용을 회복하는 데에 필요한 조치를 명할 수 있다.

제7조(부정경쟁행위 등의 조사 등) ① 특허청장, 특별시장 · 광역시장 · 특별자치시장 · 도지사 · 특별자치도지사(이하 "시 · 도지사"라 한다) 또는 시장 · 군수 · 구청장(자치구의 구청장을 말한다. 이하 같다)은 제2조 제1호 가목부터 사목까지의 부정경쟁행위나 제3조, 제3조의2 제1항 또는 제2항을 위반한 행위를 확인하기 위하여 필요한 경우로서 다른 방법으로는 그 행위 여부를 확인하기 곤란한 경우에는 관계 공무원에게 영업시설 또는 제조시설에 출입하여 관계 서류나 장부 · 제품 등을 조사하게 하거나 조사에 필요한 최소분량의 제품을 수거하여 검사하게 할 수 있다.

② 특허청장, 시 · 도지사 또는 시장 · 군수 · 구청장이 제1항에 따른 조사를 할 때에는 「행정조사기본법」 제15조에 따라 그 조사가 중복되지 아니하도록 하여야 한다.

③ 제1항에 따라 조사 등을 하는 공무원은 그 권한을 표시하는 증표를 지니고 이를 관계인에게 내보여야 한다.

제8조(위반행위의 시정권고) 특허청장, 시 · 도지사 또는 시장 · 군수 · 구청장은 제2조 제1호 가목부터 사목까지의 부정경쟁행위나 제3조, 제3조의2 제1항 또는 제2항을 위반한 행위가 있다고 인정되면 그 위반행위를 한 자에게 30일 이내의 기간을 정하여 그 행위를 중지하거나 표지를 제거 또는 폐기할 것 등 그 시정에 필요한 권고를 할 수 있다.

제9조(의견청취) 특허청장, 시 · 도지사 또는 시장 · 군수 · 구청장은 제8조에 따른 시정권고를 하기 위하여 필요하다고 인정하면 대통령령으로 정하는 바에 따라 당사자 · 이해관계인 또는 참고인의 의견을 들어야 한다.

제3장 영업비밀의 보호

제9조의2(영업비밀 원본 증명) ① 영업비밀 보유자는 영업비밀이 포함된

전자문서의 원본 여부를 증명받기 위하여 제9조의3에 따른 영업비밀 원본증명기관에 그 전자문서로부터 추출된 고유의 식별값[이하 “전자지문”(電子指紋)이라 한다]을 등록할 수 있다.

② 제9조의3에 따른 영업비밀 원본증명기관은 제1항에 따라 등록된 전자지문과 영업비밀 보유자가 보관하고 있는 전자문서로부터 추출된 전자지문이 같은 경우에는 그 전자문서가 전자지문으로 등록된 원본임을 증명하는 증명서(이하 “원본증명서”라 한다)를 발급할 수 있다.

③ 제2항에 따라 원본증명서를 발급받은 자는 제1항에 따른 전자지문의 등록 당시에 해당 전자문서의 기재 내용대로 정보를 보유한 것으로 추정한다.

제9조의3(원본증명기관의 지정 등) ① 특허청장은 전자지문을 이용하여 영업비밀이 포함된 전자문서의 원본 여부를 증명하는 업무(이하 “원본증명업무”라 한다)에 관하여 전문성이 있는 자를 중소기업청장과 협의하여 영업비밀 원본증명기관(이하 “원본증명기관”이라 한다)으로 지정할 수 있다.

② 원본증명기관으로 지정을 받으려는 자는 대통령령으로 정하는 전문인력과 설비 등의 요건을 갖추어 특허청장에게 지정을 신청하여야 한다.

③ 특허청장은 원본증명기관에 대하여 원본증명업무를 수행하는 데 필요한 비용의 전부 또는 일부를 보조할 수 있다.

④ 원본증명기관은 원본증명업무의 안전성과 신뢰성을 확보하기 위하여 다음 각 호에 관하여 대통령령으로 정하는 사항을 지켜야 한다.

1. 전자지문의 추출 · 등록 및 보관
2. 영업비밀 원본 증명 및 원본증명서의 발급
3. 원본증명업무에 필요한 전문인력의 관리 및 설비의 보호
4. 그 밖에 원본증명업무의 운영 · 관리 등

⑤ 원본증명기관 지정의 기준 및 절차에 필요한 사항은 대통령령으로 정한다.

제9조의4(원본증명기관에 대한 시정명령 등) ① 특허청장은 원본증명기관이 다음 각 호의 어느 하나에 해당하는 경우에는 6개월 이내의 기간을 정하여 그 시정을 명할 수 있다.

1. 원본증명기관으로 지정을 받은 후 제9조의3 제2항에 따른 요건에 맞지 아니하게 된 경우
2. 제9조의3 제4항에 따라 대통령령으로 정하는 사항을 지키지 아니한 경우

② 특허청장은 원본증명기관이 제9조의3 제3항에 따른 보조금을 다른 목적으로 사용한 경우에는 기간을 정하여 그 반환을 명할 수 있다.

③ 특허청장은 원본증명기관이 다음 각 호의 어느 하나에 해당하는 경우에는 그 지정을 취소하거나 6개월 이내의 기간을 정하여 원본증명업무의 전부 또는 일부의 정지를 명할 수 있다. 다만, 제1호 또는 제2호에 해당하는 경우에는 그 지정을 취소하여야 한다.

1. 거짓이나 그 밖의 부정한 방법으로 지정을 받은 경우
2. 원본증명업무의 전부 또는 일부의 정지명령을 받은 자가 그 명령을 위반하여 원본증명업무를 한 경우
3. 정당한 이유 없이 원본증명기관으로 지정받은 날부터 6개월 이내에 원본증명업무를 시작하지 아니하거나 6개월 이상 계속하여 원본증명업무를 중단한 경우
4. 제1항에 따른 시정명령을 정당한 이유 없이 이행하지 아니한 경우
5. 제2항에 따른 보조금 반환명령을 이행하지 아니한 경우

④ 제3항에 따라 지정이 취소된 원본증명기관은 지정이 취소된 날부터 3개월 이내에 등록된 전자지문이나 그 밖에 전자지문의 등록에 관한 기록 등 원본증명업무에 관한 기록을 특허청장이 지정하는 다른 원본증명기관에 인계하여야 한다. 다만, 다른 원본증명기관이 인수를 거부하는 등 부득이한 사유로 원본증명업무에 관한 기록을 인계할 수 없는 경우에는 그 사실을 특허청장에게 지체 없이 알려야 한다.

⑤ 특허청장은 제3항에 따라 지정이 취소된 원본증명기관이 제4항을

위반하여 원본증명업무에 관한 기록을 인계하지 아니하거나 그 기록을 인계할 수 없는 사실을 알리지 아니한 경우에는 6개월 이내의 기간을 정하여 그 시정을 명할 수 있다.

⑥ 제3항에 따른 처분의 세부 기준 및 절차, 제4항에 따른 인계 · 인수에 필요한 사항은 대통령령으로 정한다.

제9조의5(과징금) ① 특허청장은 제9조의4 제3항에 따라 업무정지를 명하여야 하는 경우로서 그 업무정지가 원본증명기관을 이용하는 자에게 심한 불편을 주거나 공익을 해칠 우려가 있는 경우에는 업무정지명령을 갈음하여 1억원 이하의 과징금을 부과할 수 있다.

② 특허청장은 제1항에 따라 과징금 부과처분을 받은 자가 기한 내에 과징금을 납부하지 아니하는 경우에는 국세 체납처분의 예에 따라 징수한다.

③ 제1항에 따라 과징금을 부과하는 위반행위의 종류 · 정도 등에 따른 과징금의 금액 및 산정방법, 그 밖에 필요한 사항은 대통령령으로 정한다.

제9조의6(청문) 특허청장은 제9조의4 제3항에 따라 지정을 취소하거나 업무정지를 명하려면 청문을 하여야 한다.

제9조의7(비밀유지 등) ① 누구든지 원본증명기관에 등록된 전자지문이나 그 밖의 관련 정보를 없애거나 훼손 · 변경 · 위조 또는 유출하여서는 아니 된다.

② 원본증명기관의 임직원이거나 임직원이었던 사람은 직무상 알게 된 비밀을 누설하여서는 아니 된다.

제10조(영업비밀 침해행위에 대한 금지청구권 등) ① 영업비밀의 보유자는 영업비밀 침해행위를 하거나 하려는 자에 대하여 그 행위에 의하여 영업상의 이익이 침해되거나 침해될 우려가 있는 경우에는 법원에 그 행위의 금지 또는 예방을 청구할 수 있다.

② 영업비밀 보유자가 제1항에 따른 청구를 할 때에는 침해행위를 조성한 물건의 폐기, 침해행위에 제공된 설비의 제거, 그 밖에 침해행위

의 금지 또는 예방을 위하여 필요한 조치를 함께 청구할 수 있다.

제11조(영업비밀 침해에 대한 손해배상책임) 고의 또는 과실에 의한 영업비밀 침해행위로 영업비밀 보유자의 영업상 이익을 침해하여 손해를 입힌 자는 그 손해를 배상할 책임을 진다.

제12조(영업비밀 보유자의 신용회복) 법원은 고의 또는 과실에 의한 영업비밀 침해행위로 영업비밀 보유자의 영업상의 신용을 실추시킨 자에게는 영업비밀 보유자의 청구에 의하여 제11조에 따른 손해배상을 갈음하거나 손해배상과 함께 영업상의 신용을 회복하는 데에 필요한 조치를 명할 수 있다.

제13조(선의자에 관한 특례) ① 거래에 의하여 영업비밀을 정당하게 취득한 자가 그 거래에 의하여 허용된 범위에서 그 영업비밀을 사용하거나 공개하는 행위에 대하여는 제10조부터 제12조까지의 규정을 적용하지 아니한다.

② 제1항에서 "영업비밀을 정당하게 취득한 자"란 제2조 제3호 다목 또는 바목에서 영업비밀을 취득할 당시에 그 영업비밀이 부정하게 공개된 사실 또는 영업비밀의 부정취득행위나 부정공개행위가 개입된 사실을 중대한 과실 없이 알지 못하고 그 영업비밀을 취득한 자를 말한다.

제14조(시효) 제10조 제1항에 따라 영업비밀 침해행위의 금지 또는 예방을 청구할 수 있는 권리는 영업비밀 침해행위가 계속되는 경우에 영업비밀 보유자가 그 침해행위에 의하여 영업상의 이익이 침해되거나 침해될 우려가 있다는 사실 및 침해행위자를 안 날부터 3년간 행사하지 아니하면 시효(時效)로 소멸한다. 그 침해행위가 시작된 날부터 10년이 지난 때에도 또한 같다.

제4장 보 칙

제14조의2(손해액의 추정 등) ① 부정경쟁행위, 제3조의2 제1항이나 제2항

을 위반한 행위 또는 영업비밀 침해행위로 영업상의 이익을 침해당한 자가 제5조 또는 제11조에 따른 손해배상을 청구하는 경우 영업상의 이익을 침해한 자가 부정경쟁행위, 제3조의2 제1항이나 제2항을 위반한 행위 또는 영업비밀 침해행위를 하게 한 물건을 양도하였을 때에는 제1호의 수량에 제2호의 단위수량당 이익액을 곱한 금액을 영업상의 이익을 침해당한 자의 손해액으로 할 수 있다. 이 경우 손해액은 영업상의 이익을 침해당한 자가 생산할 수 있었던 물건의 수량에서 실제 판매한 물건의 수량을 뺀 수량에 단위수량당 이익액을 곱한 금액을 한도로 한다. 다만, 영업상의 이익을 침해당한 자가 부정경쟁행위, 제3조의2 제1항이나 제2항을 위반한 행위 또는 영업비밀 침해행위 외의 사유로 판매할 수 없었던 사정이 있는 경우에는 그 부정경쟁행위, 제3조의2 제1항이나 제2항을 위반한 행위 또는 영업비밀 침해행위 외의 사유로 판매할 수 없었던 수량에 따른 금액을 빼야 한다.

1. 물건의 양도수량
2. 영업상의 이익을 침해당한 자가 그 부정경쟁행위, 제3조의2 제1항이나 제2항을 위반한 행위 또는 영업비밀 침해행위가 없었다면 판매할 수 있었던 물건의 단위수량당 이익액

② 부정경쟁행위, 제3조의2 제1항이나 제2항을 위반한 행위 또는 영업비밀 침해행위로 영업상의 이익을 침해당한 자가 제5조 또는 제11조에 따른 손해배상을 청구하는 경우 영업상의 이익을 침해한 자가 그 침해행위에 의하여 이익을 받은 것이 있으면 그 이익액을 영업상의 이익을 침해당한 자의 손해액으로 추정한다.

③ 부정경쟁행위, 제3조의2 제1항이나 제2항을 위반한 행위 또는 영업비밀 침해행위로 영업상의 이익을 침해당한 자는 제5조 또는 제11조에 따른 손해배상을 청구하는 경우 부정경쟁행위 또는 제3조의2 제1항이나 제2항을 위반한 행위의 대상이 된 상품 등에 사용된 상표 등 표지의 사용 또는 영업비밀 침해행위의 대상이 된 영업비밀의 사용에 대하여 통상 받을 수 있는 금액에 상당하는 금액을 자기의 손해액으로

하여 손해배상을 청구할 수 있다.

④ 부정경쟁행위, 제3조의2 제1항이나 제2항을 위반한 행위 또는 영업비밀 침해행위로 인한 손해액이 제3항에 따른 금액을 초과하면 그 초과액에 대하여도 손해배상을 청구할 수 있다. 이 경우 그 영업상의 이익을 침해한 자에게 고의 또는 중대한 과실이 없으면 법원은 손해배상 금액을 산정할 때 이를 고려할 수 있다.

⑤ 법원은 부정경쟁행위, 제3조의2 제1항이나 제2항을 위반한 행위 또는 영업비밀 침해행위에 관한 소송에서 손해가 발생된 것은 인정되나 그 손해액을 입증하기 위하여 필요한 사실을 입증하는 것이 해당 사실의 성질상 극히 곤란한 경우에는 제1항부터 제4항까지의 규정에도 불구하고 변론 전체의 취지와 증거조사의 결과에 기초하여 상당한 손해액을 인정할 수 있다.

제14조의3(자료의 제출) 법원은 부정경쟁행위, 제3조의2 제1항이나 제2항을 위반한 행위 또는 영업비밀 침해행위로 인한 영업상 이익의 침해에 관한 소송에서 당사자의 신청에 의하여 상대방 당사자에 대하여 해당 침해행위로 인한 손해액을 산정하는 데에 필요한 자료의 제출을 명할 수 있다. 다만, 그 자료의 소지자가 자료의 제출을 거절할 정당한 이유가 있는 경우에는 그러하지 아니하다.

제14조의4(비밀유지명령) ① 법원은 부정경쟁행위, 제3조의2 제1항이나 제2항을 위반한 행위 또는 영업비밀 침해행위로 인한 영업상 이익의 침해에 관한 소송에서 그 당사자가 보유한 영업비밀에 대하여 다음 각 호의 사유를 모두 소명한 경우에는 그 당사자의 신청에 따라 결정으로 다른 당사자(법인인 경우에는 그 대표자), 당사자를 위하여 소송을 대리하는 자, 그 밖에 해당 소송으로 인하여 영업비밀을 알게 된 자에게 그 영업비밀을 해당 소송의 계속적인 수행 외의 목적으로 사용하거나 그 영업비밀에 관계된 이 항에 따른 명령을 받은 자 외의 자에게 공개하지 아니할 것을 명할 수 있다. 다만, 그 신청 시점까지 다른 당사자(법인인 경우에는 그 대표자), 당사자를 위하여 소송을 대리하는 자,

그 밖에 해당 소송으로 인하여 영업비밀을 알게 된 자가 제1호에 규정된 준비서면의 열람이나 증거 조사 외의 방법으로 그 영업비밀을 이미 취득하고 있는 경우에는 그러하지 아니하다.

1. 이미 제출하였거나 제출하여야 할 준비서면 또는 이미 조사하였거나 조사하여야 할 증거에 영업비밀이 포함되어 있다는 것
2. 제1호의 영업비밀이 해당 소송 수행 외의 목적으로 사용되거나 공개되면 당사자의 영업에 지장을 줄 우려가 있어 이를 방지하기 위하여 영업비밀의 사용 또는 공개를 제한할 필요가 있다는 것

② 제1항에 따른 명령(이하 "비밀유지명령"이라 한다)의 신청은 다음 각 호의 사항을 적은 서면으로 하여야 한다.

1. 비밀유지명령을 받을 자
2. 비밀유지명령의 대상이 될 영업비밀을 특정하기에 충분한 사실
3. 제1항 각 호의 사유에 해당하는 사실

③ 법원은 비밀유지명령이 결정된 경우에는 그 결정서를 비밀유지명령을 받은 자에게 송달하여야 한다.

④ 비밀유지명령은 제3항의 결정서가 비밀유지명령을 받은 자에게 송달된 때부터 효력이 발생한다.

⑤ 비밀유지명령의 신청을 기각 또는 각하한 재판에 대하여는 즉시항고를 할 수 있다.

제14조의5(비밀유지명령의 취소) ① 비밀유지명령을 신청한 자 또는 비밀유지명령을 받은 자는 제14조의4 제1항에 따른 요건을 갖추지 못하였거나 갖추지 못하게 된 경우 소송기록을 보관하고 있는 법원(소송기록을 보관하고 있는 법원이 없는 경우에는 비밀유지명령을 내린 법원)에 비밀유지명령의 취소를 신청할 수 있다.

② 법원은 비밀유지명령의 취소 신청에 대한 재판이 있는 경우에는 그 결정서를 그 신청을 한 자 및 상대방에게 송달하여야 한다.

③ 비밀유지명령의 취소 신청에 대한 재판에 대하여는 즉시항고를 할 수 있다.

④ 비밀유지명령을 취소하는 재판은 확정되어야 그 효력이 발생한다.

⑤ 비밀유지명령을 취소하는 재판을 한 법원은 비밀유지명령의 취소 신청을 한 자 또는 상대방 외에 해당 영업비밀에 관한 비밀유지명령을 받은 자가 있는 경우에는 그 자에게 즉시 비밀유지명령의 취소 재판을 한 사실을 알려야 한다.

제14조의6(소송기록 열람 등의 청구 통지 등) ① 비밀유지명령이 내려진 소송(모든 비밀유지명령이 취소된 소송은 제외한다)에 관한 소송기록에 대하여 「민사소송법」 제163조 제1항의 결정이 있었던 경우, 당사자가 같은 항에서 규정하는 비밀 기재 부분의 열람 등의 청구를 하였으나 그 청구절차를 해당 소송에서 비밀유지명령을 받지 아니한 자가 밟은 경우에는 법원서기관, 법원사무관, 법원주사 또는 법원주사보(이하 이 조에서 "법원사무관 등"이라 한다)는 「민사소송법」 제163조 제1항의 신청을 한 당사자(그 열람 등의 청구를 한 자는 제외한다. 이하 제3항에서 같다)에게 그 청구 직후에 그 열람 등의 청구가 있었다는 사실을 알려야 한다.

② 제1항의 경우에 법원사무관 등은 제1항의 청구가 있었던 날부터 2주일이 지날 때까지(그 청구절차를 행한 자에 대한 비밀유지명령신청이 그 기간 내에 행하여진 경우에는 그 신청에 대한 재판이 확정되는 시점까지) 그 청구절차를 행한 자에게 제1항의 비밀 기재 부분의 열람 등을 하게 하여서는 아니 된다.

③ 제2항은 제1항의 열람 등의 청구를 한 자에게 제1항의 비밀 기재 부분의 열람 등을 하게 하는 것에 대하여 「민사소송법」 제163조 제1항의 신청을 한 당사자 모두의 동의가 있는 경우에는 적용되지 아니한다.

제15조(다른 법률과의 관계) ① 「특허법」, 「실용신안법」, 「디자인보호법」, 「상표법」, 「농수산물 품질관리법」 또는 「저작권법」에 제2조부터 제6조까지 및 제18조 제3항과 다른 규정이 있으면 그 법에 따른다.

② 「독점규제 및 공정거래에 관한 법률」, 「표시 · 광고의 공정화에 관한 법률」 또는 「형법」 중 국기 · 국장에 관한 규정에 제2조 제1호 라목

부터 바목까지 및 차목, 제3조부터 제6조까지 및 제18조 제3항과 다른 규정이 있으면 그 법에 따른다.

제16조(신고포상금 지급) ① 특허청장은 제2조 제1호 가목에 따른 부정경쟁행위(「상표법」 제2조 제1항 제10호에 따른 등록상표에 관한 것으로 한정한다)를 한 자를 신고한 자에게 예산의 범위에서 신고포상금을 지급할 수 있다.

② 제1항에 따른 신고포상금 지급의 기준 · 방법 및 절차에 필요한 사항은 대통령령으로 정한다.

제17조(업무의 위탁 등) ① 삭제

② 특허청장은 제2조의2에 따른 연구 · 교육 · 홍보 및 정보관리시스템의 구축 · 운영에 관한 업무를 대통령령으로 정하는 산업재산권 보호 또는 부정경쟁방지 업무와 관련된 법인이나 단체(이하 이 조에서 "전문단체"라 한다)에 위탁할 수 있다.

③ 특허청장, 시 · 도지사 또는 시장 · 군수 · 구청장은 제7조나 제8조에 따른 업무를 수행하기 위하여 필요한 경우에 전문단체의 지원을 받을 수 있다.

④ 제3항에 따른 지원업무에 종사하는 자에 관하여는 제7조 제3항을 준용한다.

⑤ 특허청장은 예산의 범위에서 제2항에 따른 위탁업무 및 제3항에 따른 지원업무에 사용되는 비용의 전부 또는 일부를 지원할 수 있다.

제17조의2(규제의 재검토) 특허청장은 다음 각 호의 사항에 대하여 2015년 1월 1일을 기준으로 3년마다(매 3년이 되는 해의 기준일과 같은 날 전까지를 말한다) 그 타당성을 검토하여 개선 등의 조치를 하여야 한다.

1. 제9조의4에 따른 원본증명기관에 대한 행정처분 기준
2. 제20조에 따른 과태료 부과기준

제17조의3(벌칙 적용에서의 공무원 의제) 제17조 제3항에 따른 지원업무에 종사하는 자는 「형법」 제127조 및 제129조부터 제132조까지의 규정에 따른 벌칙의 적용에서는 공무원으로 본다.

제18조(벌칙) ① 부정한 이익을 얻거나 영업비밀 보유자에게 손해를 입힐 목적으로 그 영업비밀을 외국에서 사용하거나 외국에서 사용될 것임을 알면서 취득 · 사용 또는 제3자에게 누설한 자는 10년 이하의 징역 또는 1억원 이하의 벌금에 처한다. 다만, 벌금형에 처하는 경우 위반행위로 인한 재산상 이득액의 10배에 해당하는 금액이 1억원을 초과하면 그 재산상 이득액의 2배 이상 10배 이하의 벌금에 처한다.

② 부정한 이익을 얻거나 영업비밀 보유자에게 손해를 입힐 목적으로 그 영업비밀을 취득 · 사용하거나 제3자에게 누설한 자는 5년 이하의 징역 또는 5천만원 이하의 벌금에 처한다. 다만, 벌금형에 처하는 경우 위반행위로 인한 재산상 이득액의 10배에 해당하는 금액이 5천만원을 초과하면 그 재산상 이득액의 2배 이상 10배 이하의 벌금에 처한다.

③ 다음 각 호의 어느 하나에 해당하는 자는 3년 이하의 징역 또는 3천만원 이하의 벌금에 처한다.

1. 제2조 제1호(아목부터 차목까지는 제외한다)에 따른 부정경쟁행위를 한 자
2. 제3조를 위반하여 다음 각 목의 어느 하나에 해당하는 휘장 또는 표지와 동일하거나 유사한 것을 상표로 사용한 자
   가. 파리협약 당사국, 세계무역기구 회원국 또는 「상표법 조약」 체약국의 국기 · 국장, 그 밖의 휘장
   나. 국제기구의 표지
   다. 파리협약 당사국, 세계무역기구 회원국 또는 「상표법 조약」 체약국 정부의 감독용 · 증명용 표지

④ 다음 각 호의 어느 하나에 해당하는 자는 1년 이하의 징역 또는 1천만원 이하의 벌금에 처한다.

1. 제9조의7 제1항을 위반하여 원본증명기관에 등록된 전자지문이나 그 밖의 관련 정보를 없애거나 훼손 · 변경 · 위조 또는 유출한 자
2. 제9조의7 제2항을 위반하여 직무상 알게 된 비밀을 누설한 사람

⑤ 제1항과 제2항의 징역과 벌금은 병과(倂科)할 수 있다.

제18조의2(미수) 제18조 제1항 및 제2항의 미수범은 처벌한다.

제18조의3(예비 · 음모) ① 제18조 제1항의 죄를 범할 목적으로 예비 또는 음모한 자는 3년 이하의 징역 또는 2천만원 이하의 벌금에 처한다.

② 제18조 제2항의 죄를 범할 목적으로 예비 또는 음모한 자는 2년 이하의 징역 또는 1천만원 이하의 벌금에 처한다.

제18조의4(비밀유지명령 위반죄) ① 국내외에서 정당한 사유 없이 제14조의4 제1항에 따른 비밀유지명령을 위반한 자는 5년 이하의 징역 또는 5천만원 이하의 벌금에 처한다.

② 제1항의 죄는 비밀유지명령을 신청한 자의 고소가 없으면 공소를 제기할 수 없다.

제19조(양벌규정) 법인의 대표자나 법인 또는 개인의 대리인, 사용인, 그 밖의 종업원이 그 법인 또는 개인의 업무에 관하여 제18조 제1항부터 제4항까지의 어느 하나에 해당하는 위반행위를 하면 그 행위자를 벌하는 외에 그 법인 또는 개인에게도 해당 조문의 벌금형을 과(科)한다. 다만, 법인 또는 개인이 그 위반행위를 방지하기 위하여 해당 업무에 관하여 상당한 주의와 감독을 게을리하지 아니한 경우에는 그러하지 아니하다.

제20조(과태료) ① 다음 각 호의 어느 하나에 해당하는 자에게는 2천만원 이하의 과태료를 부과한다.

1. 제7조 제1항에 따른 관계 공무원의 조사나 수거를 거부 · 방해 또는 기피한 자
2. 제9조의4 제5항을 위반하여 시정명령을 이행하지 아니한 자

② 제1항에 따른 과태료는 대통령령으로 정하는 바에 따라 특허청장, 시 · 도지사 또는 시장 · 군수 · 구청장이 부과 · 징수한다.

③ 삭제 〈2009.12.30.〉

④ 삭제 〈2009.12.30.〉

⑤ 삭제 〈2009.12.30.〉

부칙 〈제3897호, 1986.12.31.〉

이 법은 1987년 1월 1일부터 시행한다.

부칙 중략

부칙 〈법률 제14033호, 2016.2.29.〉 (상표법)

제1조(시행일) 이 법은 공포 후 6개월이 경과한 날부터 시행한다.

제2조부터 제17조까지 생략

제18조(다른 법률의 개정) ①, ② 및 ④ 생략

③ 부정경쟁방지 및 영업비밀보호에 관한 법률 일부를 다음과 같이 개정한다.

제16조 제1항 중 "「상표법」 제2조 제1항 제6호"를 "「상표법」 제2조 제1항 제10호"로 한다.

제19조 생략

찾아보기

영업비밀보호법 실무

| 저자 소개 |

김 병 남

KAIST 기계공학과 박사
변리사
특허청 심사관, 심판관, 대법원 근무
현재 단국대학교 공과대학 교수
현재 단국대학교 지식재산대학원 글로벌지식재산학과 교수

〈논문〉

ICT메가트렌드에 있어서 영업비밀의 중요성 및 기업의 영업비밀 보호활용에 관한 연구

전통지식 · 유전자원에 대한 국제적 논의동향 및 저작권과 특허권에 의한 보호 전략

층상구조기반의 리튬이차전지용 양극 활물질에 관한 특허정량분석, 특허정성분석

대학생의 일상적 창의성이 기업가정신, 창업의지 및 창업탐색활동에 미치는 영향

미국의 특허 협상 공세가 국내 제약 산업에 미치는 영향에 관한 고찰

한미 FTA 의약품 허가-특허 연계제도 도입으로 인한 관련법 개정 및 그 영향에 관한 고찰

창조경제시대의 원동력 창의성과 특허 진보성과의 관계에 관한 고찰

영업비밀보호법 실무

2016년 11월 20일 초판 인쇄
2016년 11월 30일 초판 발행

저 자 김 병 남
발행처 한국지식재산연구원
편집・판매처 세창출판사

한국지식재산연구원

주소: 서울시 강남구 테헤란로 131 한국지식재산센터 3, 9층
전화: (02)2189-2600 팩스: (02)2189-2694
website: www.kiip.re.kr

세창출판사

주소: 서울시 서대문구 경기대로 88 냉천빌딩 4층
전화: (02)723-8660 팩스: (02)720-4579
website: www.sechangpub.co.kr

ISBN 978-89-92957-77-9 93360

정가 27,000원